北京大学法学院王新教授
北京大成律师事务所刑委会
联合出品

北大金融犯罪司法实务15讲

王　新◎主　编
赵运恒◎副主编

法律出版社 LAW PRESS · CHINA

序言

摆在读者面前的这本《北大金融犯罪司法实务15讲》书籍，是我们整理2019年2月至6月在北大开设的《金融犯罪专题》(编号:02912760)课程实录而成。

从该书的“本源”看，要追溯到在2004~2005年第2学期开设的《金融犯罪》这门课程，首创者是白建军教授，面向的学生是北大法学院的法律硕士研究生。从2010年开始，白建军教授将该课的“接力棒”交给我。在后来近十年的时间内，该课一直是沿用“三个男人唱一台戏”的模式，即白建军教授从犯罪学和实证研究的角度、我从刑法学的视角、彭冰教授则从金融法的角度来共同讲授这门课，每人承担若干个专题。但在后期的教学过程中，我发现这门课具有很强的实务性，对复合型的知识要求非常高，仅凭刑法理论知识是远远不够的，还需要以了解金融领域的法律政策、术语和行规为前提，这是理解金融犯罪课程的底蕴和“母体”。虽然每位授课老师在理论研究方向各有所长，但在实务和操作层面则有所减弱，学生也缺乏问题意识的导入。有鉴于此，我设想对这门课进行教学改革，认为不能将该课程仅停留在形而上的抽象理论思维当中，而需要将其与实务紧密对接，首要的任务就是把实务界的人士引入该课程的讲授。

在2018年11月初，我与北京大成律师事务所的赵运恒律师和平云旺律师，在北大筹办“P2P网络借贷的刑事风险防范高端论坛”的交流期间，三个人均有一个共同的想法，认为面对金融案件中大要案多发，呈现出犯罪手段专业化、智能化、隐蔽化和迷惑性强的特点，需要将金融犯罪的理论与实务操作紧密结合，改变目前各自为营的“两张皮”的生态。我提出，在北京大学和法学院均支持教学改革的大背景下，完全可以利用既有的《金融犯罪专题》这个课程平台和大成律师事务所的丰富办案资源,以实现我们的"初心"。在2018年12月初的论坛圆满结束后,在我确定授课模式和课程体系的基础上,大成律师事务所就开始在刑事专业委员会与金融专业委员会里广撒"英雄帖",吸引了众多精英律师的报名。经过我们三个人的认真筛选,最终确定了18名拥有丰富金融犯罪辩护经验的律师担任校外授课教师,与我共同讲授15个专题。

在2019年2月开始的新学期里,改革后的"北大·大成金融犯罪讲堂"在北京大学理科教学楼209教室正式亮相,共有50多位来自法律硕士、法学硕士和在职法硕方向的研究生选修此课。在每次两节课共计100分钟的讲授内容中,我将课程分成三个板块的单元:首先,大成律师事务所的授课律师在讲授前,先将案件的所有素材都提前放在公共邮箱,以便同学们提前阅读案件材料和知悉所要讨论的问题。在第一单元,授课律师以自己亲手承办的一个金融犯罪案件为切入点,给学生讲解自己如何阅卷和发现辩点、在法庭上控辩双方的争执焦点以及法院的认定难点,从而提升学生的能动问题意识,而不是停留在以往朦胧的抽象理论和静态的规范范畴中。其次,在第二单元,留下15分钟的时间,由承办律师结合之前留在公共邮箱中的问题,组织大家进行讨论。最后,在第三单元,由我从理论、立法和实务认定等方面进行点评和综述。尽管这些板块的内容在此书的体系编排中做了一定的调整,读者依然可以感受到课堂的授课和互动氛围。

在学期末,选修此课的同学在教学评估中,普遍认为该课程的内容丰富,设定主题多样,理论与实践结合紧密,接触到律师的实务性知识,开拓了视野,每次综述都能学到很多东西,最后给予本课程97.92的高得分。同时,该课程的许多热点专题,还吸引了来自各地检察机关、法院、律师等众多人士的旁听,课程呈现出火爆的场景。这给予了我们极大的鼓励和动力。

在该课程的进行期间,就有许多实务界人士提出能否将课程集结成书,以便他们在不能到课堂聆听的情况下,能够熟知课程的内容,提升自己的理论与实务水平。我们认为这是一个很好的想法,就从2019年6月份起开始课程实录的整理工作。由于课程讲授偏重于口语化,这与正式出版成书的专业性要求之间存有很大的距离,故整理书稿的工作量极大。经过艰苦和专业化的整理,并且在体系结构上进行重新的编排后,终于以现在的面目呈现在读者面前,接受你们的阅读和指正。本书除了保留和整理课程实录的原始内容之外,还在附录收集了在2018年12月9日，由北京大学法学院、中国行为法学会金融法律行为研究会和北京大成律师事务所联合举办的“P2P网络借贷的刑事风险防范高端论坛”的重要内容，供大家在认定从2018年开始“爆雷”的这个热点现实问题时参考。

本书的整理和出版，凝聚了许多人的心血和关怀，感恩在心。首先，我要特别感谢参与“北大·大成金融犯罪讲堂”的18位大成律师精英，他们的精彩授课和事后对各自讲授内容的整理，是此书出版的基本保证，否则便是无源之水；在此，我要特别感谢责任编辑杨大康先生，本书的出版与他的精细和专业化工作是分不开的。我还要感谢我的博士研究生符天祺、江海洋和邢文升三人，他们在课程实录速记基础上的文字整理工作中，花费了大量的精力。

从我在1994年开始研究金融犯罪起算，它就一直是我研究领域的重心和“自留地”。我在北大法学院长期开设《金融犯罪专题》这门课程和此次整理出版该书，也算是我“不忘初心”的一个印记吧。令人欣喜的是，金融犯罪现已成为理论界和实务界研究的一个热点问题，在市面上已经出现了汗牛充栋的各种书籍。这与我国金融市场的发展、监管以及金融犯罪的不断上升、更新是紧密相关的。希望此书能够在我国打击金融犯罪向专业化和精细化方向发展的潮流中，给大家以启发和帮助，也希望得到相关专家和广大读者的指正，以便在下学期再次开设此课和整理出书的过程中取得更大的成绩。

是为序。

王　新

2019年12月9日于北京大学法学院陈明楼

目录

附 P2P 网贷法律实务问题专题研讨

第一讲

利用信息优势型操纵证券市场罪

赵运恒* 王 新**

课程概述：本讲共分为三节，第一节由赵运恒律师主讲，主要结合徐翔系列案件中的一个典型案件“徐某江案”，讲述了利用信息优势型操纵证券市场罪中的认定难点。第二节是课程知识互动，学生与主讲人就“徐某江案”中涉及的认定难点与操纵证券市场罪的一般问题展开了深入交流。第三节由王新教授总结，综述并延伸了相关知识要点。

* 赵运恒，北京大学法学博士，全国律协刑委会委员，大成律师事务所刑事专业委员会主任。

** 王新，北京大学法学院教授，博士生导师。

第一节　利用信息优势型操纵证券市场罪的认定难点

一、基本案情

“徐某江案”是徐翔系列案件中的一个典型案件。徐某江是江苏省某市首富，他的公司的业绩比同板块同类型上市公司的业绩都好，但是股价长期处于接近破发的状态。在这种情况下，他就考虑怎么样能够响应证监会的号召进行市值管理。在得知徐翔能在短期之内迅速拉升一个上市公司的股价后，就请徐翔参与公司管理。徐翔的基本套路如下：自己作为战略投资人，由“泽熙系”出面低价收购上市公司原大股东在二级市场非公开流通的股票。买入股票之后，他会往这个公司塞入很多概念，如新医学、新科技成果、新能源等，还有可能塞入很多具体的项目。因为他本人的名气非常大，股民都相信他，所以往往能在短期拉升一个公司的股价。拉升之后，再抛售股票，赚取差价。

徐某江和徐翔约定：徐翔利用自己的名气和资本帮助徐某江抬升股价，当股价涨到 14 元每股之后，高于 14 元的部分，双方平分利润。2014 年年底，双方谈妥。之后就要求停牌，迅速发布公告，因为徐翔买了徐某江控制的上市公司的股票，并成为第二大股东，按照法律规定上市公司必须要发布公告，而这个公告就是起诉书指控中的第一条信息。

从 2015 年三四月开始，中国股市出现了牛市。徐某江公司的股票大涨，在这个时候，徐某江竟带头把自己持有的股票抛售了一部分。在股市上，如果大股东或者董事长先开始抛售，也必须发布公告。一般来说，大股东、董事长对自己的上市公司没有信心时才会自己带头抛售股票，正如他想提升股民对于上市公司的信心的时候会带头买入股票一样，这是一个相反的操作，意思是不希望股价继续疯涨。但是，大盘的牛市不以他的意志为转移，徐某江公司的股票继续涨。后来他们集团又陆续卖了一部分股票，这相当于减持、套现，最后套了 70 多亿元，网络上称其为“套现大王”。

从起诉书中不难看出本案中有争议性的问题，包括信息不虚假，没有合谋过程等。起诉书提到的“操纵”情节，事实上是，徐翔让他的几十个亲友去买徐某江公司的股票,为的是赚点钱。但是因为总额特别小,总计才1000万元、2000万元,与几十亿元的大盘相比根本不值一提,所以对于拉抬股价起的作用很微小,几乎等于没有。而且没有任何证据显示徐某江知道这件事情。

综上所述,我们律师认为,本案发布的信息是真实的,并且依照法律规定应当发布,并不存在操纵行为;本案无非是引入了徐翔购买本公司股票,又碰上了千载难逢的牛市导致股价疯涨而已,可以说,没有徐翔,股价照样会随股市大盘上涨。

二、操纵证券市场罪中的认定难点

(一)信息优势

一般认为,利用信息优势操纵证券市场案件中发布的信息内容应当具有虚假成分。本案共涉及三条信息:一是徐翔收购徐某江公司部分股份的公告,二是年报公告,三是高送转和分红的公告。这些公告中没有任何一条含有虚假内容,也是依法应及时公告的。发布时间也不违反规定。发布公告后,股价也没有立刻猛涨,更没有人马上抛售。股价疯涨是一两个月之后大盘因素起作用的结果。这些操作是否违反现有法律的规定,是一个值得讨论的问题。

(二)操纵证券市场

根据我国《刑法》第182条的规定,操纵证券市场罪中的利用优势主要包括三种情形:一是利用资金优势,甚至自己买、自己卖,即所谓的主力能够通过短期内大量买入股票抬升股价。二是利用持股优势,公司的大股东们在流通股上有数量上的优势,大量卖出或买入就能对市场造成重要影响。三是利用信息优势。在第三种优势里,在案件发生的时候是否以存在资金操纵行为为必要呢?如本案中,检察院指控徐翔在二级市场有多次买卖股票拉升市场的行为,这被视作重要的指控情节。如果没有这个情节,还构成利用信息优势吗?这个问题很值得思考。

一方面,如果说不需要资金操纵,那么这和正常的市值管理,和其他上市公司的股东的操作都是一样的,即先按规定发布信息公告,发布之后,如果股价升高,恰巧股东缺资金或者有其他想法,便抛售部分股票,这与本案所谓的

"操纵"没有任何区别;另一方面,如果需要资金操纵的配合才能成立这个罪的话,无非是哪个主哪个次的问题了,那么,它和利用资金优势操作证券市场又有什么区别?

此外,本案中还有一点值得注意,徐某江引入徐翔购买本公司股票之后,并没有提前埋下资金,等待股价上涨之后再卖出。在他看来,引入徐翔持股就是一个正常的市值管理行为。一般地,若要操纵证券市场,不管利用什么优势,都会先埋伏下一笔资金等待股价上涨;或者不埋伏资金,操纵市场抬升股价后就抛售股票以避免损失。后面这种情形就和前面的问题联系起来了,即利用信息优势操纵与股东正常发布信息之后的正常减持之间是否有区别,如何区别。

(三)违法所得

内幕交易、虚假陈述,包括其他金融犯罪,对于违法所得都有一个相对明确的争议不大的计算方式,但是本案中用引入徐翔之后减持股票所得的收入减去合作之前的成本和减持后的税费支出,所得结果都被指控为违法所得,总计 40 多亿元。那么,如何考虑违法行为和所得利益之间的因果关系?这个关联性应当怎么掌握?如果徐某江没有找徐翔合作,那么,该公司的股价在那个所属行业板块里也会上升,尽管可能上升的幅度没有现在这么大,可能以平均水平上涨,那么,客观市场因素导致的股价上升这部分,与违法行为之间是否有因果关系?如果没有因果关系,是否应当计入违法所得?

(四)行政认定函

所有的证券类犯罪中,基本上都有证监会出具的认定函,认定内幕交易、虚假陈述、操纵证券市场,没有这个,法院一般不敢判,有了这个,法院往往又盲目地追随。那么这种监管机构的行政认定函,在刑事诉讼中的证据效力是什么?

第二节　课程知识互动

赵运恒：第一个问题，此类案件中是否要求发布的信息有不真实的成分？

同学1：我觉得不一定要有不真实的成分，因为类似于证券研究人员在研究出来一个研究报告之后，他自己先买入这只股票，然后在买入之后发布消息，实现利用这个消息拉升股价的目的，这种行为也属于证券市场中的“操纵”。这种“抢帽子”交易既没有发布虚假信息，也没有利用资金优势在市场中拉升股价，但这同样是利用信息操纵市场的行为，利用信息操纵市场的理论基础是操纵行为影响了市场由供需决定价值的趋势，通过信息影响价格，使价格偏离了受供需影响的正常轨道。

赵运恒：其他同学有不同意见吗？例如，某上市公司，发布了一个好消息之后正好又想减持套现做其他投资，甚至投资之后更有利于上市公司，因此就套现了，这种行为与利用信息优势操纵市场的行为有什么本质区别？如何区分二者？

同学2：我不太明白刚才那位同学的观点，他举的例子是某个消息放出之前，抢先买或者卖了，可以说他利用信息还没发布的优势。但这与“徐某江案”的情况完全不同，“徐某江案”仅仅是正常地发布信息、进行交易，我看不出来哪里体现了“优势”。

赵运恒：第一个问题其实可以和第二个问题结合起来，即是否需要有资金在频繁交易，或者自买自卖，或者提前买入埋伏资金，等到股价拉升之后再卖出等配套行为才能成立本罪？第一个问题和第二个问题，有时候确实是相连的。在“徐某江案”中，起诉书没有指控信息虚假，仅强调了徐翔在徐某江不知情的情况下有拉动股价的行为，但是如前所述，所谓拉动，涉及的资金量太小，与整个大盘对该只股票的影响相比不值一提。跳出这个案子来讨论的话，拉动股价行为是不是利用信息优势操纵证券市场构成犯罪的必要条件？我认为只能做出肯定性回答，否则，所有上市公司在发布了真实的消息之后，即便没有资金的操纵行为，仅仅因为抛售股票，就属于利用信息优势操纵证券市场的行为,那么,所有上市公司的大股东都可能构成了犯罪。

赵运恒:最后,操纵证券市场案件中的违法所得应该怎么计算?特别值得注意的是,"徐某江案"正好碰上了2015年的疯狂牛市,很显然,只要不是一个业绩太差的公司,其股价肯定会随着大盘、随着相应的板块有一定的涨幅。哪怕按平均水平、平均偏低水平也会涨,这与违法所得有没有法律上的关联性?违法所得,顾名思义,指的是与违法行为之间存在因果关系。现在起诉书上指控的,完全按照徐某江卖出的股票的收益来计算,这个收益减掉了他和徐翔达成战略投资协议的时候,也就是第一次公告时候的股价。换言之,就是把这个公告前一天收盘的价格作为控方计算的基准点,在此之后即便股价涨一分钱并被套现了都属于违法所得。这样计算是否有法律依据?是否符合公平公正的原则?

2003年最高人民法院《关于审理证券市场因虚假陈述引发的民事赔偿案件的若干规定》中对证券市场因为虚假陈述引发的民事赔偿进行了规定,第19条就特意讲到,如果被告举证原告具有特定的情形的,人民法院应当认定虚假陈述与损害结果之间不存在因果关系。①

第19条第4项指出,损失或者部分损失是由证券市场的系统风险等其他因素导致的话,也不应当赔偿。举个例子,2003年,有一家著名的公司叫银广厦,银广厦在如日中天的时候忽然被《财经》杂志揭露出财务造假,之后就崩盘了,引发了很多股民起诉,起诉之后法院认为没有法律依据便拒绝受理。在这种情况下,最高人民法院出台了这个司法解释,以方便法院审理民事诉讼。有虚假陈述行为的存在并不意味着股民遭受的所有损失都由公司大股东来赔,因为里面有系统风险因素以及其他因素。比如银行利率发生了变化,国内政策发生了变化,证监会主席发表了一通言论,都可能引起股市发生重大变化,进而给股民带来了损失。这些因素就叫系统性风险,与虚假陈述之间没有因

---

① 最高人民法院《关于审理证券市场因虚假陈述引发的民事赔偿案件的若干规定》第19条规定:"被告举证证明原告具有以下情形的,人民法院应当认定虚假陈述与损害结果之间不存在因果关系:

(一)在虚假陈述揭露日或者更正日之前已经卖出证券;

(二)在虚假陈述揭露日或者更正日及以后进行的投资;

(三)明知虚假陈述存在而进行的投资;

(四)损失或者部分损失是由证券市场系统风险等其他因素所导致;

(五)属于恶意投资、操纵证券价格的。"

果关系,所以受损的股民们也不能要求做虚假陈述的公司赔偿。此外,还有个体的因素,如公司造假,经营不善等,都属于非系统性因素。

同学1:我觉得认定的方法有很多。至于具体用什么标准认定犯罪所得,要看控辩审各方的谈判能力。至少有以下几种方式:第一种是将所有的涨幅全部计算为犯罪所得,本案采用了这种认定方式;第二种是扣除系统性因素,比如扣除40%的大盘涨幅之类的;第三种是扣除板块涨幅,比如这个板块单独上涨的幅度比大盘还要高,那就可以扣除板块涨幅;再进一步,如果律师的谈判能力足够强,可以找到两三家与本公司业绩、规模、经营的业务范围都相当的企业,收集这些企业在发布了类似的消息之后的涨幅信息,如果涨幅比板块涨幅还高,可以主张扣除类似企业的涨幅。

刚才我说的“抢帽子”交易,行为人不是与这个上市公司有关的证券从业人员,仅仅是一个研究机构的研究人员,其在对这个公司做了研究之后,认为该公司股票有投资价值,于是准备发布自己的研究成果以呼吁更多的人买该只股票。具体的操作是,先用自己的账户买入这个公司的股票,然后在东方财富网之类的平台发布研究报告,研究报告可能有一定的影响力,就会带动股民买股票,导致股价上升。但是他在发布消息之后并没有利用资金优势在二级市场上交易以抬升股价。股价上升只是因为股民信服了他的判断,甚至可能大家根本没受到他的研究报告的影响,只是根据自己的判断认为股价要上升,这种情况下也属于“抢帽子”交易。

之前单兵推荐茅台的股票,他自己研究出该股票会上涨,但是他在披露消息的时候,首先他不是证券从业人员,他可以购买这个公司股票;其次,他也披露了自己已经购买了茅台的股票,他披露之后就不属于“抢帽子”交易,也不构成信息操纵。

赵运恒:你的思路非常好,你补充说明的例子与我的理解有点类似,虽然不是拉升二级市场,但是他有一个特意地建仓行为,这个可能与本案中的情形不太一样。本案中的行为人没有资金异常的流动,不是特意建仓,而是原来就持有这个股票。

关于违法所得的计算方式的设想也很好。我们要讨论的就是一个大原则,具体的、精确的计算方式很复杂。大原则,即是否应当限定于与违法行为之间直接的、肯定性的因果关系,以及是否应当扣除一些客观的系统性因素,这种刑法上的因果关系，就是无 A 则无 B 的关系；如果无 A 也可能有 B 或者有 B 的一部分，那么就不能说 A 与 B 或 B 的整体有刑法上的因果关系。

第三节 知识综述与延伸

刚才讨论中有同学一直在用“抢帽子”交易这个术语，中国最著名的“抢帽子”交易是“汪建中案”，汪建中也被认定为操纵证券市场罪，但是他被起诉和定罪的依据是《刑法》第 182 条第 1 款第 4 项的兜底条款。而今天讨论的徐翔和徐某江的案子涉及《刑法》第 182 条 4 种行为形态中的第一种形态，两者之间实际上有很大差异。

一、证券类犯罪的立法变迁

1997 年《刑法》设立了证券类犯罪，但是当时我国还没有《证券法》，换句话说，在作为母法的《证券法》没有通过的情况中，《刑法》超前地设置了罪名，这是非常罕见的。这种情况下出现了双轨制，证券类犯罪出现在《刑法》当中的依据主要是证监会出台的《禁止证券欺诈行为暂行办法》，其中规定 4 种典型的证券欺诈违法行为，即内幕交易、操纵市场、欺诈客户、虚假陈述。证券市场交易犯罪最早而且最典型的就是这 4 种行为形态。

将这 4 种行为形态与证券类犯罪相对比，内幕交易和操纵市场被原封不动地纳入刑法，但是欺诈客户和虚假陈述在中国的刑法体系当中是没有相应的罪名的。一般来说，刑法滞后于行政法的发展，但是在证券类的犯罪当中，出现了例外，这种例外值得被肯定。“两高”《关于办理内幕交易、泄露内幕信息刑事案件具体应用法律若干问题的解释》于 2012 年出台，2009 年最高人民法院就尝试制定内幕交易司法解释，但直到 2012 年才出台。立法定性、司法定量，没有这个司法解释，对于证券类犯罪的刑事打击是不可思议的一件事。

现在 1997 年《刑法》已经实施了 20 多年，有关操纵市场的司法解释到今天仍未正式出台。[①] 值得欣喜的是,在全国金融工作会议之后国家要打击金融大鳄,所以"两高"在 2017 年加快制定了关于证券类犯罪的三个司法解释。我曾参与这三个司法解释草案的论证:第一个是关于《刑法》第 182 条操纵证券、期货市场罪的司法解释;第二个是"老鼠仓",关于利用未公开信息交易罪的司法解释;第三个是地下钱庄。有关地下钱庄的司法解释于 2019 年 1 月 31 日已经发布,但是另外两个司法解释实际上早就经"两高"的审委会、检委会通过,只是在等一个合适的时机发布。

论证过程中,证监会给与会专家们提供了一个权威数据——中国在 2017 年 9 月 30 日有 1.4 亿个股票账户,1 亿股民是散户。换言之,在股票市场进行交易的绝大多数都是散户,就是我们俗称的"韭菜"。这种不正常的现象对操纵内幕交易会产生一个很大问题:因为有 1 亿散户,跟风就会很普遍,股价一拉上去就会有散户跟风。这种天生的客观条件就导致"割韭菜"现象必然存在。

内幕交易和操纵市场是最古老的犯罪,只要打击证券类犯罪,操纵市场和内幕交易就是必须要打击的两种行为形态。我们可以将其归结为证券的欺诈。因为市场的价格应该由市场带动,但是通过人为的因素使价格扭曲,继而导致大家跟风,然后做反向交易,"割韭菜",这就是欺诈性的表现。我国《刑法》设立的这个罪名,最初叫作操纵证券交易价格罪,有"价格"两个字,《刑法修正案》把"期货"加了进去,《刑法修正案(六)》去掉原来罪状里面的"交易价格",与时俱进地将本罪改为"操纵证券、期货市场罪",这是一个立法变迁。

二、教义学和规范解释

操纵证券市场罪被规定在《刑法》第 182 条,该条明文列举了三种手法:

第一种手法就是今天讨论的这个案子的关键点。本案是按照《刑法》第 182 条第 1 款第 1 项"联合交易"起诉的,联合交易需要三种优势,即资金、信息、持仓优势。在第 182 条第 1 款第 1 项的规定中,这三种优势中间用了"或者"一词,即是一种组合,既可以同时利用三个优势,也可以只利用其中一个优势。因此,犯罪主体既可能是单独犯,也可能是共同犯。在徐翔的窝案中,起

① 最高人民法院、最高人民检察院《关于办理操纵证券、期货市场刑事案件适用法律若干问题的解释》于 2019 年 6 月 27 日才正式发布。

诉书中有一个非常重要的措辞为“合谋”，证监会认定的4个焦点，其中有一个也提到了“合谋”。在第一种形态中，除了“联合交易”，还有“连续交易”，它是指先连续地买，到了一定的时候再做出相反的交易。

《刑法》第182条第1款第2项规定的第二种手法中出现了“串通”，即联合操纵，相对委托。形象地说，我们俩约定，我买你的股票，你买我的股票，拉升股票价格后，约定时间、价格再把股票卖出。同“合谋”类似，“串通”就是《刑法》中所说的犯意联系，而犯意联系是最难证明的问题。比如电子交易，从上交所、深交所很容易调出来在哪个时间进行了交易，这个客观证据是板上钉钉的。但是这样一个交易的情况是不是一定能够推定是合谋、串通？这并不是那么简单的，其突破点就是口供，这样口供和客观交易证据就形成了相互印证的证据。所以证监会的稽查大队和公安刑侦局，在认定第一种或第二种形态的时候，合谋或串通是他们一直致力解决的难点，现在司法解释草案第1条就要解决这个问题。草案的思路是，“合谋”或“串通”就是指达成准备事实推定的合意。对此如何进行判断呢？基本思路是行为人之间的交易行为高度趋同或高度相关。但是，仅仅根据高度趋同或者高度相关的客观行为就认定具有“合谋”或“串通”，会导致打击面过大的问题。因此，我当时强烈建议加上一个条件——“没有正当理由”。因为确实可能存在两个互不认识的人，操作行为却偶然地高度趋同或者高度相关。为避免错误打击，就必须要有一个出罪口，即辩护律师要提出“有正当理由”，检察官证明“没有正当理由”，这就叫“可反驳的事实推定”。最终发布的司法解释会如何认定“合谋”“串通”，这都是待定的。[①] 但司法解释草案第1条就要解决这个问题，说明这是一个非常重要的问题。

第三种行为形态是洗售，就是自己同自己交易。如果说第二种形态是两个人打乒乓球，第三种形态就是行为人自己开多个账户，在自己的多个账户之间互相交易。这是典型的虚买虚卖，也叫洗售，也是最古老的操纵市场方式。交易量大，股价肯定会被带上去。因为自己的名字只能开自己的账户，而这种手法需要多个账户，所以这种情况下就出现了自己实际控制的账户。在司法解释草案当中，准备把洗售确定下来，这就需要把账户的范围到底有多大明确

---

① 2019年6月27日发布的最高人民法院、最高人民检察院《关于办理操纵证券、期货市场刑事案件适用法律若干问题的解释》相比于司法解释草案删除了关于“合谋”“串通”的条款。

下来。

三、刑事立法和司法解释的兜底条款

“汪建中案”当中，检察院是以第四种行为形态起诉的。汪建中号称是股神，是一个特殊主体，他实际上就是一个推荐股票的人。电视台里的专家经常推荐股票，信不信任由股民。但是汪建中不仅推荐股票，在推荐的时候还抢先买进或卖出，即建仓之后再对外宣传，在大家都跟进使股价攀升以后，他就全部卖出。这种手法与前三种行为形态不一样。他宣传的信息是一个真实的信息，而且带有职业介绍人的背景，但不是内幕信息，因为这个信息完全公开了，他是根据他的职业判断给出的建议。所以当法院判决“汪建中案”时，券商和咨询师都觉得法院的处罚太重。

“汪建中案”有两个争议焦点：一是抢先交易能不能构成操纵市场，二是能不能适用兜底条款。当时法院面临很大问题，前三种形态不符合，因此要给汪建中定罪只能用兜底条款。兜底条款的模糊性、涵盖性很大，法院要做第一个吃螃蟹的人是需要勇气的。实际上“汪建中案”就是把“抢帽子”交易列为第182条的第四种行为形态，这与我们讨论的第一种行为形态不一样。

“汪建中案”的一个最大的功劳就是导致司法解释草案准备把兜底的行为形态细化成8种情况。① 细化兜底条款是司法解释最重要的一个功能。该草案的前4种方法都属于信息型操作。第一个叫蛊惑交易，也叫“抢帽子”交易。“抢帽子”交易就是建仓之后鼓励大家买，但是自己却卖出，做相反的交易。

再看后面4种行为形态，它们是交易型操作，除去这个兜底的，其余三个明显都是在交易环节当中实施的。首先，1999年《刑法修正案》把期货纳入进来，期货市场一建立，就需要打击期货暴利，所以这里面第一个是期货。再看该草案第1条第5项和第7项，专家论证的时候，上海证券交易所的代表很担心：这种程序化的交易是一个国际性的技术趋势，我们把它纳入到操纵手段当中会不会产生一个扼杀新技术手段的问题？这种行为有点像12306购票中的黄牛，利用软件使我的速度永远比别人快一两秒。所以这种情况能不能写入

---

① 2019年6月27日发布的最高人民法院、最高人民检察院《关于办理操纵证券、期货市场刑事案件适用法律若干问题的解释》第1条最终将“以其他方法操纵证券、期货市场”细化为7种情形。

最终出台的司法解释，还未确定，但是最起码兜底条款的大概思路确定下来了。[①]

四、定量标准

我们现在的定量标准是公安部和最高人民检察院在2010年设立的。司法解释草案准备这样规定：(1)成交金额500万元，很多券商说500万元太少了，建议将这个数字翻倍；(2)违法所得50万元，这个数字也非常低；(3)准备将连续20个交易日改成10个交易日。

操纵市场、内幕交易违反“三公”原则，所以行政法和刑法都要对此予以打击。我想强调的是，一个司法解释的出台并不容易，中国的证券市场才发展了20年，1997年《刑法》就写了这个罪名，证券市场刚呱呱坠地，就想将其细化是不可能的。

到了2009年，“两高”准备出台关于内幕交易的司法解释，2012年才正式出台，这个司法解释一出台，打击内幕交易的案件数量骤增。操纵市场，以及地下钱庄、“老鼠仓”的情况，都是新的犯罪类型，如果实务操作都不很成熟，就制定司法解释，难度会非常大，所以我们应该体谅这个情况。但是无论怎么样，这个司法解释不出台，对于证券类犯罪的打击非常不利。

五、证监会的认定函

证监会的认定函在法庭上基本上都会被采信。按照我的理解，法院还需要对这个证据进行举证质证，不一定遵照行政机关的意见。但是它的效力应该很强，它一出具，律师的辩护难度就变得非常大。

---

① 这种利用交易软件等技术优势操纵市场的情形最终没有被纳入最高人民法院、最高人民检察院《关于办理操纵证券、期货市场刑事案件适用法律若干问题的解释》。

第二讲

债券犯罪案件的辩护实务

娄秋琴[*]　王　新[**]

课程概述：本讲分为四节，前两节由娄秋琴律师主讲，第一节主要讲述了金融犯罪中涉及的重要金融术语与金融行规。第二节结合案例讲解了债权犯罪的辩护技巧。第三节是课程知识互动，学生主要围绕辩护策略的选择以及如何看待独立辩护展开了深入讨论。第四节由王新教授总结，综述并延伸了相关知识要点。

* 娄秋琴，北京大成律师事务所高级合伙人、大成中国区刑事专业委员会副主任、中南财经政法大学刑事辩护研究院副院长、兼职教授、硕士生导师、中国政法大学博士生。

** 王新，北京大学法学院教授，博士生导师。

第一节 重要金融术语简介

金融作为现代经济的核心,金融安全事关国家安全。金融犯罪是直接扰乱金融秩序,威胁到金融安全的犯罪。相较于传统犯罪,金融犯罪的专业性更强。了解金融业的行规和术语是进行金融犯罪辩护的前提,因为不了解金融行业的行规和术语,就无法理解很多证据中所展示的内容。比如债券风暴中最容易产生犯罪的是丙类户的问题,如果大家不了解什么是丙类户,丙类户是怎么产生的,丙类户的发展情况,那么在办理这类案件时就可能一头雾水。

一、债券

要了解债券领域,首先要了解债券是什么,债券有哪些品种。根据发行主体,可以分为政府债券、中央银行票据、政府支持机构债券、金融债券、企业信用债券、资产支持债券等;根据付息方式,可以分为零息债券、贴现债券、固定利率附息债券、浮动利率附息债券、利随本清债券等;根据币种,可以分为人民币债券、外币债券、SDR 债券等;根据可流通性质,可以分为可流通债券和不可流通债券。了解这些不同债券的分类,有利于发现不同债券的刑事风险点,比如相比于可流通性债券,不可流通债券的风险相对较小。

二、债券市场

(一)一级市场和二级市场

债券犯罪肯定发生在债券市场当中。债券市场分为一级市场和二级市场。一级市场,也称发行市场,是各主体发行债券融资的场所,主体包括发行人、承销商和直接投资人。在一级市场中,对于投资者而言最为关键的是寻找到资质良好的券源。但是债券申领的额度、价格一般掌握在承销商手中,一只资信良好且价格上升空间大的债券往往受到众多投资者的青睐,所以一些投资者想要确保在承销商处拿到好的券源,可能会与承销商之间存在利益输送问题,进而引发行贿受贿等犯罪。但债券市场中的行贿受贿关系与单纯的权钱交易又有区别,在司法实践中存在这种情况:承销商的工作人员与投资者共同研判市场行情,认定某只债券有上涨空间,于是利用分管债券分销的职务便利为投资人申领到债券,并提前约定好债券获利后的利润分成比例,这种行为可能构成职务侵占罪的共犯。当然,在发行市场中,如果欺诈发行或者擅自发行债券,还可能构成欺诈发行债券罪或擅自发行公司、企业债券罪。

二级市场是流通市场,是各种证券在不同的投资者之间买卖流通所形成的市场,主体有做市商、货币经纪公司、结算代理人、境内投资人和境外投资人。二级市场又分为场内交易市场和场外交易市场。场内交易市场以非银行金融机构和个人为主体,采用连续竞价方式交易,债券的托管与结算都在中国证券登记结算公司进行。股票的场内交易,容易产生操纵证券市场罪、内幕交易罪等刑事犯罪。债券与股票不同,它受银行利率的影响,而银行利率比较稳定,所以债券也比较稳定,投资风险较小。

债券市场最特殊的就是场外交易,包括柜台市场和银行间债券市场。很多券商发行债券之后,一家金融机构买入该债券,然后可以找下一家金融机构把债券卖掉,通过点对点、一对一的模式,一方愿卖,另一方愿买,债券和资金分别交割完毕,债券交易就完成了。这里的"银行间",并不限于银行与银行之间的债券交易,而是债券市场的结算成员之间都可以进行,比如银行与银行之间,银行与证券公司之间,证券公司与证券公司之间。

(二)银行间债券市场的结算成员

银行间债券市场的结算成员包括甲类户、乙类户、丙类户。凡符合人民银行有关市场准入规定的投资者,均可成为中央结算公司的托管结算成员。根据参与债券结算业务的资格和办理方式,结算成员可以分为:(1)甲类户,即既可办理自营结算,又可代理丙类户进行债券结算,比如商业银行,不但可以与其他结算成员直接买卖债券,还可以代理丙类户进行结算。(2)乙类户,只能办理自营结算,包括信用社、基金、保险和非银行金融机构,乙类户只能自己进行自营结算,但不能代丙类户进行结算。(3)丙类户,指一些非金融机构法人,要进行结算必须委托甲类户代为办理,自己不能进行结算。按照之前的政策规定,一个依法注册成立的公司,可以通过甲类户向国债公司申请开设债券托管丙类户,并在甲类户开立资金账户,同时与甲类户签订《债券结算代理业务主协议》,然后由甲类户代理丙类机构进行债券买卖。甲类户先根据丙类机构的指令从卖家买入债券,再根据丙类机构的指令将债券卖给第三方,整个交易呈现在外的都是甲类户,从成交单上是看不出丙类机构的。丙类户是在2002年末进入银行间债券市场的,一开始其只能与代理结算的对口甲类户进行交易,只能做现券和正回购。2005年9月,央行彻底为丙类户松绑,允许丙类户与所有甲类户和乙类户进行交易,也开始允许做逆回购。进行这种彻底的松绑,主要是为了活跃债券市场,促进整个债券市场的流通。后面爆发风险的,就发生在丙类户身上。金融领域的一个特点,就是容易受国家经济形势、不断变化的国家政策的影响。比如"P2P",是一种将小额资金聚集起来借贷给有资金需求人群的点对点的民间小额借贷模式,是一种互联网金融产品,是国家为了拓展融资渠道、降低融资成本而推出的金融创新举措,于是大量的"P2P"企业兴起。后来有一些企业搞资金池,搞非法集资,背离了"P2P"中介平台的本意,于是国家又开始对"P2P"企业进行整顿,强行要求企业进行清退,导致有些正常经营的"P2P"企业也难以为继。所谓创新,就是摸索着做以前没做过的事,但在摸索的过程中出现重大问题时,国家就会进行干预。"P2P"是这样,丙类户也存在这样的问题。当年整个债券市场并不活跃的时候,只允许甲类户和乙类户在债券市场进行交易,但活跃度不够。金融市场一个非常重要的指标就是活跃度,没有活跃度,市场低迷,不利于金融业的发展。于是2002年,增加了市场参与主体——丙类户,并要求挂在甲类户下进行交易。为了进一步刺激活跃度,2005年,央行又进一步为丙类户松绑,允许丙类户与其他甲类户和乙类户进行交易。例如,A公司作为丙类户挂在中国银行名下,招商银行有债券要卖,A公司既可以从招商银行手上把债券买过来的;也可以自己出去询价,锁定交易的对象,打算成交后,把交易指令发给中国银行,委托中国银行进行交易,然后再由中国银行与招商银行进行交易。

那么,为什么丙类户参与债券交易会产生一定的风险呢?如果只允许甲类户和乙类户参与,都是公对公的交易,所有金融机构的利益只会留在体系内,永远不会逃离出机构。但丙类户为利益输送开了一道风险敞口。比如有些金融机构的交易员,联系一家丙类机构,或者干脆让自己的家人或者朋友直接设立一家公司,开个丙类账户,挂靠在某家银行。金融机构的交易员有权从单位挑选哪只债券卖出去或者从哪一家机构买入债券。例如,交易员甲看好某只国债,评估这只债券价格未来能上涨,于是决定把这支债券卖出去,卖给甲自己控制或者联系好的丙类机构,等到债券价格上涨时,丙类机构再把债券卖出赚取差价进行获利。在这种情况下,甲会辩解说:这只债券卖出的时候是经过金融机构的交易部门层层审批的,而且从金融机构卖出的价格也高于成本价,单位是获利的,并没有造成损失;金融机构已经把债券卖出去了,后面再涨价就已经与原来的金融机构无关了。

(三)银行间债券市场的交易方式

只有理解债券市场如何交易,才能明白利益输送是如何进行的。例如,现在很多人在电脑或者手机 APP 上直接进行股票交易,系统直接按照价格优先、时间优先的原则成交,即较高价格买入申报优先于较低价格买入申报,较低价格卖出申报优先于较高价格卖出申报,买卖方向、价格相同的,先申报者优先于后申报者,先后的顺序按交易主机接受申报的时间确定。这些都是通过系统直接确定的。但银行间债券市场的交易与之不同,它是通过交易双方自主谈判、点对点的询价方式进行,由报价方发出具名或匿名的要约报价,受价方点击该报价后成交,或由限价报价直接与之匹配成交。

实践中,不同的债权类犯罪的案件中的证人总有重合,这是因为在银行里从事债券交易的交易员的圈子相对较小,他们有自己联络的圈子,比如在 2008 年前后,MSN 比较流行,这些交易员经常在 MSN 上进行询价,在 MSN 上发出交易要素,如价格、数量等;也可以通过电话、传真等方式。双方达成合意后,就可以交割了。在这种交易模式下,形成了交易人员之间比较小的圈子,也逐渐形成了交易员之间的信任和声誉,这种信任和声誉逐渐与其所在的金融机构无关,而是与这个交易员自身相关。因此,在实践中,作为 A 金融机构的交易员,把某只债券卖给 B 金融机构之后,可以让 B 金融机构再卖给 C 金融机构,然后再卖给 D 金融机构,那么,作为 A 金融机构的交易员,在 B、C、D 金融机构都没有任职,怎么能够同时指挥 B、C、D 的金融机构呢?就是因为当一个口碑好的交易员请另一个金融机构的交易员帮忙代持一只债券的时候,只需要约定一个时间和价格进行回购。哪怕没有签署书面的代持协议,其他交易员也会根据他的要求进行配合。那么这个交易员利用与其他金融机构交易员之间的这种信赖关系,利用的是职务便利还是工作便利呢?这个问题值得思考。

三、结算方式

绝大部分丙类机构没有像银行、证券公司等金融机构那样雄厚的资金，甚至有些机构根本就没有资金，那么它是如何盈利的呢？丙类机构可以参与债券市场交易，按照正常的操作，它可以与其他交易主体进行谈判，出资金买下某只债券，等到债券价格上涨后，再通过询价卖出，赚取其中的差价，这是一个正常的交易行为，不存在法律风险。但现实的情况往往不是这样的，要理解丙类机构如何在没有一分钱的情况下获得几千万元的收益，就一定要了解债券市场的结算方式。在债券市场上，一般有三种结算方式：(1)款券对付（简称DVP），即一手交钱，一手付券，这种方式下，没有资金支持就买不到债券，更不可能因此有收益。(2)见券付款（简称PAD），指在结算日收券方通过债券簿记系统得知付券方有履行义务所需的足额债券，即向对方划付款项并予以确认，然后通知中央结算公司办理债券结算的方式。这是一种对收券方有利的结算方式，有利于收券方控制风险，但付券方会有一个风险敞口，付券方在选择此方式时应充分考虑对方的信誉情况。采用见券付款方式往往是收券方信用比付券方要好。(3)见款付券（简称DAP），指付券方确定收到收券方应付款项后予以确认，要求中央结算公司办理债券交割的结算方式。这是一种对付券方有利的结算方式，有利于付券方控制风险，但收券方会有一个风险敞口，该方式在收券方对付券方比较信赖的情况下可以采用。

采用后面两种结算方式是不需要一手交钱，一手付券的，在交钱和付券之间有一个时间差，在现实中出现的“空手套白狼”就是使用见券付款的交易模式拿回低价债券，再通过二级市场寻找交易对手通过见款付券的交易模式高价兜售，只要在当天结算时间前完成这两笔交易，不需要任何资金就可以赚取这中间的差价。

四、交易类型

交易类型大体分两类：一是现券交易，即交易双方在交易达成当日或者次日，以约定的品种、数量、价格转让债券所有权的银行间债券交易。例如，某机构要卖券，另外一个机构想买券，进行谈判达成交易合意后，按照约定的品种、数量、价格进行交易,钱和券都交割完之后,交易完成,就叫现券交易。二是回购交易,分为质押式回购和买断式回购。质押式回购,是指以债券为权利质押进行短期资金融通,资金融入方(正回购方)将债券出质给资金融出方(逆回购方),同时双方约定在未来某一指定日期由正回购方按约定的回购利率计算的资金额向逆回购方返还资金。质押冻结期间,债券利息归出质方所有。因为对债券进行了质押,如果正回购方一方反悔,对债券不予回购后,逆回购方有权处置质押的债券,这种回购风险比较小;买断式回购,则是指正回购方将债券卖给逆回购方的同时,交易双方约定在未来某一日期,正回购方再以约定价格从逆回购方买回同等数量的债券。既然买断了,回购期间债券利息当然是归债券持有人所有。

五、代持和代持养券

(一)代持

从具体操作上看,债券持有方通过银行间交易与代持方达成口头协议,约定将标的债券以一定的价格转让给代持方,经过一定期间再以事先约定的价格由债券持有方赎回。债券持有方通过支付代持方代持期间的资金使用费,保留了债券实质所有权相关的风险和报酬,而代持方获得了代持期间让渡资金使用权费用。从这个概念来看,代持与前面所讲的回购交易非常相似,回购有两种:一种是质押式回购,另一种买断式回购,无论哪一种方式,都要签署相应的书面回购协议,以防止一方违约产生的风险,尤其是买断式回购,债券实际上已经买断了,债券在交易平台上已经交割完毕了,与卖出的金融机构已经没有关系了,在价格下跌的情况下,如果没有书面回购协议的约束,卖出的金融机构完全可以不将债券买回。但在实际交易过程中,很多交易并没有严格按照回购的要求进行,有的是金融机构没有严格要求签署书面协议,有的是基于前面所讲的交易员之间的信赖关系,只进行了口头的约定,而在交易类型上却是现券交易,在实践中俗称"口头代持"。换言之,从交易单等形式上看,是现券交易,但按交易员的约定来看,实质上是回购交易。这就是现实与行业要求之间的差异,也是客观存在的行规,只有清楚这些行规,才能理解丙类户参与之下的风险问题。

(二)代持养券

代持养券是一种行业内的俗称,没有严格的定义,一般是指某金融机构以现券交易的方式将债券卖出后,以口头或者书面的方式约定在将来某一时点以一定的价格重新买回该笔债券或者指定卖给第三方,时间比较短的叫代持,通过不断滚动续作,历经多家金融机构,时间长达数月甚至数年的,行业俗称为“代持养券”。一般情况下,养券都会经历很多家金融机构的连续代持,因为一家金融机构通常无法一次性代持时间太久,有些金融机构对时间有限制,比如只能代持7天或者14天;有的金融机构不能跨年代持。所以要想养数月甚至数年,只能通过多家金融机构参与共同完成。那么,为什么一家金融机构的交易员能让多家金融机构一起参与进来?如前所述,正是凭借交易员个人之间的信赖关系,在不用签署任何书面协议的情况下,通过口头约定就进行了代持,这才使代持养券成了一种可能。

第二节 债券犯罪案件的辩护实务

一、有效辩护不是一味地进行无罪辩护

曾经有人说,任何案件都是可以进行无罪辩护的。我并不赞成这样的观点。侦查永远无法完整地还原全部的客观事实,侦查过程中也难免出现疏忽和瑕疵,所以,如果从辩护的视角挑刑事案件中证据存在的瑕疵问题,多多少少都能挑出来,但这不代表就可以达到进行无罪辩护的程度。因为瑕疵证据是可以补正的,而且有些瑕疵证据并不会直接影响定罪,这是进行证据辩护时律师应当注意的地方,即不能一味地进行无罪辩护。另外,从实体法的视角,律师辩护之前自己要搞明白相关的法律规定,不能单纯听当事人的辩解,因为当事人是不懂法律的,有些辩解能够影响定罪,但有些辩解是无法影响定罪的。当律师确定当事人的很多辩解无法影响定罪时,应当向当事人全面解释相关的法律规定,以及一味进行无罪辩护可能产生的不利后果。

例如,A证券公司买入08央票38债券的价格是100元,A证券公司交易

员李某对外进行询价,分别询问了B银行、C银行、D银行三家金融机构,报价分别为101元/百元面额、101.5元/百元面额、102元/百元面额,D银行报价最高,李某通过朋友找了一家挂靠在B银行的丙类机构,事先与丙类机构谈好分成比例,丙类户配合从A证券公司买入08央票38债券,该债券卖出获利进行五五分成。李某向单位汇报,说B银行出价101元/百元面额,公司卖出债券可以获利50万元,并隐瞒了C银行和D银行的报价情况,于是单位同意卖出该笔面额为5000万元的债券。随后李某把价格、数量等信息告诉了丙类机构,让其委托其所在的B银行以101元/百元面额从A证券公司购买该只债券,并在当日再指令B银行将该债券以李某事先询好的102元/百元面额价格卖给D银行,由此赚取1元/百元面额差价,共计50万元。后李某和丙类账户各分得25万元。

这个案例涉及一个非常典型的职务侵占行为,与一般交易中虚增交易环节是一样的,只不过现在换成了债券交易,有些人就产生了疑惑,当事人会辩解:将这只债券卖给B银行是已经经过A证券公司层层审批的,当A证券公司把这只债券交割给B银行后就属于B银行所代理的丙类机构,丙类机构再卖给谁,就与A证券公司没有关系了,因此赚了多少钱也与A证券公司无关了。问题出在哪?问题在于A证券公司之所以同意将该只债券卖出去,是李某隐瞒了已经询好了还可以卖102元/百元面额价格的情况,如果李某将询价情况全面反馈给A证券公司,证券公司肯定不会同意卖给B公司,而直接卖给D公司,赚取100万元的差价,因为李某隐瞒了事实,所以证券公司少赚了50万元,这些钱却被李某和丙类机构进行分割,这些钱是证券公司应得的利益,因此,指控李某侵占50万元是符合事实和法律规定的。如果一味迁就当事人进行无罪辩护,不仅达不到无罪的结果,还可能丧失在量刑上的一些情节,是一种无效的辩护。

二、攻破对方逻辑体系进行无罪辩护

在债券犯罪案件中,公诉机关指控的犯罪事实通常有多起,但每一起事实的情况可能各不相同,交易模式也各有差异,公诉机关为了支持指控,通常会构建一套自己的逻辑体系,以完成指控。律师在代理案件过程中,如果能够发现各起事实之间的差异,发现交易模式之间的区别,指出与控方逻辑体系不一致和矛盾的地方进行无罪辩护，就会获得意想不到的效果。

也举案例来分析：公诉机关指控杨某职务侵占所在证券公司的应得利益1000万元，共有8起犯罪事实，其中一起涉及杨某和王某两个人。杨某是A证券公司的交易员，王某是C银行金融市场部承销发行处处长，两人商量进行代持养券进行获利，于是杨某通过MSN联系了素不相识的B银行交易员蔡某，口头委托其以B银行名义在债权一级市场代为申购2000万元面值的“08中电信MTN2”债券，蔡某自己也看好这只债券，于是就同意了。杨某将情况告诉王某，王某将券源安排给了代申购机构B银行，该笔债券申购后，杨某又联系了D银行过券，并通过E证券公司交易员联系上F农商银行交易员买入该笔债券，并出具委托代持协议卖给杨某事先联系好的代持机构G银行。后G银行代持到期后将债券卖回至H银行。至此，债券价格已经上涨，该债券经过银行、证券公司又卖给了丙类机构，最终沉淀利润329万余元。

律师在代理这个案子的过程中发现，公诉机关指控的另外7起事实，认定职务侵占的逻辑前提是锁定券源，券源归属于谁，最终丙类机构获得的利益就是谁的应得利益。但在这一起指控中，B银行未与A证券公司签署任何代申购协议，从B银行从C银行申购债券的书证来看，该只债券应得归属于B银行，从B银行将该笔债券卖给D银行的书证来看，是现券交易，而且根据蔡某的笔录，其陈述记不清楚是谁联系他购买的该只债券。因此，运用控方自己的逻辑体系，这个案子从证据来看，根本无法证实该只债券归属于A证券公司，无法认定杨某构成职务侵占罪。

办理这个案件，一定要首先明白一个概念，就是代申购，控方的逻辑是杨某是A证券公司的交易员，所以他所有的行为就代表着A证券公司，其找到B银行交易员蔡某让其去C银行代申购该笔债券，就代表着A证券公司委托B银行向C银行进行申购，所以申购下来的这只债券就应当归属于A证券公司，至于后面所有的代持和养券的行为并不影响利益归属。这就是控方的逻辑体系，那么怎么打破呢？刑事诉讼靠的是证据，看现有证据能否证实控方的这个逻辑，实际上是证实不了的，从所有的申购和交易单等书证来看，体现的是B银行与C银行之间的申购关系以及B银行与D银行之间的现券买卖关系，与A证券公司无关，虽然杨某供述的是代申购行为，但B银行交易员却无法证实这个情况，证据链是断裂的，无法证实，所以检察院未将该起指控移送法院，这也算是一个比较成功的打法。

三、从重罪到轻罪改变定性的辩护

(一)主体角度

在代理债券犯罪案件的过程中,有很多的辩护思路,可以进行无罪辩护也可以进行罪轻辩护,这里的罪轻辩护除了传统意义上的量刑辩护之外,还有从重罪改为轻罪的改变定性的辩护,也是一个非常重要的辩护策略。根据我的经验,公诉机关指控这类案件的罪名,针对国家工作人员,主要有贪污罪、挪用公款罪和受贿罪;针对非国家工作人员,主要有职务侵占罪、挪用资金罪和非国家工作人员受贿罪。从量刑的视角来看,贪污罪重于职务侵占罪,挪用公款罪重于挪用资金罪,受贿罪重于非国家工作人员受贿罪,这些罪的行为表现基本相同,主要的区别点就是主体。所以要将重罪转变为轻罪,可以从主体入手,分析被指控的人是否具有国家工作人员的身份,不具有国家工作人员身份的,可以按照轻罪处理。

(二)行为角度

除主体问题外,还可以从行为角度入手,看是否可以从贪污罪改变定性为挪用公款罪,从职务侵占罪改变定性为挪用资金罪。由于实践中非国家工作人员的案件较多,所以我们来看看从职务侵占罪改变定性为挪用资金罪的情况,我们知道,职务侵占罪的最高刑期是15年有期徒刑,挪用资金罪的最高刑期是10年有期徒刑,将职务侵占罪的指控改变定性为挪用资金罪,是有利于当事人的。

举个例子,秦某系A银行的交易员,林某系B农联社资金营运中心总经理,秦某打算通过丙类机构进行利益沉淀,于是找到林某,希望林某以B农联社的名义为其代持一只债券,然后卖给其指定的丙类机构,并约定将获得的利益的一部分支付给B农联社,另一部分支付给林某本人,于是林某动用了B农联社10亿元资金为秦某进行代持,最终获利500万元。公诉机关指控林某和秦某涉嫌职务侵占罪并移送起诉。

律师在这个案子的办理中发现,林某对于秦某的债券来源、事先询价以及丙类机构运行的状况是不明知的,秦某只是告诉林某,希望林某所在的农联社出资金为其债券进行代持，但根据B农联社的规章制度，代持必须签署代持协议，且经过审批流程，但林某却利用其资金营运中心总经理的身份和职务便利，未与A银行签署任何书面协议，直接动用资金进行代持，侵犯的是B农联社资金的使用权，而非与秦某共同侵占A银行的应得利益，应当认定为挪用资金罪，而非职务侵占罪。

但在进行这种改变定性的辩护时，还要综合考虑一个问题，就是职务侵占罪的数额是按照应得的利益来计算，比如本案中是500万元，而如果按照挪用资金罪，鉴于债券市场的特殊性，往往需要动用的资金量比较大，比如本案挪用资金的数额是10亿元，那么律师在进行辩护的时候就要考虑清楚，评估清楚，看哪个认定更重，哪个认定更轻，不能单纯评估两个罪名的法定刑，还要不断地与检察院、法院进行沟通。

四、一罪与数罪之间的综合考量

前面讲到从重罪改变定性到轻罪的辩护策略，但这个策略如果运用不好，有时未必对当事人有利，还要权衡一罪与数罪之间的关系。债券犯罪案件通常指控的事实比较多，检察机关按照一个重罪进行指控，但如果律师发现其中部分事实指控为重罪是不成立的，在法律上存在辩护为轻罪的可能，是否要进行这样的辩护？举个例子来说，检察院指控20起事实均为职务侵占罪，律师发现其中有3笔有可能只构成挪用资金罪，还有2笔可能是对非国家工作人员行贿罪。如果单从指控的事实来看，从罪名轻重对比来看，挪用资金罪和对非国家工作人员行贿罪都比职务侵占罪轻，如果辩护成功，一个职务侵占罪可能被拆成职务侵占罪、挪用资金罪和对非国家工作人员行贿罪三个罪名。一个罪名更重还是三个罪名数罪并罚更重？结果有可能是数罪并罚更重，因为一个职务侵占罪的量刑最高就是15年有期徒刑，而三个罪名数罪并罚就极有可能超过了15年，因为债券犯罪涉及的金额和数额都比较大。

第三节 课程知识互动

娄秋琴:如果辩护律师评估一个罪名的最高刑期是 15 年,但拆成三个罪名可能超过 15 年。如果进行改变定性的辩护,可能让你的当事人遭受更重的刑罚,如果不进行改变定性的辩护,又可能背离了对法律的认识和理解,如果你是辩护律师,你会怎么做?

同学 1:我会坚持进行改变定性的辩护,把一个罪名拆开。

娄秋琴:但如果你辩护成功了,你的当事人会被判得更重,你怎么面对?

同学 2:律师应该把每一种方案罗列出来,然后全盘展示给当事人,告诉他每一种方案可能出现的量刑结果,由当事人进行选择,因为案件最终的结果是由他来承担的。

娄秋琴:非常棒,律师可以进行独立辩护,但一定不能独立于你的当事人,他才是诉讼结果的最终承受者。

同学 3:当事人在法律这方面不像律师那么专业和擅长,他在面对律师给他的方案时,可能选择他认为对他有利的,但法官可能最终作出对他不利的判决。律师如果完全尊重当事人自己的判断,有可能最后得到一个对当事人不利的判决。我倾向不要拆开,因为这样风险会小一些。

娄秋琴:非常好,答案没有绝对的对错,重要的是每个人要积极思考。

同学 4:因为一个方案是一罪,另一个方案可能是三个罪名,但是那三个罪名我们还要再具体分析是否有打掉的可能性,如果我们最后拆的只剩下一两个罪名,量刑起来可能比一罪还轻,可能我就会倾向于选择数罪。我觉得前面同学的观点涉及律师的职业伦理问题,因为我们一直在提独立辩护人的观点,但我认为律师不是完全独立的辩护人,还应当听从当事人的意见,因为律师毕竟代表的是当事人的利益。

娄秋琴:对于律师是否能够独立辩护的问题,我经常举一个例子,美国有部电影叫《律政佳人》,一位风靡一时的健美教练被指控故意杀人,但当时她具有不在场的证据,但她坚决不让律师去调取并出示,因为她不在场的证据是去做抽脂,如果出示这个证据,她所获得的所有荣誉将毁于一旦,也可能毁掉了她的职业生涯。她很坚决地跟律师说,宁可被指控犯罪也不能暴露这个事实。如果从律师的视角考虑,被定故意杀人罪和声誉的损失相比,声誉是完全可以让步的,但对于当事人而言,她宁可被定罪也不愿失去她的光环和声誉,这个时候,律师应当尊重当事人,还是应当独立辩护追求真相?

至于是否拆分罪名涉及辩护中的策略选择问题。在办理案件过程中,律师在内心评估后知道不拆是对当事人最有利的,但作为律师,应当把风险的各方各面全部提示给当事人,让当事人在充分知情的前提下做出选择,但在处理的方式方法上,还可以更聪明一些。比如对于改变定性的辩护,在法庭上未必一定落脚到公诉人指控的 A 罪名是错误的,应当认定为 B 罪名,可以直接落脚到 A 罪名不成立或者存疑就可以,达到疑罪从轻的目的,这可能是一个折中的方案。当然,具体案件还是需要具体分析,我只是给大家提供一个思路。比如公诉机关把抢夺罪指控为抢劫罪,那么就可以直接落脚到抢夺罪的定性上,很多辩护人说律师不是第二公诉人,我只要说抢劫罪不成立就可以了,没有必要告诉法院应当定抢夺罪,其实在证据比较明显的状况下,不说构成抢夺罪没有任何意义。

但是有些案件我们就要灵活地处理,既然不构成职务侵占罪,我就直接谈不构成职务侵占的理由,没有必要一定落到挪用资金罪上,这样既表达了律师想要表达的不构成犯罪的理由,也不会落到另外一个罪名的阐述当中去,使法官可以在量刑上予以考虑,达到了整体从轻处罚的效果。

对于课前准备的问题,我做以下提示:第一,前面我们分析了,丙类户参与债券市场交易是受国家政策影响的,要把这个过程展示给法庭,让法庭在量州中予以考虑。第二,律师也可以去找相类似的案例的判决,虽然指控职务侵占数额几千万元,但量刑存在六七年的情况,让法官感知这类案件的量刑普遍从轻。第三,在代持养券过程中,最后认定的指控数额是以丙类机构最终的获利数额为标准的,但最终实际获利就真的全部属于原单位应得的利益吗?大家会发现,因为经过了数月甚至数年的滚动,有很多金融机构一起参与其中,其他参与的金融机构认为都是正常的交易,那么由于市场产生的利益是不是原单位应有的利益?如果在代持养券的过程中,债券价格下跌了,亏钱了,那么职务侵占的数额是多少?如果最终亏损了,这类行为该怎么定性?

第四节　知识综述与延伸

一、债券犯罪刑事定性的研究价值

我将用数字说话，让大家体会一下研究债券类犯罪的刑事定性的价值所在。金融风险当中最为重要的风险在哪里？我给大家提供几个数字，“P2P”2018年爆仓，对于“P2P”的融资体量，5万亿～6万亿元就算很大级别了；而根据中基协的数据，私募股权基金的融资体量是已经突破10万亿元。根据官方数据，地方所发行的债券，其体量为26万亿元。如果再把其他的数字加上去，将近40万亿元，而2018年中国的GDP总量才90多万亿元。对比之下，就可得知债权风险的重大性，一旦产生债券风暴，后果将不堪设想。

有观点认为，“P2P”爆仓仅仅是一个前奏，其体量尚未达到一定级别，但是地方债的体量和风险是非常可怕的。在这种情况下，债券市场中地方债所涉及的一些罪名的分类和定性就显得尤为关键。对于防范金融风险，刑事防范和刑事打击就成了不可缺少的组成部分。

那么，在债券市场或者债券风暴当中刑事法律能发挥什么作用？防范化解金融风险前面阶段的方法就是争取阻断风险，这是一种风险管理。我们今天主要讨论的是，这个“雷”已经“爆”了，我们如何对它进行刑事打击，如何在罪名体系当中加以确定。娄律师主要提及了职务犯罪的4个罪名，包括职务侵占罪、挪用资金罪、非国家工作人员受贿罪和对非国家工作人员行贿罪。从目前的办案状况来看，这4个罪名所占的比重的确很高。

二、债权市场涉及的犯罪

（一）一级市场涉及的罪名

对于债券市场的一级市场和二级市场，我想再细化一下。一级市场是发行市场，在这个环节当中，涉及发行人、承销商和直接投资人。在发行环节与刑法有关的罪名，除了刚才提到的非国家工作人员受贿罪和对非国家工作人员行贿罪，实际上还有两个重要的罪名，即擅自发行股票、公司、企业债券罪和欺诈发行股票、债券罪。我国股票和债券的发行实行审批制，如果没有经过批准就发行属于擅自发行，而在发行的过程中虚假陈述就属于欺诈。就这两个罪的罪名体系而言，欺诈发行股票、债券罪被放在妨害对公司、企业的管理秩序罪这一节中，擅自发行股票、公司、企业债券罪则被放在破坏金融管理秩序罪当中。

（二）丙类户出借账户行为的定性难题

二级市场，也就是我们所说的流通市场。二级市场的交易包括场内交易和场外交易。场内交易，是指直接到交易市场进行交易，这是我们通常所看到的情况，但是这种交易仅仅停留在场内，各方主体参与的积极性不够。为了鼓励各方主体的参与，出现了场外交易。交易环节中最主要的问题，就出现在场外交易。柜台交易，就像人们到柜台买东西一样，监控非常多。但是场外交易，特别是银行间债券交易，会带来一系列非常复杂的问题。所以在债券风暴的众多环节里，要重点关注二级流通市场中的场外交易，特别是银行间债券市场交易中所出现的问题。

如果想防止犯罪，把市场取消掉就可以了，但是将市场取消之后流通又难以进行。这实际上是金融产品的设计和规制问题，是一个两难的局面。最终我们认为，这个主体和这个市场是应该存在的。为了规制银行间的债券市场，中国人民银行设立了一个债券登记托管流通机构，也就是一个监管机构——“中债登”，全称叫中央国债登记结算有限责任公司。为了规制银行间债券市场的主体资格，“中债登”于2002年出台了《债券托管账户开销户规程》，这个规程将三类账户或者说三类人纳入进来，行业中称为甲类户、乙类户和丙类户。甲类户、乙类户可信度很高，基本上是金融机构、法人或分支机构，其信用是有保证的。

这两类账户直接与中央债券综合业务系统联网进行交易，而丙类账户的交易，只能通过结算代理来进行，其只能交易自营债券，这和甲类账户、乙类账户是不同的。前面的几个案子就是丙类账户出现所带来的问题。

拿到准入资格就意味着其“黄金账户”可以打开，而对甲类和乙类的交易规制都比较严格，所以大家都是在丙类账户上动歪心思。这里面合规的问题很多,除了“空手套白狼”以外,还出现过把账户出借给别人的情形。有很多无法与甲类、乙类交易的人为了实现交易,就同丙类打交道。所以黑市上出现了这种交易:一方有丙类资格,其在QQ上宣传可借给另一方,另一方可以用其账户进行交易,赚到的钱按照一定比例分成。这个问题在某段时间非常严重。有一个案子,当事人利用这种模式赚了20亿元,而出借账户的一方按照分成赚了2亿元。

这种行为出现之后,司法机关肯定不能容忍,要进行刑事打击。对于丙类账户的这种行为,到底该定什么罪?这种业务的内容和品种是否属于债券业务?是否属于支付结算业务?如果能够同债券业务或者同支付结算业务对接上,就可以适用非法经营罪。这是第一个槛。第二个槛,是关于出借账户这一行为。非法经营罪要求违反国家规定,《刑法》第96条规定:本法所称违反国家规定,是指违反全国人民代表大会及其常务委员会制定的法律和决定,国务院制定的行政法规、规定的行政措施、发布的决定和命令;而不允许出借债券账户是中国人民银行发布的302号文和“中债登”发布的规范。这两个文件是部门规章和行业规定,不属于国家规定。《证券法》中只有一个非常笼统的规定,其第80条规定,禁止法人出借自己或者他人的证券账户。那么丙类户的账户是否属于《证券法》规定的证券账户?这也是有疑问的。面对这些问题应该如何处理?大家是辩护人的思路,而公安和检察院则是从打击的角度要给它认定一个罪名,最后就看是否有逃税、洗钱、行贿的情况。

第三讲

内幕交易案件刑事辩护实务

马　朗[*]　王　新[**]

课程概述:本讲共分为三节,第一节由马朗律师主讲,主要结合一个典型的内幕交易案件"郭某案",探讨了内幕交易罪中的辩护疑难问题。第二节是课程知识互动,主要讨论了行政认定函涉及的证明标准问题。第三节由王新教授总结,并延伸了相关知识要点。

* 马朗,北京大成(上海)律师事务所合伙人,兼任上海市刑法学研究会理事、上海律协宣传委副主任。

** 王新,北京大学法学院教授,博士生导师。

第一节　内幕交易案件刑事辩护实务

一、事实、证据与法律

首先，我想强调三个词——事实、证据和法律，这三个词在理论研究和司法实务中存在巨大差异。最底层的词叫“事实”，往上是“证据”，再往上是“法律”。我读书的时候，老师们讲案例分析，最擅长理论研究，喜欢上来就讨论法律适用问题，通常是给我们一个事实极其简单的案例，有些案例的事实甚至抽象到只有一句话，像考试题目一样。在简化案件事实的基础上，还让我们直接跳过证据去分析法律适用问题，这是我在学校经常遇到的案例分析方法。但工作以后才慢慢发现，事实描述和证据都不完整的案例，缺乏讨论法律问题的基础，抽离案件事实细节后再去讨论案件的法律问题，对一个法律人来说是不客观的，甚至是不负责任的。

同理，在刑事司法实践当中，尤其在金融犯罪的办理过程中，法官所在意的问题 80% 也并不集中于法律适用，而是集中于事实和证据。如果一个律师对于案件的基本事实和证据没有争议，只谈对法律适用的理解，效果估计不会太好，所以，面对个案，我希望大家要先从案件事实和证据着手，这两方面的问题弄清楚了，再来谈法律适用问题。

二、基本案情

今天讨论的内幕交易案的主犯郭某是内幕信息知情者，也是第一个传播者。2015 年 12 月 2 日，A 集团董事长郭某在一个会议上见到了 B 集团的总经理朱某，会议上两人谈起 B 集团有意向收购 A 集团旗下 C 资产，但他们仅仅是口头沟通了初步意向，并没有谈及收购的价格、收购时间和方式等细节。

2016 年 1 月初，郭某把 B 集团可能收购 A 集团旗下 C 资产以及重庆某小额贷款公司的信息告知他的朋友曹某，并且让曹某尽快买入 B 公司股票，并约定收益平分。但是曹某在他的笔录当中说，当他得知这个消息以后，作为一个老股民，他判断 A 集团的 C 资产根本没有任何收购价值，就算有收购的动作也不会影响到B集团股票价格的上涨。但是曹某认为重庆小额贷款公司这个资产挺好,也比较符合B公司的发展规划,所以他基于对收购重庆某小额贷款公司这个事实的判断,从2016年1月5日一直到2月24日连续买进B公司股票。

2016年1月15日,朱某和郭某商讨了具体收购细节。2月25日,双方正式达成收购协议,B公司股票停牌。4月27日,B公司正式发布收购A集团下C资产的公告。但证监会没有批准这个收购。

三、本案的争议焦点

(一)内幕信息的基本概念

在本案当中,郭某披露的两条收购信息,是否都属于刑法中的内幕交易信息?在司法实践中,对内幕信息的认定主要涉及两个要素:重大性和秘密性。实践当中倾向于把重大性聚焦在这个消息本身对股价的影响上。我觉得至少有两点值得讨论:第一,郭某泄露了两条不同的收购信息给曹某,收购C资产的信息属实,且已经公告,收购小额贷款公司的信息不属实也未公告。而曹某恰恰是基于对那条并没有发布的、虚假的信息的研判才去购买B公司股票。第二,曹某之所以购买B公司股票,并不是因为B公司收购C资产。曹某甚至认为B公司收购C资产的行为没有价值,也不会引起股价上涨。那么我们如何考量郭某的泄密行为和曹某买卖股票行为之间的因果关系?

目前的判例、文章、司法解释,都把内幕交易信息和将来可能对股票的价格有影响绑定在一起。这个影响只是指可能性,还是指客观上股价的变动?本案中,这两方面都很难判断。首先,假设这种影响指向的是客观上股票价格的变动,即只有对股票价格客观上形成了重大影响的信息才是内幕信息。实践中有一些案件,内幕信息从形成到公告以后相当长的时间内,本以为要上涨的股票,价格不仅没有上涨还下跌了;也可能这一段时间的股票价格依然在正常的波动范围内,没有受到这个内幕信息的任何影响。那么,这样的信息还属于内幕交易信息吗?如果我们的指控,还是把这个内幕信息放在对股票价格的影响上,很多被告人都会有冤屈。比如曹某,他觉得自己并没有受到收购C资产的信息的影响,因为他并不看好这个信息,凭什么给他定罪?

其次,假设这种影响指向的是股票价格变动的可能性,显然又会扩大打击范围。因为任何有关上市公司的未公开信息都有影响股票价格的可能性。从时间上看，一条尚未公开的信息，首先影响了投资者的投资决策，之后因为很多投资者买进或卖出，才会影响到股票价格。从立法本意来说，内幕交易打击的无非是破坏正常的市场交易秩序的一些投机取巧的行为。从这个立法目的出发，内幕信息的重大性就应该落脚在对投资者的投资决策的影响上，而不应该落脚在对股票交易价格的影响上。如果放在影响投资决策上，通过非法渠道得到这样的信息后才决定买这只股票，刑法就处罚这种行为。但是本案影响曹某购买 B 公司股票的信息，又不是收购 C 资产这条信息，换言之，其并没有受到内幕信息的影响。

（二）关于敏感期的认定

本案中的起诉书和判决书都把 2015 年 12 月 2 日确定为内幕信息的形成时间。为什么是 2015 年 12 月 2 日，而不是 2016 年 1 月 5 日或者更晚一些时间？

这里就涉及关于敏感期认定的一些法律规则，这个规则有两条线。一条线就是以客观存在的书面协议等记载的时间为标准，比如本案是一个上市公司收购的内幕信息，双方签订收购协议，就以签署这样的书面协议作为内幕信息的形成时间，它的优点是比较容易判断，因为存在收购协议这个书证。但是，重大的内幕信息的形成通常要经历一个长期、复杂的协商过程，协议是由各方公司的管理者坐在一起反复商谈才达成的，如果对外披露商谈行为本身，已经有可能影响股价或者投资决策，所以司法解释又规定了第二条标准，即如果一个收购从头到尾都没有书面的协议，那么它的形成时间就从这些决策者们开会确定收购意向的时候开始起算。

确定收购意向的动议、决策等第二条标准，在司法实践中屡屡引起辩护律师的质疑。因为证监会、公检法本能地有把这个动议的形成时间往前计算的冲动，往前算的时间越早，敏感期越长，可以打到的鱼（内幕交易金额）就越多。所以本案中，在 2015 年 12 月 2 日这个时间节点，双方公司虽然只是谈了一个初步的口头意向，并没有谈到收购的细节、方式和价格，司法机关也要把它作为一个内幕信息的形成时间。从 12 月 2 日开始往后，曹某已经获知了内幕信息，再买入卖出的金额，都要计入到犯罪金额当中去。我们认为，在这个时间节点上，双方只不过谈了一个非常初步的收购意向，这个意向还没有任何实质性的动作，也没有时间表，最终能否落地还有很大疑问。辩护律师认为，信息的形成至少要具备一个基本要素——实施的可能性非常大。在这种情况下，投资人才有可能根据这个信息买卖股票。如果是一个必要性和可行性都非常小的信息，哪怕双方开始磋商了，投资人觉得实施的可能性不大也不会受到该信息的影响，若司法机关把这样的时间点作为内幕信息的形成时间，对于被告人来说显然是不客观公正的。

我们认为，认定内幕信息敏感期的形成时间，需要同时考量实质性启动与有非常大的可能去落地这两个要素，只有同时具备这两个要素的时候才有处罚必要性。结合本案来看，2015 年 12 月 2 日双方达成的这个初步收购意向，很难说是实质性的启动，因为没谈到具体细节，也无法判断今后是否能落地。但非常遗憾的是，司法部门包括证监会都一致把 12 月 2 日初步商谈意向的时间作为内幕信息形成的时间。

（三）证监会的行政认定函

敏感期的认定也好，内幕信息的知情人员也好，内幕交易刑事案件的办案过程中不可避免地会有行政机关的参与，具体参与形式是中国证监会以及各个地方的证监局给公安部门出具的行政认定函等文件。认定函中就包括敏感期的认定等问题，律师们对于证监会出具的这个行政认定函，通常持强烈反对意见，但被法院支持的判例寥寥无几。关于行政认定函有如下两个值得讨论的问题。

1. 证据种类引发的在法庭上如何对其质证的问题

以敏感期为例，证监会给公安部门发一个函就确定了敏感期，这个函从证据种类上来说属于什么证据呢？属于书证或者鉴定意见？认定函肯定不是证人证言，因为下面没有任何署名。正是因为不属于证人证言，这样一个文书出现在法庭上的时候，律师往往束手无策。因为最有效的质证不是对着这张纸质证，而是对着书写文书的人质证，问题是申请谁出庭呢？如果不能对这样一个认定函在刑事法庭进行充分质证的话，会使行政执法和刑事司法在质证标准方面出现倒挂的现象：证监会认定的内幕交易行政处罚案件中，被处罚人尚且可以通过听证、行政复议乃至行政诉讼去质疑这个处罚——当然包括对处罚所依据的证据提出异议，做出行政处罚的机关有对该处罚的合法性、合理性在事实和证据上进行解释和论证的义务；但是，在刑事诉讼的法庭上对这份证据的质证还不如在行政诉讼的法庭上对同一份证据质证得充分，这有违基本的证据法理念。我们没有理由认为刑事案件的证明标准、证据审查标准会低于行政诉讼中的相关标准。行政处罚中对证据采取的是优势证据规则，与刑事案件中采取的排除合理怀疑的规则显然是不一样的。

2. 证监会系统出具的回函的性质问题

不是每一次证监会在移送案件的时候都会给公安机关提供这样一个认定函，尤其是有一些内幕交易案件本身就是由公安机关先立案的，公安侦查过程中遇到一些专业问题，搞不清楚，回过头来又去发函向证监会咨询。证监会、证监局往往在收到公安机关这样的函件以后会给他回个函，表示同意或提出他们的专业性意见，这往往也会作为证据出现在刑事法庭上。关于回函到底是什么证据种类，与行政认定函又不一样。因为行政认定函是行政机关在刑事立案之前的行政调查过程中做出的，有人套用2012年《刑事诉讼法》的规定：行政机关在行政执法过程中所收集到的证据材料在刑事案件中可以直接作为证据使用。但是我刚讲的情况是刑事案件已经立案以后，司法机关回过头来去请教证监会，这种情况下证监会给司法部门回个函，这肯定不是在行政执法过程中所搜集的材料，这个回函到底是什么性质，实务界往往争论不休。

刑辩律师遇到这样的行政认定函的时候，我觉得还是要回到我最开始讲的三个词——事实、证据和法律。行政认定函到底是在说事实问题还是在说法律问题，如果它说的是一个法律认定问题，那么它依据的事实有没有问题？依据的事实与刑事案件内幕交易犯罪构成所需要的事实是否一样？不能因为证监会在金融领域的知识更专业，就推定它所认定的事实和对刑事法律问题的判断也都是正确的。我们要协助法庭在事实和法律适用两个层面上做更多的梳理，把证监会认定函所依据的事实同内幕交易犯罪的构成要件所依据的事实进行比较，从事实的角度去说服法庭，而不是单纯地质疑行政认定函的证据种类、证据资格。

（四）内幕交易的二次传播

本案中郭某先把内幕信息传播给曹某，曹某得知这样的信息后又告诉了自己的朋友王某,王某与郭某不认识,郭某也不知道曹某把这个信息告诉了他的朋友。案发后在计算郭某的犯罪金额的时候出现一个问题,王某买入的股票比曹某买的还多,获利也更多,但是郭某要不要对王某买卖的金额承担刑事责任?郭某在笔录中提到他特别嘱咐曹某不要把这个收购的信息告诉其他人。这种情况下,如果说王某的犯罪金额也可以算在郭某的头上的话,那么信息的传播其实是无边无际的,王某再告诉第三、第四、第五个人,以后这一连串每个人成交的金额难道都要郭某承担责任吗?

第二节　课程知识互动

同学1:您提到的关于“重大性”的两个标准:第一,是不是有实质性的启动;第二,是不是有较大落地可能性。我个人同意这个观点,但是法院可能更倾向于一些黑白分明的标准,比如证监会提供的标准,除非这个标准与法官的内心确信严重不符。实践中律师如何应对这一现象?

马朗:关于敏感期时间节点的问题,实践中法庭确实很少采纳律师的意见。如果律师在法庭上放弃对行政认定函的辩论权利,法院会认为辩方没有意见,裁判起来更如鱼得水。辩护人在法庭上说的每句话理所当然是给法官听的,当我知道法官不可能采纳的时候,我还是要提出来,那么我说给谁听呢?有一个律师同行说:“我说的每一句话,请书记员记录在案,这些辩护意见将来都是宝贵的历史资料,有一天翻案的时候,历史会证明我说的是对的。”这或许是无论法庭采纳与否,律师在法庭上都要坚持辩护的一个动力。

同学2:我曾在行政机关工作过,我们在处理行政处罚案件的过程中,基本上贯彻的是排除合理怀疑的证明标准,即比照刑事诉讼的规则标准。不知道证监会为什么会坚持这样的证明标准?

马朗:我觉得证监会的做法也没有错,比如敏感期内股票账户交易异常,只要单纯对比一下买入股票的数据就可以认定,之前从未买过,现在大量买入,通常就有问题。另外,再结合交易账户的持有者与内幕信息的知情人员在敏感期内或之前有频繁的联系,包括使用电话、短信、微信等联系。这也是从客观上的证据出发做出的推定。作为一个行政处罚机关可能无须再进一步挖掘为什么会有异常,敏感期都频繁联系了什么等。当事人只要无法对这些问题给出合理的解释,就会受到行政处罚。

问题是,行政机关用了优势证据证明标准把这两点认定下来,认定属于内幕交易,然后案件被移送到公安机关、检察院、法院,如果刑事法庭也对行政机关的证据照单全收,便混淆了行政案件中的证明标准与刑事案件中的证明标准。并且,直接采纳行政认定函的认定还会导致被告人有自证清白的责任,即被告人证明不了清白就构成内幕交易,这显然是不合理的。

第三节　知识综述与延伸

内幕交易的问题确实非常庞大,马朗律师今天提到了 4 个问题,包括内幕信息的范畴,内幕信息敏感期的认定,从证据方面来看证监会的行政认定函应该如何把握,以及关于犯罪数额的认定。这 4 个问题一直是内幕交易在司法操作中不可分割的 4 个焦点性的问题,马朗律师通过他所承办的案件给大家做了一个细致的解剖。

关于内幕交易还有两个非常关键的问题。内幕交易,简单一句话就是:什么人用什么样的信息干了什么。马朗律师今天着重交流的是内幕交易的核心问题:用了什么?也就是用的这个内幕信息,应当怎么来界定。但是在这之前还涉及一个主体的问题,就是谁掌握了这个内幕信息?另外,他拿这个内幕信息干什么了?

一、内幕信息的三个特性:未公开性、重大性、真实性

实践中,证监会移送到司法机关处理的案件占所有行政处罚案件的比重非常低。从 1997 年《刑法》设立了内幕交易罪名时起,2009 年开始制定相关司法解释,直至 2012 年“两高”《关于办理内幕交易、泄露内幕信息刑事案件具体应用法律若干问题的解释》出台,在 2007 ~ 2011 年这 5 年当中全国内幕交易的犯罪数量都非常少。

世界各国毫无疑问要禁止两种比较典型的行为,除操纵市场外,就是内幕交易,因为它对证券市场"三公"原则的伤害非常大。我国《刑法》第180条实际上采用了空白罪状的方式,即需要援引《证券法》等相关法律、行政法规来认定。什么叫内幕信息、其外延到底有多大,《证券法》第75条和《期货交易管理条例》第81条对此描述得非常清楚。

刑法倾向于进行特性的归纳,内幕信息的两个根本属性,在本罪的罪状中都有所描述,即未公开性和重大性。第一,未公开性。内幕信息必然是未公开的,这个未公开性与敏感期是紧密挂钩的。证券类犯罪中使用信息的犯罪,实际上有三个,包括内幕交易罪、泄露内幕信息罪、利用未公开信息交易罪。毫无疑问信息应该是公开透明的,没有公开的情况下先人一步利用信息当然是不被允许的。所以未公开性是内幕交易和利用未公开信息交易共同的特点。第二,重大性。《证券法》和《期货交易管理条例》中规定的内幕信息的种类是非常重要的。重大性是应当从对股价的影响的角度来判断,还是从对投资者判断决策的影响的角度来判断,值得讨论。通常认为,重大性与股票价格紧密联系。但是大家从内幕交易罪设立的初衷可以看出,重大性实际上是与投资人的决策、判断联系在一起的。还有一个重要的问题,即信息的真实性。需要注意的是,中国刑法当中有一个罪名,叫作编造并传播证券、期货交易虚假信息罪,是指行为人为了造成股价波动,故意编造虚假信息,实质上是利用虚假信息。操纵市场当中的蛊惑性交易等行为,也与它非常接近。因此,内幕交易中的信息不仅应当是未公开的,还必须是真实的。这三个特性共同构成内幕交易的根本属性,这也是从理论上进行的实质判断,特别是前两个属性在罪状当中有明显的体现。

二、内幕信息与"未公开信息"

接下来我们对比一下"老鼠仓"——利用未公开信息交易罪。这个罪名由《刑法修正案(七)》增设,到本次课为止司法解释一直没有出台。[①]《证券法》和《期货交易管理条例》都没有规定什么是未公开信息,这是信息惩治类犯罪中一个很大的盲区。这种情况下,"两高"即将公布的《关于办理利用未公开信

① 最高人民法院、最高人民检察院《关于办理利用未公开信息交易刑事案件适用法律若干问题的解释》已于2019年6月27日公布。

息交易刑事案件适用法律若干问题的解释》中,很重要的一点就是,把内幕信息以外的未公开信息定义为这里的“未公开信息”。即信息根据是否公开分成公开信息和未公开信息,而未公开信息当中的重要信息认定为内幕信息,而那些不是特别重要的信息就全部用“未公开信息”涵盖。

三、敏感期的确定

马朗律师提到的第三个问题——敏感期的确定,是内幕信息认定的核心要素。敏感期的起点和终点,类似于故意杀人罪中生命的开始和结束,是以信息的敏感期决定该行为能否被纳入内幕信息罪的适用范围。换言之,内幕信息的起点和终点限定了内幕交易罪的打击范围,类似于故意杀人罪中,生命的开始和结束是故意杀人罪侵害的法益存在的区间。

司法解释草案第 5 条对此专门进行了规定。需要注意的是,司法解释草案对其内容进行了一般情形和特殊情形的区分。一般情形是指在重大事项形成决议之后,双方签订了协议或者其他书面文件。这种情况比较好判断,可以以合同上的签字日期为敏感期的开始时点,这也是国际上的通则。但如果仅仅采用一般情形,刑法保护的范围有可能过小,这也是中国的一个特殊情况。因此产生了特殊情形,也就是产生动议、筹划的时期。这是一个准备期,也要纳入内幕信息形成的节点中,但是有一个限定词,叫作“能够影响内幕信息的形成”。并非所有的动议期都能纳入内幕信息的形成节点中,必须能够影响内幕信息的形成。“郭某案”当中,12 月 2 日一方表达收购意向,之后的考察意味着收购行为开始进行。但是买入股票的行为刚好发生在这中间,尚未开始考察,从一般情形来看该行为当然是要排除的。因为其只有收购的意向,尚未进行考察,更不会有所谓的收购协议。特殊情形实质上是一个法律解释,其想把保护圈扩大,认定在筹划、准备阶段都可以形成内幕信息。这个外延扩大以后,又要防止其延伸太宽,因此需要对它进行限定,即这个信息要能够影响到内幕信息的形成,这两个要素是合二为一的。

四、内幕信息的主体

内幕信息的主体分为两种“人”:第一种是知情人,第二种是非法获取人。为了保护信息,“人”的外延非常大,合法获得和非法获得信息的人都被纳入其中。非法获得的手段列举了三种,第一种手法比较简单和直接,正如获取国家情报通常会采取窃听、骗取、收买的方法,知道公司有重大活动后立马潜入,随即买入股票,这是明显的非法获取。但是"两高"《关于办理内幕交易、泄露内幕信息刑事案件具体应用法律若干问题的解释》又列出了另外两种人,就是内幕信息的知情人员的近亲属或者其他与内幕信息知情人员关系密切的人员。这种情况下,有一个很重要的规定叫作"相关交易行为明显异常"。依据司法解释的规定,应当主要从时间吻合、交易背离和利益关联这三个层次来判定相关交易是否明显异常。例如,行为人从来不关注某个板块,某天突然在该板块买入证券,或者行为人一直卖出但某天突然买入,这种情形下需要作出合理的解释。背离行为人的习惯,与平时的行为明显不一样,就要作出解释,这实际上是一种抗辩。值得注意的是,不仅要求"异常",还要求"明显"异常,有点像正当防卫明显过当中对"明显"的判断。什么样的情形是"明显"?应当如何来判定?司法机关只提供了一个尺度,但"明显"的具体内容需要控辩双方争辩,由法官具体判定。

五、行政认定函难题的解决方案

行政认定函涉及行政认定和刑事认定的关系问题,这涉及最热门的话题——行刑民交叉的问题。其中,最复杂的问题就是行政认定函的法律效力和证据效力应当如何判定。这个问题不仅仅是在证券类犯罪中,而且在非法集资类犯罪中也十分关键。比如对于集资行为的非法性,当地党委政府出具了行政认定函。在内幕交易中,如果行政机关对于敏感期等是否属于内幕交易的重要问题出具了行政认定函,行政认定函基本上就对案件形成了结论性的意见,律师基本上就失去了辩护空间。它的证据效力太强,以前甚至在法庭上都不对这个证据进行质证。如果有行政认定的话,以集资行为为例,其非法性就确定无疑了,非法集资的打击面被明显扩大。行政认定函涉及的行刑交叉是一个很棘手的问题,我个人认为让出具这个认定函的人作为证人出庭会是一个比较好的解决方案。

六、关于《刑法》第180条刑罚的设定问题

内幕信息有"重大性",所以要进行特殊保护,未公开信息层次比较低,所

以对其保护要弱一些。必须要在定量标准中拉开档次,这是一个基本原理。因为内幕交易罪和利用未公开信息罪采用的入罪标准是数额较大、情节严重,而两罪又放在一起,这样就直接把内幕交易和利用未公开信息的危害性作同等看待,这种立法方式是很不专业的。

第四讲

票据诈骗罪的界定

韩友谊[*]　白建军[**]　王　新[***]

课程概述：金融诈骗是金融刑法领域高发的案件，票据诈骗罪则是金融诈骗案件的重灾区。票据诈骗罪的案件往往涉及复杂的票据法律关系，给这类案件的定罪量刑带来了巨大的困难。对于从事这些业务的法律人来说，不仅要熟悉民商事法律和刑事法律的规定，还要对票据的开具和流转等环节的实践有深入的了解。只有对规范和实践都了如指掌的情况下，才能透过现象看本质，正确地分析案件。

本讲分为三节，第一节由韩友谊律师讲授，介绍案件情况和有关的实践背景知识，点出争议焦点。第二节是课程知识互动。第三节由白建军教授和王新教授总结，综述并延伸了相关知识要点。

* 韩友谊，北京大成律师事务所高级合伙人，北京大学法学博士（刑法学）。

** 白建军，北京大学法学院教授，博士生导师。

*** 王新，北京大学法学院教授，博士生导师。

第一节　案情介绍和分析

这次的学习将围绕一个案例展开。该案例有很多的背景知识和细节问题,所以在此采用介绍一小段案情,对此进行分析,再进入下一段案情的模式来学习。案件中的银行将不会以真实名称出现,而是借用一些虚构作品中的名字。

一、与票据诈骗罪有关的事实及背景

(一)票据贩子

案情1:被告人甲,是一名票据贩子。

分析:做实业的很多企业家经常需要短钱。他们通常可以通过三种方式从银行获得融资:贷款、票据或信用证。其中,贷款和信用证的方式比较有难度,这就给了票据贩子介入和牟利的空间。当一位企业家需要资金时,票据贩子就从银行申请开具商业汇票,接着立刻把这张票卖给后一家银行。后一家银行立刻就会以较低利率的利息给票据贩子兑现,票据贩子再把款项转给企业家这个真正的资金需求者。票据贩子在这个过程中靠一进一出的利息差价获利。

(二)皮包公司和同业账户

案情2:甲为开展票据业务而买下盛唐贸易有限公司,该公司无任何资产及实体经营项目。

分析:开具商业汇票,一般来说意味着存在商业公司作为法律关系主体。然而甲买下的这家公司只是个皮包公司,这就为后续的操作埋下了伏笔。

案情3:甲为开展票据业务,通过被告人黄某某租赁了某村镇银行的同业账户。

分析:如果甲自己无法操控一个银行的账户,后续行为即便实施完毕,汇票指向的资金依然无法进入他的公司账上。由于中国有大量的银行出租同业账户,所以该公司首先租赁了某村镇银行的账户。如此一来,汇票指向的资金进入到村镇银行的账户时,甲就能将其支取。

(三)伪造材料和暗中计划

案情4:因甲开展票据业务需要某村镇银行的相关票据手续,黄某某给甲提供了伪造的某村镇银行的公章、法定代表人印章、汇票专用章、盖有伪造印章的空白A4纸,以及票据背书粘单。

分析:把商业汇票中的钱全部取出来需要一系列手续,这些手续的真伪会存在几种情况,分别为:全真、全假或部分真部分假。本案中是第三种情况。这些往往会成为票据诈骗罪中认定犯罪行为的事实依据。

案情5:甲在2014年做票据业务时认识了时任被告单位汉东银行计划财务部副总经理、票据业务客户经理的被告人乙。2015年6月底,乙主动找到甲称汉东银行还有一些商业承兑汇票的额度,约80亿元,问甲是否要做商业承兑汇票的业务。甲给了肯定的答复,乙遂要求甲在办理完该票据业务后向其支付好处费。

分析:为什么乙要主动找甲做业务?因为银行有额度的时候把票据放出去会产生利息差,有营利空间。至于乙要求甲事后支付好处费这点,就牵扯出了行贿受贿的问题,也便于我们理解其他环节。

案情6:2015年6月底,甲告诉乙准备以盛唐贸易有限公司作为出票方签发商业承兑汇票,并以某村镇银行作为直贴行。

分析:如前所述这个公司是个空壳子,但还是可以签出汇票的,只要下家愿意接受,且双方事先约定好数额。需要注意的是,直贴行在汇票业务中扮演着重要角色,本案直贴行就是出租同业账户的那家村镇银行。至此,被告人计划中的商业汇票签发单位和直贴行均已安排到位。

(四)牵线搭桥

案情7:乙未按规定审查盛唐贸易有限公司的出票能力,但告诉了甲汉东银行与某村镇银行之间没有商业承兑汇票的授信额度,不能开展商业承兑汇票转贴现业务,需要有其他银行作为过渡才能开展转贴现业务。

后甲让孙某某(另案处理)联系了京州农村商业银行做过桥银行,乙指使他人以汉东银行的名义联系了吕州银行及林城银行作为过桥银行开展业务，并承诺汉东银行会在盛唐贸易有限公司签发的商业承兑汇票上背书。上述工作完成后，乙告诉甲可以出票，接着甲购买了空白的商业承兑汇票开始签发汇票。

分析：银行为了保证自己的资金安全，并不会与任何银行都有票据业务往来。每家银行开展商业汇票业务时，都会根据各银行信用度列表选择那些与本行信用度相同，比本行信用度高或者略低的银行作为合作对象。如果一家银行没办法直接跟直贴行做这样的业务，可以通过中间的过桥银行依据信用度高低逐层地建立联系。

（五）票据和现金流转

案情8：2015年7月1日，甲签发了以盛唐贸易有限公司为出票方的6张面值分别为1亿元共计6亿元的无资金保证的商业承兑汇票，并在盖有伪造的某村镇银行印章的票据粘单上“被背书人处”依次加盖了甲控制的但无实际经营项目的公司的印章。乙让甲将上述6张1亿元的商业承兑汇票直接送到汉东银行。

分析：本来这里的汇票应该是经过中间的过桥银行一级一级传递的。但是考虑到急需资金，而且有关的费用会随着时间增加，所以甲盖完章以后就直接交到汉东银行处。

案情9：2015年7月2日，甲和乙等人在未将上述6张1亿元的商业承兑汇票交给中间的过桥银行的情况下便开展了转贴现业务。

孙某某联系京州农村商业银行并指使自己的工作人员通过QQ给该行发送了甲伪造的村镇银行的《商业承兑汇票转贴现合同》。京州农村商业银行在上面盖章后与吕州银行签订了《商业承兑汇票转贴现合同》，吕州银行与林城银行签订了《商业承兑汇票转贴现合同》，林城银行与汉东银行签订了《商业承兑汇票转贴现合同》。同日，汉东银行对上述6张1亿元的商业承兑汇票背书转让给平靖银行。平靖银行于当日将5亿余元贴现款支付给汉东银行，汉东银行将贴现款依次经林城银行、吕州银行、京州农村商业银行转到甲控制的某村镇银行的同业账户，甲将所得贴现款转到自己控制的公司账户内。

分析：本案资金流向是：平靖银行基于对汉东银行的信任为其贴现，接着汉东银行逐级把这笔资金转到了甲控制的某村镇银行同业账户中,甲再将其转到自己的公司账户。

但为什么甲到手的资金金额只有5亿余元?因为在这个过程中有多家过桥银行参与,每一个环节都会产生相应的费用扣减,所以最后资金进入甲公司账户上的时候就不是起初票面上的6亿元了。

案情10:汉东银行违反规定主动联系过桥银行,通过签订《商业承兑汇票转贴现合同》将林城银行作为票据前手,但并未同时支付贴现款给过桥银行,而是将票据背书转让给平靖银行取得贴现款后才支付给林城银行。

分析:汉东银行取得票据的行为确实违规。正常的合法途径为:A公司出票以后把这个票据卖给了B公司,接着B公司找到甲银行作为贴现银行,甲银行付款给B公司得到了票据,甲银行再把票据卖给转贴现银行也就是乙银行。具体的票据流动过程如图1所示。

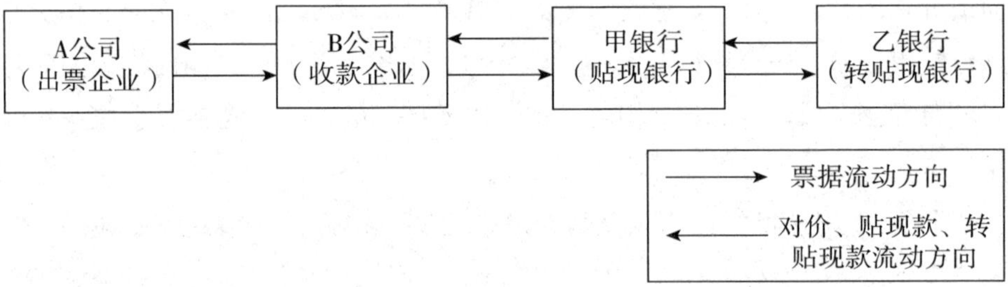

图1 票据流动过程示意

本案的特别之处在于,直贴银行和中间的过桥银行都没有见过这些汇票。这几个主体在没有见到票据的情况下与就上家签订了票据买卖合同,只是起到资金通道的作用。这里现金流合法,但票据流不合法。

二、与其他罪名有关的事实

除了本课着重讨论的票据诈骗罪之外,检察院还发现了有关行贿罪、受贿罪和伪造公司印章罪的事实。涉嫌行贿受贿的情况是:汉东银行在收到甲送过去的6张商业汇票后,应分别由乙审查其的真实性。但乙在没有见到票据的情况下就审核通过并签字,然后加盖汇票专用章,进行背书转让给另外一个银行,这个环节中不可能排除贿赂。租用同业账户这件事,如果没有贿赂同样是很难解释的。涉嫌伪造公司印章罪的情况是:村镇银行实际上并没有办理商业汇票的资质,因而没有汇票专用章,于是涉案人员就伪造了这个印章和其他的一些公章。

三、本案的主要争议

就上述的金融交易环节而言,检察院起诉甲的主要罪名是票据诈骗罪。结合该罪的规定便知,无资金保证是票据诈骗罪的核心要素之一。而且,汇票上有些信息是假的,比如汇票专用章就是伪造的。案中有了两大虚假信息,似乎可以说甲成立票据诈骗罪已经没有太大障碍。但需要注意的是,中间那些银行加盖的汇票专用章和背书是真实的,对此不能否定。

但是还要追问的是哪些主体之间存在欺骗与被骗的关系,如果这点无法确定的话,则票据诈骗罪就无从谈起。第一,行为人甲和乙所代表的汉东银行之间有没有欺骗与被骗的关系?第二,汉东银行与其联系的过桥银行之间有没有欺骗与被骗的关系?虽然汉东银行做了背书,但这张票其实是有问题的。票据转让过程中,一方在没有见到票据的情况下,相信了另一方并与之签订了一个票据买卖合同,然后充当了资金通道的角色,后者是要承担对受让票据一方的合同违约责任的。

在本案的交易环节中,汉东银行必须背书,否则就没有办法从平靖银行处得到款项。平靖银行作为持票的银行付了钱,本来期待票据到期能够连本带利把资金收回,结果却变成了财产损失者。但平靖银行还是能够根据背书向汉东银行索要这笔资金,在这个意义上看是汉东银行而不是平靖银行成了受害者。而汉东银行和过桥银行可以逆着票据转贴现合同签订的顺序分别主张各自合同相对人的法律责任。问题在于甲事先完全无法知道哪家银行会变成受害人,换句话说,上述每一个环节都会出现一个独立的法律事件,这将导致这个诈骗案件的受害人随时处于不确定状态。我们将在讨论交流环节对这个关键问题进行分析。

第二节 课程知识互动

韩友谊:水平高的法律人会在论证中用客观化的方式呈现逻辑链条,水平低的可能就只是在缺乏客观论证的情况下泛泛地使用很多主观化的语词,比如出现大量的"我认为……"如果律师的结论或者观点不是靠推理出来而是只靠自己的直觉和本能产生的,那就不能很好完成工作。请大家在接下来的讨论中体会如何用客观化的方式进行个案的逻辑思考。

一、乙是否被骗

同学1:甲有没有骗乙导致乙基于错误认识而处分了别人的财产?

韩友谊:这个问题可以转化为:乙是否知道开票的是一家信用度不够的村镇银行,以至于汉东银行都不应和它做生意?实际上乙对此是知情的;反过来也可以说,如果这家村镇银行有足够的信用度和资金,汉东银行为什么不直接与它合作,还要找过桥银行呢?

乙确实知道甲是空手套白狼的票据贩子,这意味着在票据上所记载的一切虚假要素就不是乙给付的原因,甲对乙的行为就不构成诈骗。检察院也按照这点纠正了起诉书中的一些问题。

二、其他的银行是否被骗

同学2:那么汉东银行有没有欺骗别的银行和它签订票据买卖合同?

韩友谊:别的银行也没有受骗,这些银行签合同的目的只是将贴现款进行流转。本案受害者最终还是要定位到直贴行,那么到底哪个主体才是真正而非表面的直贴行?我们第一反应都是村镇银行,但是它有这个财力,真正地直贴过吗?没有。表面上看,第一个兑现了票据金额的是平靖银行,但由于它已经有汉东银行背书了,所以真正的直贴行应该是汉东银行。当它作为真正的直贴行履行职能时,其实是用看似合法的交易环节来掩盖一件事情:将其他所有银行卷入其中充当帮凶,让资金绕过监管部门进入甲的账户。如此一来由于没有主体因被骗遭受了损失,所以定被告人成立票据诈骗罪是不正确的。

三、交易环节的行为是否构成其他罪名

同学3:在无法用以诈骗为行为类型的罪名定罪的情况下,本案的这些交易环节是否就完全无罪了呢?

韩友谊:不一定。法律规定的对于票据的处理有4种行为方式,即承兑、保证、付款和贴现。刑法仅仅对票据违规付款、保证、承兑的行为规定了犯罪,但没有针对贴现的罪名。所以控方一度想把贴现行为解释为付款行为的一种,但并不成功。本案不成立对违法票据承兑、付款、保证罪,还有无可能是别的罪名?

这里需要重点考察贴现的问题。贴现本质上就是出借资金行为,可以被认为是贷款的一种,只不过适用条件和通常理解的贷款适用的条件不同。这种情况下我们应寻找把贴现解释为贷款的法律依据。经查阅可以发现,《贷款通则》就提到了一点,即贷款包含贴现。同时,我们在判例中可以发现,民事审判有两个判例,刑事审判有三个判例将这种贴现行为认定为贷款。其中一个判例明确载明:民事合同应以真实意思作为民事合同的内容,而不应该按照双方串通形成的文字记载作为内容。本案中双方串通形成的文字内容是票据行为,而真实意思表示是违法放贷。所以违法发放贷款罪就可以作为一种处理方案。中间的银行意识到这一点,仍然以不可或缺的资金通道的方式来帮助这笔资金流转到甲的手中,就有可能构成违法发放贷款罪的帮助犯。但法院最终没有采纳这个观点,结论是构成票据诈骗罪。

四、对本案其他事实的定罪分析

同学3:伪造这些公司的印章是不是可以和票据诈骗罪成立牵连关系?

韩友谊:虽然一审的合议庭认为牵连关系成立,但是依照一罪处罚不足以体现对它的否定性评价,所以结论是数罪并罚。二审的时候我们就提出三点:第一,伪造行为是诈骗的组成部分;第二,伪造的结果和诈骗的结果是统一的;第三,伪造的目的完全服务于诈骗的目的,是被告人产生诈骗目的以后才决定伪造的。既然两个行为、结果乃至主观方面也统一,那何故分成两罪并罚?

第三节　知识综述与延伸

白建军:过去发生过这样的案件:一个人伪造了一张票据,用来骗取贷款,而且连续几次作案成功。这一句话看似只是在描述一个案件,实际上它包含了一系列案件。这里面先后有两个行为:伪造票据是其一,拿伪造的票据去骗银行贷款是其二。这涉及《刑法》第177条的伪造变造金融票证罪、第193条的贷款诈骗罪和第194条的票据诈骗罪,但这个案件最后只定了一个罪。本案行为之间是有牵连关系的,所以出现了两个行为触犯三个罪名最后只定一个罪的刑事责任的情况,这是否合理呢?这样搭配罪刑关系能够实现加害和被害二者关系的平衡吗?这些问题都值得进一步思考。

王新:最早的《刑法》草案起草者曾经考虑过一个以危害行为为标准的区分法,以诈骗罪作为单独一章,但最后还是采用客体作为分门别类和体系安排的标准。金融诈骗罪在这个体系中尤为特别,合同诈骗罪规定的合同在某种程度上是把金融合同排除在外的。所以以前司法实践存在一个难题:单位不能构成贷款诈骗罪,但是单位实施了诈骗贷款的情况应该怎么处理?最终最高人民法院在一份纪要当中采取的是合同诈骗罪的定性,解决了这个问题。

我们在理解票据诈骗罪乃至整个金融诈骗罪的时候都离不开诈骗罪的最基本的构造。如果说盗窃罪是单方行为,那么诈骗罪就是一种互动的行为。我们应该着眼于这个特征分析案件行为的性质。

在分析涉及票据的刑事案件时,还要把握好票据的基本特点和法律规定。票据分为汇票、本票和支票,它们对应的票据流模式有别。《刑法》第194条当中的5种行为里的前三种都适用于票据法的三类票据,但是第四种和第五种就开始对不同票据的操作进行分类了。因此,我们必须了解《票据法》当中所说的三种票据流通渠道到底是什么。通过友谊博士的讲授,大家对如下问题应该有了答案:票据诈骗罪的构成要素应如何去理解和适用;票据使用和流通环节中的法律规定是如何被利用的,以及银行业务过程中哪些环节存在让人趁虚而入的缝隙。

第五讲

罪与非罪的博弈：非法吸收公众存款罪之“泛亚授权商案”

蒲桂平* 王 新**

课程概述：从看守所关押人员的涉罪情况看，近两年涉嫌非法吸收公众存款罪的案件发案率很高。这类案件涉及的投资者人数多，涉案金额大，社会关注程度高。本讲探讨了非法吸收公众存款案中的疑难问题，共分为三节。第一节由蒲桂平律师主讲，主要从泛亚系列案件中的一个授权商案件出发，介绍了基本案情、控辩双方的意见以及同类案件的判决情况。第二节是课程知识互动，主要就“非吸”案件的“非法性”认定以及共犯案件先于正犯案件判决的现象展开了深入交流。第三节由王新教授总结，综述并延伸了相关知识要点。

* 蒲桂平，北京大成（上海）律师事务所合伙人、律师，大成刑事专业委员会理事，大成精细化辩护研究中心执行主任。

** 王新，北京大学法学院教授，博士生导师。

第一节 “泛亚案”的罪与非罪

一、案情介绍

云南泛亚公司研发了若干款理财产品,当地政府有多个红头文件支持、认可这些理财产品,同时也同意泛亚公司在全国各地区发展授权商。据不完全统计,泛亚公司在全国范围内的授权商数量大概有400多家。授权商在当地散发云南泛亚公司印制的产品宣传资料。因为这些理财产品的宣传单里包括云南当地政府出具的红头文件、中国最权威电视台的几个权威频道的整版宣传,以及某红圈律师事务所出具的法律意见书、中国十几个大银行正在销售这些理财产品的合同等要素,所以这些理财产品的销售非常火爆。投资人购买这个产品以后,通过银行给他们的APP,把钱打到泛亚公司控制的银行账户上,他们通过手机APP可以看到自己投资的钱每天增长多少。那几年不管是云南泛亚公司还是投资人、授权商,大家都很高兴,因为每天手机的信息都显示赚了钱。

2015年,云南泛亚公司的资金链出问题了,不能按期支付投资人利息,更重要的是无力支付本金。这时候投资人的数量在全国已经超过了10万。这些投资者中不乏上访的、报案的,所以全国各个地方的公安机关开始对泛亚授权商立案调查。

归纳一下案件的基本事实:

第一,理财产品是云南泛亚公司研发的产品,有政府认可、支持的红头文件,也有权威媒体为它发布和宣传,国内十几个大银行帮助销售,国内某红圈律师事务所出具法律意见书认为这个产品不违反法律规定。

第二,涉案资金是云南泛亚公司从投资人处直接收取的。投资人的钱打到云南泛亚公司的银行账户,然后由云南泛亚公司每天或者定期向投资人支付利息。

第三,授权商帮助云南泛亚公司宣传该产品。宣传的途径:一是在社会上散发传单(云南泛亚公司印制的);二是通过当地的电视媒体播放;三是在公共汽车的电视上播放。

根据上述事实，可以归纳出云南泛亚公司、授权商、投资人三者之间的法律关系：云南泛亚公司将理财产品宣传单交给全国各地授权商，授权商向投资人进行宣传、推广，投资人同意投资后将资金直接打到云南泛亚公司控制的银行账户，云南泛亚公司向投资人支付利息。

检察机关对授权商的起诉书中载明："经依法审查查明，2014年1月，被告人王某与邵某在某市注册成立了泛亚有色金属投资咨询有限公司，与昆明泛亚有色金属交易所签订了《授权服务机构合作协议》，成立昆明泛亚有色金属交易所授权服务机构，ID号'0617'。2014年8月，被告人郑某加入该公司。2015年5月，被告人郑某、王某、邵某将有色金属投资咨询有限公司注销后，注册成立某市咨询服务有限公司，郑某系该公司法定代表人，王某、邵某为股东。期间，该公司与昆明泛亚有色金属交易所签订了《授权服务机构合作协议》，三名被告人开展昆明泛亚有色金属交易所授权的'委托受托业务'，并采取派发、张贴宣传单的形式，向社会群众大肆包装、推广，承诺8%~13.68%的年化利息，资金安全、随进随出、投资与货物涨跌无关，向社会不特定人非法吸收公众存款。经核实，目前有680人在ID'0617'购买泛亚产品，累计金额731,255,623.82元。被告人郑某、王某、邵某从昆明泛亚有色金属交易所获取佣金8,271,799.70元。

本院认为，被告人郑某、王某、邵某扰乱国家金融秩序，非法吸收公众存款731,255,623.82元，数额巨大。三被告人的行为触犯了《中华人民共和国刑法》第一百七十六条，犯罪事实清楚，证据确实、充分，应当以非法吸收公众存款罪追究其刑事责任，根据《刑事诉讼法》第一百七十二条的规定，提起公诉，请依法判决。"

二、控辩双方意见

（一）控方观点

1. 未经批准，违反金融法规，吸收公众存款731,255,623.82元，构成非法吸收公众存款罪。

2. 退一步讲，授权商为泛亚提供宣传，与泛亚构成共同犯罪，是从犯。

（二）辩方观点

1. 投资人的资金 731,255,623.82 元直接交付泛亚控制，不经过授权商。授权商客观上没有吸款的具体行为，故不构成非法吸收公众存款罪。

2. 授权商不知道泛亚公司的行为涉嫌犯罪，故不能与泛亚构成共犯。

三、同类案件在司法实践的判决情况

泛亚公司在各地的授权商有 400 多家，在中国裁判文书网上搜到的判决书有 9 份，我们分析一下，看看各地法院是怎么认定的。

（一）授权商单独构成非法吸收公众存款罪的情况

【案例一】沈阳市中级人民法院的二审判决书：“本院认为：上诉人张某、陈某、吴某、冯某非法吸收公众存款，扰乱金融秩序，数额巨大，且违反国家规定，从事非法经营活动，扰乱市场秩序，情节严重，其行为均已构成非法吸收公众存款罪、非法经营罪，应当数罪并罚。”

沈阳市中级人民法院认定授权商单独构成非法吸收公众存款罪，并且还构成非法经营罪。

【案例二】成都市中级人民法院二审判决书：“张某、江某违反国家对金融秩序的管理规定，为获取服务费通过公开宣传承诺高额回报的方式，为泛亚公司向社会不特定公众吸收资金 37,250,380.86 元提供平台，二上诉人的行为均已构成非法吸收公众存款罪，且系共同犯罪。”

成都市中级人民法院认定授权商单独构成非法吸收公众存款罪。

（二）认定授权商构成从犯（共犯）的情况

【案例三】绍兴嵊州市法院判决书：“被告单位绍兴泛亚公司本身不吸纳社会公众资金，其与被告人徐某君、朱某帮助昆明泛亚公司非法吸收公众存款，在共同犯罪中起次要、辅助作用，系从犯。”

这些判决书告诉我们，同一行为在司法实践中有定两个罪的，有定一个罪的；有认定是泛亚从犯的，也有认定与泛亚没关联的。

我们再回顾一下云南泛亚、授权商和投资人之间的法律关系：云南泛亚公司与授权商之间形成雇佣关系;投资人与云南泛亚之间形成投资关系;涉罪行为发生在泛亚公司和投资者之间的投资法律关系上。授权商究竟构不构成犯罪?

控方的第一个意见认为,授权商违反法律规定,向不特定的投资人吸收公众存款7亿余元,构成非法吸收公众存款罪。

针对这个观点,辩方提出不同的意见:根据投资人的汇款记录,投资人的7亿多元是云南泛亚收取的,授权商没有吸收投资人的钱。因此,授权商并没有实施非法吸收公众存款的行为,不构成非法吸收公众存款罪。

控方调整意见后认为,虽然是云南泛亚公司吸收了7亿多元资金,但授权商存在帮忙宣传的行为,那么授权商至少是从犯。

辩方提出针对意见:构成共同犯罪的前提是授权商明知云南泛亚公司实施的行为是非法集资行为,还提供帮助,这样才是共同犯罪。那么,授权商是否明知?根据当地政府红头文件的许可、产品在各大银行销售的事实、权威电视台广泛地宣传、红圈所的法律意见书等因素,经综合分析,当时授权商无法知道云南泛亚公司在非法集资;案件中也没有任何证据证明授权商明知云南泛亚公司在非法集资,所以授权商和云南泛亚不构成共同犯罪。

我们再分析一下三份判决书,虽然我国不是判例法国家,但同类案件生效的判决书是可以参考的。第一,沈阳中院的判决书认定授权商直接吸收了投资人数亿元,构成非法吸收公众存款罪。但是,根据投资人付款到云南泛亚公司的转账记录,授权商并没有直接经手过资金,所以判决书认定"授权商吸收投资人钱"的事实,欠缺依据。第二,成都中院判决书和绍兴法院的判决书,均认定了授权商在明知云南泛亚公司非法集资的情况下帮助泛亚公司宣传产品,导致投资人投入资金。但是,授权商是否"明知泛亚非法集资"是个待证事实,在没有得到充分证明前,判决书不能直接将其当事实使用。第三,三份判决书对相同的行为作出不同的判决结果,其定性不一样,刑期也不一样:沈阳中院一审判12年,二审改判5年;绍兴法院判缓刑。

四、该类案件的状态

泛亚公司在各地400多家的授权商,很多被刑事立案,除9例被判决外,多数案件处于停滞状态,我们辩护的这个案子也尚未判决。

同一类案件的判决结果能不能参考? 如果能,我们是参考沈阳中级人民法院,成都中级人民法院的判决? 还是参考绍兴法院的判决?

泛亚公司授权商案件并非疑难复杂案件,但事实证明,已经判决的案件,授权商是不满意的,投资人也是不满意的。

第二节　课程知识互动

同学1:司法解释规定,构成非法吸收公众存款要满足4个条件,第一个条件是未经有关部门合法批准。这个案子涉及的行为一开始是经过合法批准的,那么法院是怎么认定非法性的?

蒲桂平:问题非常好,能进行集资活动的机构应该有金融牌照,没有金融牌照就不符合法律的规定。这个案件中,云南泛亚公司是没有牌照的,但有很多政府红头文件,文件明确了泛亚对外授权行为不违反法律规定,产品不违反法律规定。一般民众看到这些文件,就认为集资行为是得到了政府的允许的,根本不关心有没有牌照。授权商看到红头文件、泛亚与银行签订的协议书、某律师事务所的法律意见书,也认为是经过批准的,但实际上并没有得到政府批准。

同学2:有色金属交易所到底是做什么的? 有文章介绍,有一种业务模式是,先从投资人处借钱,再把钱借给其他的实体企业,从中赚取利差。也就是说,在这种模式里,该中介左边“吸收存款”,右边“发放贷款”,其实质是经营着和银行一样的业务,就是金融业务。另一种模式是,从投资人借钱过来自己发展企业,做实体经济,这种模式是应当是合法的。那么,有色金属交易所到底是做什么业务的? 这个问题的答案对于理解泛亚案件最终发展为“发展金融业务,扰乱金融秩序”相当重要。

蒲桂平:你的问题非常好,泛亚产品有技术含量,多年来没有人说是非法集资。关于泛亚经营模式的问题,留待下一节由王教授详解。至少在本讲讨论的授权商案件里,授权商并没有深入参与泛亚公司的经营。

同学2:关于违法性的问题,我的看法是,不是任何政府部门出具的文件都是可以相信的,要看政府部门有没有出具这个文件的权限。

蒲桂平:对。案件中的文件有政府出具的,还有政府金融办出具的,所以足以让一般人相信产品是合法的。

同学3:本案中涉案的律师事务所出具的是哪些法律意见?另外有没有风险提示?

蒲桂平:主要是对泛亚公司理财产品进行论证,论证的结果是这个产品没有违反法律的禁止性规定。

同学3:从您刚才的描述来看,授权商要承担一定的赔偿责任,它承担刑事责任也正是因为“还不上钱”。您的这个观点和我对非法吸收公众存款的构成要件的理解有点不太一样,我觉得单纯不还钱的行为不是决定因素。如果把非法吸收公众存款罪和集资诈骗罪做一个对比,最终还不上钱要看有没有非法占有目的,如果有非法占有目的,则涉嫌集资诈骗罪;如果没有,也不能径直在无罪和非法吸收公众存款罪中做出判断,还要考察资金的去向与使用性质。所以一开始有没有获得批准不重要,如果后续将资金用于真实的经营,完全不构成非法吸收公众存款罪。例如,一家正式的上市公司肯定会吸收公众存款,如果最终破产,是不是也要背负非法吸收公众存款的罪名?

蒲桂平:完全同意你的意见。但需要注意的是,我们今天讲的案件的行为主体是授权商,不是泛亚公司。归纳一下:判断泛亚公司罪与非罪的时候,不应该特别去考虑授权商,泛亚公司的罪与非罪和授权商没有多大关系。另外,云南泛亚案没有开庭之前,授权商案先开庭,可不可以?

同学4:可以,但必须确定上一个事实。如果都不知道云南泛亚公司有没有非法吸收公众存款,怎么知道授权商是共犯?

蒲桂平:有道理,但关于授权商的9份判决书已经出来了。当然,有些地方泛亚授权商案件立案几年了,到现在还没判,这也有问题。

同学4:我个人认为,这个问题在于在没有就正犯行为作出判决的情况下,急于给共犯定罪,判决以后也不能为被害人追回损失,这样的判决能起到什么效果?

蒲桂平:授权商分布于全国各地,而众多的投资人只要在当地集体上访,地方政府就会很有压力,所以就在当地启动司法程序。

同学4:但是,对授权商定罪也不能把钱还给投资人。

蒲桂平:是的,22 万元投资人向云南泛亚公司投资,有 360 多亿元没有还回来,授权商拿到的只是佣金部分,退还佣金根本解决不了实际问题。

同学 4:提前给授权商定罪对投资人也没有好处,为什么不先判云南泛亚公司,而先判授权商?

蒲桂平:云南泛亚案件在 2015 年 12 月就已经立案,但是到了 2018 年 6 月 18 日才第一次开庭,至今仍未判决。一些地方授权商的案件等不了这么长时间。

同学 5:如果要保护投资人的利益,具体应该用什么形式来追讨资金呢?是由投资人起诉授权商,还是应该用行政手段,诸如行政处罚?您认为追究刑事责任能够帮助投资人挽回损失、平息他们激动的情绪吗?

蒲桂平:“非吸”这一类案件,社会影响太大,即使法官适用法律正确,社会效果也不一定好,所以我们要把法律效果和社会效果结合在一起。结合我们办理的非法吸收公众存款案件和集资诈骗案件来看,公安机关的重要任务之一就是追赃。但因为现在这类案件,投资人的钱大部分收不回来,在这种情况下,有没有办法让投资人的损失再得到一些弥补?这不是今天讨论的重点,但处理这类案件的时候应该带着这样的问题去思考。

第三节 知识综述与延伸

蒲桂平律师通过他亲手承办的案件就非法吸收公众存款罪案件向大家提出了两个重要问题:第一,非法吸收公众存款具备什么样的构成要件才能认定。三阶层或者四要件只是一种逻辑结构,缺少血肉部分无法得出罪与非罪的结论,非法吸收公众存款的逻辑结构中,作为其血肉部分的构成要件是什么?民营企业在融资过程中刑事法律风险的界限到底在哪儿?第二,授权商先于泛亚总公司而接受审判,对此究竟应该如何看待和处理?

蒲桂平律师提到一个非常重要的节点——2015 年。中国非法集资最大的两个案件被称作“北 e 南泛”(北边的 e 租宝,南边的泛亚),最高人民法院的工作报告都提到了这两个案件,因此,在中国讲非法集资案件就不能不提 e 租宝和泛亚。北京市第一中级人民法院已经宣判了e租宝案,北京市高级人民法院的裁定作出后,该案的判决书已经发生法律效力。

一、泛亚案简介

由于案情重大,新华社专门发布了昆明检察院的起诉书,总金额是1679亿元。这是什么概念?全国非法集资涉案金额是3000亿元,泛亚案占了一半。泛亚案牵涉的投资人超过13万人,e租宝牵涉的投资人多达90万人,就涉案金额和涉案人数这两方面而言,这两个案件都是惊天大案。新华社的报道提到了以下几个关键词,即未经批准(非法性)、承诺给付固定回报(经济利诱性)、向社会不特定对象吸收资金(社会性)、通过一种宣传手段(公开性)。审查非法集资案正是要抓住这"四性"来进行定性。

泛亚案于2018年6月30日至7月1日正式开庭审理,除了泛亚总公司以外,还有4家公司,总共21名被告人和41名律师出庭。刚才有同学提出一个非常好的问题:泛亚到底是干什么的?泛亚的全称是泛亚有色金属交易所。云南省和昆明市政府想把泛亚打造成全球最大的有色金属交易平台,比如稀土这种稀有的有色金属,一方产稀土,另一方需要稀土,但双方没有办法达成交易。泛亚是一个信息介绍平台,它可以促成交易双方完成交易,交易完成后会收取佣金。发放给泛亚的营业执照上载明的也是有色金属交易平台,泛亚前期运作非常正规,但运作一段时间后出现了资金池。这是因为有人想买稀土,需要先把价款打到泛亚的账户上,在成功达成交易后,泛亚再将价款转移给卖家,这期间存在时间差,因此必然形成资金池。泛亚利用这些钱从事风险投资。从银行化变成风险投资,待到国家实行紧缩货币政策、去杠杆化,资金链断裂,在众多投资人刚性兑付时,泛亚只能拆东墙补西墙,庞氏骗局就出现了。这种模式同"P2P"模式一样。也就是说,泛亚的前期定位是信息中介平台,到了后期定位发生了异化,这个异化所产生的最大的问题就是出现了非法性:未经批准。这个案子在法庭上最激烈的争点就是"非法性"能否成立的问题。在这个问题上,辩护律师有两个立论点:一是不在金融主管部门批准之列。泛亚从事的是有色金属的介绍业务,没有从事资金的融通,不在金融主管部门批准之列,既然不在金融主管部门之列,何谈非法性?二是有政府的红头文件。

二、非法吸收公众存款行为的"四性"

如何划清融资行为与构成"非吸"的犯罪行为之间的界限？虽然非法吸收公众存款和正当融资都是融资行为,但是二者之间还有一线之隔——合法和非法。那么,这个非法的界限在什么地方？司法解释规定得很明确,就是是否具备4个特性。

(一)利诱性

利诱性就是给一定的回报,缺少利诱性不会构成非法吸收公众存款罪。"非吸"的重要要件是高额回报,泛亚开发的理财产品的回报率基本上是10%。有一种说法很精辟:如果答应给你10%的回报,你就要做好血本无归的准备,因为是"非吸"。所有的起诉书当中必然要强调这一点,这是经济属性。我为什么要把我口袋里的钱给你而不放在银行里？就是因为你给我高额回报。

(二)社会性

社会性是指向不特定的对象吸收资金。在2010年最高人民法院发布的《关于审理非法集资刑事案件具体应用法律若干问题的解释》(以下简称《2010年司法解释》)当中,有一个除却规定,"亲友或者单位内部"这两种人是特定对象,所以排除掉。但在2014年最高人民法院、最高人民检察院、公安部联合发布的《关于办理非法集资刑事案件适用法律若干问题的意见》(以下简称《2014年意见》)作了补充,如果明知亲友或者单位内部人员向不特定对象吸收资金而予以放任的,或者以吸收资金为目的,将社会人员吸收为单位内部人员,并向其吸收资金的,照样具有"社会性"。其中,吴英案最为经典,吴英处在金字塔顶端,只与11名放贷人联系,而这11人向下吸纳资金,这个案件中吴英做的无罪辩解非常简单:跟亲友借钱属于借贷关系,不符合"非吸"的社会性。《2014年意见》堵上了这个漏洞,哪怕从亲友借钱,如果这个亲友再向其他人员吸纳资金,而行为人明知且放任,那么这部分资金也属于行为人"非吸"的资金。"单位内部"的规定与此类似,都是想从形式上规避"社会性"的定义,"挂羊头卖狗肉",司法解释只好以明文规定"例外的例外"的形式,打击这种规避行为。

(三)公开性和非法性

公开性很简单,就是指公开宣传,对这个问题的争议最小。而实践中对非法性的认定争议最大。最早的"非法性"是单一的形式标准。融资的合法和非法就看一个标准——是否经过有权机关批准,1996年司法解释做出了明确规定,但《2010年司法解释》改变了这种认定标准,从一元标准变成了二元标准,除了保留形式标准以外,还规定了实质标准。为什么新增加了这个实质标准?这是因为政府虽然发了批件,但有可能批件的发放完全是因为行为人提供了虚假材料。过去把"非法性"标准界定为单一的"有"和"无",有批件就合法,没有批件就属于非法,导致打击面过小。司法实践中出现的大量案件是,有批件,但是经过仔细审查会发现这个批件是骗来的,骗来的批件会不会导致吸收公共存款的行为具有非法性?过去的做法是,既然是欺诈得来的,批件就不具备法律效力,形式上合法但实质上不合法,因此吸收公共存款的行为具有非法性。但司法机关发现这里面最为棘手的问题——也是吴某晖案最经典的问题——是骗来保监会的批准。保监会确实有批件,但最后认定这个批件是骗来的。如果放在"有"和"无"之上肯定是合法的,但这个批件是骗来的,实质上是非法的,这是形式和实质之争。吴某晖案最后认定的犯罪数额是652多亿元,这652多亿元超出了批复。现在采取的逻辑是,既然是骗来的批复,公司从一开始所有的行为就都是非法的。检察院和法院认为这个案子比较棘手的原因是:如果认为骗来的批复是非法的,那么就应该把公司向社会公众销售的所有投资型保险产品的价值认定为非法集资的犯罪数额,但最后发现这样认定不妥,实际上仅将超出批复的部分认定为"未经合法批准"。

如果采用单一的形式标准会出现这些问题:第一,私募基金、合法借贷根本不需要批准,不需要批准何谈经过有关部门的批准?第二,获经批准的东西不是百分之百合法的。所以在这种情况下就出现了实质标准,实质标准是指借用合法的经营形式吸纳资金。我认为,实质标准是非法性"黑洞",等于废弃了非法性认定标准。换句话说,一个融资行为用实质性判断基本上都有可能具有非法性。这个实质标准一旦存在,"非吸"或者非法集资的形式法律规定基本上就被废掉了。所以我一直呼吁废除《2010年司法解释》中的实质标准。将来《非法集资处置条例》会出台,里面有两个标准:未经依法许可或者违反国家有关规定。这虽然是二元,但基本上都属于形式认定标准,实际上取消了实质标准。

融资行为的形式法律规定就是依据《2010 年司法解释》这 4 个特性。这 4 个特性是从 1998 年国务院《非法金融机构和非法金融业务活动取缔办法》和 1999 年中国人民银行《关于取缔非法金融机构和非法金融业务活动中有关问题的通知》中来的。实务人员在处理非法吸收公众存款案件时,办案模式基本就是依次审查这“四性”。

三、非法吸收公众存款罪已经变成了非法集资案件的兜底罪名

为什么要打击非法吸收公众存款行为?因为银行的首要业务是吸储,银行的吸储能力下降会影响放贷。银行早期的生存之道就是以较低的利息吸收资金,然后再以较高的利息向外放贷款,赚其中的差价。《商业银行法》规定,商业银行的首要业务是吸储,因为吸储是银行的生命线。1995 年全国人大常委会在《关于惩治破坏金融秩序犯罪的决定》(以下简称《95 决定》)中确立了这个罪名。为什么会设置这个罪名?20 世纪 90 年代初,国家放开民间融资,一放开就出现了无锡邓斌老太太案件。邓斌老太太 1995 年就吸储 12 亿元,后来被认定为投机倒把罪、贪污罪、受贿罪并被判处死刑。这个罪名的行为对象以前叫存款,现在司法实践将本罪行为对象变成了资金,其实,资金同存款是完全不同的两个法律概念。比如我口袋里有 1000 元钱,这个叫资金,不能叫存款。我这 1000 元钱同银行建立法律关系后才成了存款。但是,现在公安机关取证的时候从来不考虑这笔钱的流向是什么,这就是金融垄断的思想,认为普天之下的资金都要存到银行里面去。如果采取这种思路,民间融资还有生存空间吗?直接融资怎么进行?

我的基本观点是:非法吸收公众存款罪已经变成了非法集资案件的兜底罪名。我可以用数字来证明这个观点。非法经营罪和寻衅滋事罪是两个口袋罪,但没有一个刑法学者统计非法经营罪和寻衅滋事罪在扰乱市场秩序罪和妨害社会管理秩序罪当中占多大的比例,大家都是通过梳理刑事立法变迁以及考察执法观念,认为这两个罪是口袋罪。我现在要通过实证研究来说明非法吸收公众存款罪在非法集资当中占多大的比例。

根据最高人民检察院的统计,非法吸收公众存款罪案件在破坏金融管理

秩序罪的30个罪名中占70%,这个比例很高。在"P2P"案件中,非法吸收公众存款罪占到非法集资总数量中的85%以上。通过数据调查,我得出一个基本结论:非法吸收公众存款罪在非法集资案件中的适用比例非常高,但这不一定就能够得出它是口袋罪。最麻烦的问题在于执法观念,公安在打击非法集资过程当中,刑事立案基本上就靠两个罪:行为人携款跑路了就适用集资诈骗罪,没有携款跑路就适用非法吸收公众存款罪;如果"以非法占有为目的"体现得非常明显,就适用集资诈骗;体现得不明显,就适用非法吸收公众存款罪。这两个罪名之间的区别界限就是看"是否以非法占有为目的"。吴英案、e租宝案都是以集资诈骗罪采取的刑事强制措施。辩护律师一审过程中都作了无罪辩护,最后发现无罪辩护很困难,就转而采取另一种策略:构成犯罪但只构成非法吸收公众存款罪。

四、非法集资案件的罪名体系

刑法有469个罪名,10个章罪名,17个节罪名,没有"非法集资罪",但是新闻媒体以及司法解释都用非法集资这个概念,非法集资包括了多少个罪名?我梳理了关于非法集资的罪名体系,其中非法吸收公众存款罪(基础罪名)和集资诈骗罪(加重罪名)是非常普遍的,打击非法集资基本上靠这两个罪名。擅自发行股票、公司、企业债券行为是对官方行为的一个抵触,发行股票、债券实际上是官方的融资行为,官方融资天生就具有正当性,但是有门槛条件,发行股票要经过证监会的批准,成立金融机构要经过银监会的批准。成立一家金融机构哪怕还没有集资,就可以用这个罪名处理,如果成立了金融机构又去集资,可能构成这几个罪名之间的竞合关系。

最初,司法机关认为泛亚案存在合同诈骗,合同诈骗是以签订合同为前提,但后来发现本案存在融资行为,就改了罪名。非法集资包括两个关键词:"非法"和"集资",底蕴是融资行为,没有融资行为不会进入非法集资的视野当中去。融资行为的风险线就是"四性",其中非法性是核心点。

蒲律师提到,沈阳的判决书中,法院用了两个罪名,为什么要定非法经营罪?非法经营罪在非法集资里出现,只有一种可能,就是发行基金份额。要以非法经营罪的第4项为依据定罪,必须要有司法解释,这是限制非法经营罪被滥用的基本思路。查阅关于非法经营罪的司法解释就可以发现,非法经营罪同集资行为唯一的关联只有发行基金份额。

我国打击非法集资有一个司法解释体系,除了《2010 年司法解释》《2014 年司法解释》,还有一个 2011 年《关于非法集资刑事案件性质认定问题的通知》。这个通知解决了行政部门如果对非法性不出具认定函,久拖不决照样可以启动刑事程序的问题,就是行刑衔接的问题。《2014 年司法解释》从 8 个方面发展了《2010 年司法解释》。

2019 年 1 月,最高人民法院、最高人民检察院、公安部发布了《关于办理非法集资刑事案件若干问题的意见》(以下简称《2019 年意见》),这个新的意见与《2014 年司法解释》相比较,在标题中少 4 个字——“适用法律”。《2019 年意见》包括 12 个部分,第一点就规定了非法集资的非法性认定依据,即“法”的外延有多大。第十点规定了集资参与人的权利保障问题。非法集资是涉众型犯罪,e 租宝涉及 90 多万人,泛亚涉及十几万人,集资参与人提出权利保障,提出要参加开庭,法院怎么处理?《2019 年意见》规定:视案件情况决定集资参与人代表人参加或者旁听庭审,对集资参与人提起附带民事诉讼等请求不予受理。

还有一个很麻烦的问题是追赃挽损,血本无归的老百姓千方百计想把钱追回来,以至于给维稳工作造成很大压力。如今的非法集资案件已经不是简单的经济犯罪问题,而是同政治稳定、社会稳定紧密联系在一起。还在征求意见的《处置非法集资条例》规定了自担风险原则。这部法律本来 2018 年年底要出台,但至今还没有出台。

第六讲

P2P 平台涉集资诈骗罪的认定难点与辩护要点

马　成*　张志勇**　王　新***

课程概述：P2P 平台涉嫌集资诈骗罪的案件呈现出涉案范围扩大化、作案手段智能化、犯罪性质综合化、作案方式团伙化的新特点。对于这类新型的互联网金融集资诈骗案件如何定罪量刑、如何有效辩护也成为摆在法律人面前的一道难题。承办这类案件的法律人要深入挖掘有关规定在定罪量刑上对委托人有利的细节，以高度负责的态度和专业的素养为委托人提供法律服务。

本讲分为三节，第一节由马成律师主讲，主要介绍了这类案件承办工作中的有关法律规范、办案策略和办案态度；第二节由张志勇律师主讲，以亲自承办案件为例介绍了这类案件实务中出现的几个重要问题；第三节由王新教授总结，综述并延伸了相关知识要点。

---

* 马成，北京大成律师事务所高级合伙人、大成深圳办公室争议解决部主任、大成刑事专业委员会副主任、深圳市律协刑专委副主任。

** 张志勇，北京大成律师事务所高级合伙人，刑事组负责人；大成刑事专业委员会执行主任，大成诈骗犯罪研究中心主任，北京市律师协会商事犯罪辩护专业委员会委员，中国人民大学刑法学博士。

*** 王新，北京大学法学院教授，博士生导师。

第一节 P2P平台涉集资诈骗罪的认定难点与辩护要点

一、集资诈骗罪的认定难点——“非法占有目的”

区分集资诈骗罪与非法吸收公众存款罪的关键点之一在于行为人主观上有无非法占有目的。

最高人民检察院和最高人民法院相继出台了司法解释来规范非法集资案件非法占有目的的认定，具体如下：

最高人民检察院《关于办理涉互联网金融犯罪案件有关问题座谈会纪要》指出，“犯罪嫌疑人存在以下情形之一的，原则上可以认定具有非法占有目的：

(1)大部分资金未用于生产经营活动，或名义上投入生产经营但又通过各种方式抽逃转移资金的；

(2)资金使用成本过高，生产经营活动的盈利能力不具有支付全部本息的现实可能性的；

(3)对资金使用的决策极度不负责任或肆意挥霍造成资金缺口较大的；

(4)归还本息主要通过借新还旧来实现的；

(5)其他依照有关司法解释可以认定为非法占有目的的情形。”

最高人民法院《关于审理非法集资刑事案件具体应用法律若干问题的解释》规定更为细致，其中第4条第2款规定：“使用诈骗方法非法集资，具有下列情形之一的，可以认定为‘以非法占有为目的’：

(1)集资后不用于生产经营活动或者用于生产经营活动与筹集资金规模明显不成比例，致使集资款不能返还的；

(2)肆意挥霍集资款，致使集资款不能返还的；

(3)携带集资款逃匿的；

(4)将集资款用于违法犯罪活动的；

(5)抽逃、转移资金、隐匿财产，逃避返还资金的；

(6)隐匿、销毁账目，或者搞假破产、假倒闭，逃避返还资金的；

(7)拒不交代资金去向，逃避返还资金的；

(8)其他可以认定非法占有目的的情形。”

上述规定看似清晰明了,但是,随着社会的发展变化,犯罪行为的表现也在不断变化,因而需对具体问题具体分析。下面我们探讨一下P2P平台涉非法集资案件“非法占有目的”在司法实践中常见的情形。

(一)巨额资金不能兑付

在其他类型的诈骗犯罪案件中,如果存在巨额资金不能归还的行为,则很有可能认定行为人具有非法占有目的。但是,P2P平台案件具有自身的特殊性,符合监管规定的平台其实只是一个中介,其负责撮合借款人和投资人。资金逾期不能归还,其实是借款人逾期,而非平台逾期,只是平台上的项目发生逾期会对平台的信用产生影响,会导致投资人不再信任该平台,甚至要求提前兑付,从而给平台造成压力,甚至会引发连锁反应。在互联网和自媒体高度发达的今天,上述消息会在短时间内广泛传播,一旦出现这种情况几乎等于宣告了平台破产。所以,不到万不得已,平台经营者都会极力避免或阻止这种情况发生,这也是目前绝大部分平台对于逾期的项目自己垫资还款,进行刚性兑付的主要原因。

回归主题,如果平台经营规范,恪守中介职责,不越雷池,不设资金池,不作保本付息承诺,即便发生了项目逾期的现象,平台也不会构成集资诈骗罪,甚至连非法吸收公众存款罪也不会构成。

因此,在P2P案件中,仅凭巨额资金不能兑付不能认定行为人具有非法占有目的。

(二)借新还旧

为什么很多P2P平台都会出现借新还旧的问题?

我们先看下关于借款标的大小的监管要求。现有的规定要求P2P平台发布的个人标借款金额不得高于20万元,单位标借款金额不能高于100万元,相当于把P2P网贷行业定位为为小微企业服务。

监管者出台上述规定的出发点是好的。前面讲到,由于信用的压力,绝大部分的平台在发生项目逾期时,会选择刚性兑付。对于真实的大标,一旦发生项目逾期,平台的兑付压力是非常大的。但是这个规定真的能够有效地分散和规避 P2P 平台的风险吗？实践中，严格按照规定执行的平台少之又少，原因在于：

第一，给一个企业放贷几十万元的成本是很高的，需要做完整的尽职调查，这种资产的开发模式和效率与互联网的资金撮合速度严重不匹配。

第二，平台之间竞争激烈，平台运营成本、获客成本非常高，许多平台为了做大，会花钱找羊头购买用户流量，相当于让羊头带着羊毛来平台进行投资，要支付额外的成本。

因此许多平台真实借款人的实际借款都是几百万元、上千万元，甚至更多，基于上述原因，在监管规定出台前，平台都是直接发布这些大额标，而规定出台后，为了规避监管就把这些标的进行拆分后发布。

为了缓解兑付逾期大标及平台运营的资金压力，许多平台会采取同时混合发假标的方式渡过难关，这无疑是饮鸩止渴。因为平台发布的真实标的是靠收取借款人利率与投资人收益率的差价获利，而平台发假标的资金，不仅不能获取利润，还需支付投资人的收益，长此以往，就会累积风险，埋下隐患。

通过发假标缓解资金压力，无疑是借新还旧的行为，在目前的 P2P 案件中，发行假标，借新还旧是普遍现象。我们认为不能仅凭存在借新还旧的行为就认定存在集资诈骗行为，理由如下：

首先，在企业经营亏损的情况下借入资金，试图改善经营状况，获取更多的利润，扭亏为盈，是多数企业家的惯常思维，这个出发点是好的。若将其定性为诈骗，要求经营者在经营亏损的情况下不做任何努力，坐以待毙，显然是有悖常理。采用借新还旧的方式维持经营，也说明经营者在为完成兑付而努力。只有在企业生产经营状况严重恶化，难以维持，新债务产生速度远超过旧债务归还速度时，方能认定具有非法占有目的。

其次，如果款项用于平台的经营而没有挪作他用，借新还旧仅是为了填补借款人逾期或平台经营产生的窟窿，随着 P2P 行业的回暖，平台规模的扩大和信誉度的提升，真实用户数量的增加，原本亏损的平台也有可能会扭亏为盈，完成对客户的兑付，最终并未造成严重后果，也不能认定具有非法占有目的。

综上所述，由于特殊的历史背景，特殊的经营模式，特殊的资金问题，借新还旧系许多平台不得已而为之的举措，并不意味着平台就丧失了还款能力。只要款项系用于平台经营，没有造成严重的后果，通常不会轻易认定为集资诈骗罪。

(三)超级放款人模式

由于互联网平台撮合交易的速度非常快,而网贷平台的运营成本又非常高,为了使平台效益最大化,部分网贷平台的经营者发明了一个创新模式,即超级放款人模式,也称为超级债权人模式。

所谓超级放款人模式,通常由专业放贷人(通常为P2P平台的实际控制人、财务负责人或平台开设、合作的小贷公司)以个人名义向诸多借款人放款,取得相应债权,再把债权按金额、期限打包错配、分散给投资人购买。因此,投资人不是直接借款给借款人,而是通过购买债权(理财产品)的方式,获得债权。P2P平台通过该种运营模式,可以极大地提升撮合交易的速度。

部分平台更野蛮,不是放款后再转让债权,而是直接先以虚假的信息归集资金,设立资金池归自己使用,在有人借款时再放款,相当于归集资金、发放资金两条线完全独立运营,所发标的绝大部分是假的。平台通过这种模式经营,在线下放款时往往会收取高额的利息,相当于高利贷,从而转嫁平台高昂的运营成本。

这种模式可否认定为上述司法解释中的“将集资款用于违法犯罪活动”?此外,在这种模式下资金管理通常比较混乱,且由于平台对借款人信息未严格审核,很容易出现坏账,可否认定为“对资金使用的决策极度不负责任”?

先看第一个问题。单纯放高利贷的行为是否构成刑事犯罪(非法经营罪),此前曾有过较大争议,2012年最高人民法院给广东省高级人民法院的《关于被告人何伟光、张勇泉等非法经营案的批复》对此予以明确,认为相关立法解释、司法解释对此无明确规定,不宜认定为非法经营罪。所以,如果没有暴力催收的行为,在当下不应该认定该行为涉嫌犯罪,除非法律作出明确的规定。

再看第二个问题。设立资金池,把资金归集到少数几名成员手中,归集资金、发放资金两条线独立运营是超级放款人运营模式的特点,如果资金均用于平台经营和放贷,整体流向清晰,不能因为账目不清或者部分坏账难以收回就认定其具有非法占有目的。在我们办理过的一个案件里,平台通过超级放款人模式归集资金后,为了通过网络推广的方式获客,各项推广费用前后花了一亿多元，还有坏账未收回，也没有被认定为集资诈骗罪。

因此，司法实践中，通常不会仅因为平台采用了超级放款人的运营模式，就直接认定其具有非法占有目的，而是会根据具体情况和证据来判定。

（四）行为人逃匿

根据最高人民法院《关于审理非法集资刑事案件具体应用法律若干问题的解释》第 4 条第 2 款第 3 项的规定，携带集资款逃跑的，可以认定为具有非法占有目的。

实践中情况多种多样，无法一概而论。有些平台负责人确实存在肆意挥霍行为，或者将财产转移、隐匿，或者将款项用于违法犯罪活动，或者直接携款潜逃等。这种情况是可以认定具有非法占有目的的。有些平台负责人是出于躲债、筹资等正当合理的原因而逃匿的。特别是一些案件中平台老板虽然跑路了，但是并没有卷走款项，而是及时发了公告，制定了还款计划，或委托律师处理债务事宜，就不能断然认定行为人具有非法占有目的。

综上可知，关于非法占有目的的认定，尽管司法解释列举了很多种情形，可是司法实践纷繁复杂，很难说符合某种情形的字面意思就一定可以认定行为人具有非法占有目的。这些问题需要综合评判，这也给我们留下了巨大的辩护空间。

二、P2P 平台责任主体的认定

（一）单位犯罪作为辩护方向

1. 定性为单位犯罪的益处

第一，单位犯罪的起刑点比较高，认定情节特别严重的金额标准是 500 万元，而自然人犯罪起刑点较低，认定情节特别严重的金额标准是 100 万元，这里面还是有一定差别的，尤其是对于一些涉案金额不太大的案件而言。

第二，相比较个人犯罪而言，单位犯罪由单位决策、实施，个人的社会危害性相对较小，所以对单位犯罪中的相关责任人的处罚通常要轻于个人犯罪。

第三，从财产刑的角度来讲，如果认定了单位犯罪，相对于个人而言股东承担的是有限责任，如果认定了个人犯罪，则个人在财产上承担的是无限责任，对个人和家庭的伤害更大。

2.新规为单位犯罪的辩护策略提供条件

关于平台的"单位犯罪"认定,此前最高人民检察院《关于办理涉互联网金融犯罪案件有关问题座谈会纪要》规定:"涉互联网金融犯罪所涉罪名中,刑法规定应当追究单位刑事责任的,对同时具备以下情形且具有独立法人资格的单位,可以以单位犯罪追究:(1)犯罪活动经单位决策实施;(2)单位的员工主要按照单位的决策实施具体犯罪活动;(3)违法所得归单位所有,经单位决策使用,收益亦归单位所有。但是,单位设立后专门从事违法犯罪活动的,应当以自然人犯罪追究刑事责任。"

其实,最高人民检察院《关于办理涉互联网金融犯罪案件有关问题座谈会纪要》的规定基本上是遵循了《刑法》和最高人民法院《关于审理单位犯罪具体应用法律有关问题的解释》的相关规定。虽然这些规定明确了要从犯罪行为决策、实施和利益归属等多方面综合予以考量单位犯罪有关问题,但在司法实践中较少有网贷平台被认定为单位犯罪。甚至还有观点认为,现有的P2P平台均未获得备案,均属于为进行违法犯罪活动而设立,不应认定为单位犯罪。

2019年1月30日,最高人民法院、最高人民检察院、公安部《关于办理非法集资刑事案件若干问题的意见》出台,我们认为,该文件在单位犯罪的认定方面,作出了相较于以前的文件更加明确的表述,在以后案件的办理中,为辩护人争取单位犯罪的定性预留了空间和机会。这个文件明确规定了要根据"单位实施非法集资的次数、频度、持续时间、资金规模、资金流向、投入人力物力情况、单位进行正当经营的状况以及犯罪活动的影响、后果"来认定单位是否以实施非法集资犯罪活动为主要活动。

根据上述规定,如果涉案P2P平台并非专为非法集资而设立,设立后基本能够坚持信息中介的定位提供服务,实施非法集资的持续时间较短、资金较少,正常经营中介服务的占比较大,则该P2P平台仍然具有认定为单位犯罪的可能性。

(二)P2P平台公司股东和高级管理人员的责任认定

1.股东和高级管理人员的责任可能有别

最高人民法院《关于审理非法集资刑事案件具体应用法律若干问题的解释》规定:"集资诈骗罪中的非法占有目的,应当区分情形进行具体认定。行为人部分非法集资行为具有非法占有目的的,对该部分非法集资行为所涉集资款以集资诈骗罪定罪处罚;非法集资共同犯罪中部分行为人具有非法占有目的,其他行为人没有非法占有集资款的共同故意和行为的,对具有非法占有目的的行为人以集资诈骗罪定罪处罚。”

由此可见,在一个非法集资案件中,高级管理人员、股东的责任认定可能出现多种情况:有的可能定集资诈骗罪,有的可能定非法吸收公众存款罪,有的可能两个罪名并存,如果股东并未参与平台经营活动,不具有非法占有目的的,则有可能判定无罪。

司法解释明确规定在一个案件中根据具体情况对不同的涉案人员分别定性,这种情况在实践中或许并不多见,但这个规定对于此类特殊案件还是非常有意义的,这样才可以真正做到罪责刑相适应。

2. 特别情况:出售平台新旧股东交接过程中的责任认定

2018 年,由于 P2P 行业备案期限将至,许多企业出于不同考虑选择售卖平台退出网贷行业,在此过程中,发生了很多恶性事件:有的平台被收购后,新股东大量发布假标自融;有的新股东收购后,才发现平台此前发布的许多标是虚假的,导致债权无法收回。

在此我们结合一个案件来分析出售平台的交接过程中新旧股东涉集资诈骗罪的责任认定问题。旧股东系某知名平台的创始人,其此前经营中有涉嫌非法吸收公众存款的问题,后选择售卖平台退出网贷行业。新旧股东约定,设立合作经营期限,在此期限内,新股东提供资产端并进行风控审查,旧股东继续运营平台前端,随着待收余额的增加,逐步确定并由新股东支付股权转让款。需要支付最后一笔股权转让款时,新股东突然跑路了,旧股东此时才发现,新股东发布的全是假标,支付的股权转让款都是从平台吸收的投资人的资金,另外一部分吸收的款项新股东在逃跑前已转移。为了不暴露自己此前的非法吸收公众存款问题,旧股东决定发假标、设立资金池,想通过自己强大的运营能力来渡过难关,填补亏空,甚至还调集了数亿元的资金来填窟窿。办案机关认为,旧股东在明知亏空巨大,失去还款能力的情况下,仍然发假标吸收公众存款,应认定其具有非法占有目的,对于最后发标的部分,应定性为集资诈骗。

我们认为,办案机关的观点是值得商榷的。首先,旧股东自己调集了大量的资金来还款"填窟窿",与非法占有的行为表现相悖。其次,后面发假标的目的也不是为了卷款逃跑,而是想通过使平台恢复良性的运营来逐步归还此前的欠款。再次,其募集的资金都被用于平台经营,并未被挥霍和转移。最后,前面的亏空不是他造成的,他并未参与和配合,不能认定其对此具有共同犯罪的故意。

(三)平台其他经营人员的责任认定

1. 普通业务人员的责任

根据最新发布的最高人民法院、最高人民检察院、公安部《关于办理非法集资刑事案件若干问题的意见》,对于平台的经营人员也要按照区别对待的原则,对涉案人员分类处理。重点惩处非法集资犯罪活动的组织者、领导者和管理人员。对于参与非法集资的普通业务人员,一般不作为直接责任人员追究刑事责任。对于积极配合调查、主动退赃退赔、真诚认罪悔罪的涉案人员,可以依法从轻处罚;其中情节轻微的,可以免除处罚;情节显著轻微、危害不大的,不作为犯罪处理。

2. 特别情况:风控和财务人员的责任

在 P2P 平台中风控和财务人员这两个岗位是最危险的。风控人员负责公司项目的审核,无论项目是真实的还是虚假的,通常他们最清楚;而财务人员则对公司有无归集资金最为了解。

三、集资诈骗罪数额的认定

非法吸收公众存款罪的犯罪数额是以非法吸收金额计算犯罪数额的,而集资诈骗罪的犯罪数额则是以实际骗取的金额计算,案发前已归还的数额应予扣除。但是行为人为实施集资诈骗活动而支付的广告费、中介费、手续费、回扣,或者用于行贿、赠予等的费用,不予扣除。支付的利息,如果有本金未归还可予折抵本金,如果本金已归还,不能把支付的利息从诈骗金额中扣除。

上述的金额认定方法,虽然看起来只是简短的几句话,但在每一个集资诈骗案件中,通常都对应着数千、数万甚至数十万名投资者。对于具体金额,哪些可以扣减,哪些不可以扣减,哪些利息或费用可以折抵本金,需要逐笔予以核对,工作量极大。

四、集资诈骗罪的辩护要点

(一)整体辩护方向的选择

辩护方向的选择至关重要,这直接关乎辩护的成败和当事人的权益,所以,必须有当事人的确认,如果有变动和调整,也要及时让当事人再确认。确认了正确的方向后,还要制定科学的辩护策略,并付诸努力,努力做到有效辩护,争取好的办案效果。总体而言,刑事辩护的 8 字箴言是:无罪伸冤,有罪求情。

无罪辩护当然是最理想的目标,但是如果经过研判,案件在事实层面、证据层面、法律定性层面以及司法判例层面均缺乏无罪的空间,那么做罪轻辩护才是科学合理的选择。

(二)罪名和取保候审方面的策略

1. 罪轻辩护:从罪名入手

集资诈骗罪和非法吸收公众存款罪的处罚幅度相差非常大。因此,如果 P2P 平台确实存在设立资金池自融等行为,一旦被以集资诈骗罪立案侦查,那么,在无罪辩护缺乏空间的情况下,最合理的选择无疑是做轻罪辩护,争取将集资诈骗罪变更为非法吸收公众存款罪。

这里需要结合案件证据和事实,从主观目的、客观行为、法律后果等方面进行研判和区分。如果办案机关能够把罪名变更为非法吸收公众存款罪,那么辩护工作就已经成功了一半。

2. 争取取保候审:为返还钱款、争取谅解争取空间

投资者中间往往会有两种声音:一种是希望严惩平台经营者,认为对平台老板的惩罚比追回钱款更重要;另一种则看重止损,他们知道平台老板能否恢复自由,系能否沟通追回款项的关键,甚至会给办案机关施加压力,要求将平台老板取保候审。

非法集资犯罪所造成的社会危害性主要体现在给投资者造成了经济损失。如果嫌疑人能够积极返还投资者的钱款,系对被破坏的社会关系最好的修复。能否退赃、退多少会直接影响投资者的情绪,如果退得太少甚至不退,

投资者很可能聚众上访,甚至可能会影响社会秩序,也会影响司法者的心态。

因此,在办理P2P平台案件中,辩护律师积极与办案机关沟通,争取为当事人办理取保候审,促进当事人配合P2P平台返还投资者钱款、争取投资者谅解,系辩护工作的重要部分。

(三)自首、立功、从犯等法定量刑情节方面的策略

这类依法可以从轻、减轻处罚的量刑情节,有时候司法机关并不会主动予以认定。辩护律师一方面要善于在案件中发现这些情节,另一方面特别是对于尚未归案的P2P平台的股东、高级管理人员,辩护律师应当从策略上指导当事人争取有利的法定量刑情节。对此,应当注意以下几个问题。

1. 自首情节

其一,自动投案并不等于刑法意义上的自首。自动投案只是刑法意义上自首的构成要件之一,自首的另一要件是如实供述自己的罪行,二者缺一不可。如果行为人不能做到如实供述自己的罪行,或者认为自己不构成犯罪,只是来说明情况或协助调查,即使是主动投案,也不构成自首。这样一来一旦被定罪,他就丧失了自首这一特别重要的法定从轻、减轻情节。

在一些案件中,平台老板确实是主动到案的,但是对于案件事实通篇都是无罪的辩解,导致自首这一情节无法认定。例如,某平台老板在网上发布视频,称自己绝不逃跑,会积极面对,会用自己的资产进行兑付,随后也确实到公安机关投案,但在面对侦查机关讯问时却称自己是来报案协助调查的。那么,这种情况很有可能不被认定为自首。当然,如果律师能够在第一时间会见,纠正其认识,强调自首的重要性,客观分析当前局面,科学预判后续进展,劝导其认罪;随后再协助其提交自首材料,固定了自首的客观证据,才有可能保住自首情节。

如果没有律师的及时介入,并在第一时间发现其到案原因的描述问题并进行纠正,其可能就丧失了自首情节,这是十分可惜的,由此可见聘请专业律师第一时间介入的重要性。

其二,自首不是盲目地、不择时机地投案。律师应当指导当事人有计划、有安排、讲技巧、分时机地向司法机关投案自首,不要一出事就匆忙投案。一般情况下,可以让当事人先准备好自首材料,固定好对自己有利的证据,安排

好后续事宜,为自首做好充足的准备。当事人在必要时也可先行委托律师与司法机关取得联系,并在律师指导下寄送自首材料,打电话进行自首备案,等一切安排妥当再去投案。

其三,投案做笔录时,不仅要如实供述犯罪事实,也要如实交代自首的过程,比如说明事件爆发之后已经有向司法机关投案的意愿,并向家人交代了后续事宜,已经聘请律师代为提交自首材料等。这些能体现投案自愿性和供述真实性的事实也要如实交代,并体现在笔录中。

其四,当事人对行为性质的辩解不影响自首的成立。当事人投案后对自己客观上实施的违法犯罪行为要如实供述,但是对于行为的性质或具体定罪可以交由司法机关来认定。如果当事人确实对罪名有异议,可以保留意见或要求律师以独立辩护人的角色发表对定性的观点,以免影响自首情节的成立。总之,当事人不能因为过于追求自首而放弃行为性质的辩解,比如自己根本无诈骗故意就绝不能说自己有诈骗故意,也不能因为片面注重辩解甚至推卸责任而影响自首情节的认定。

其五,不可忽略"现场待捕型"的自首。多数案件中,公安机关会提前部署抓捕行动,在这种情况下,人们会认为嫌疑人就一定是被动到案的,不可能存在自动投案的自首可能性。然而,这种背景下往往容易被忽视的一种情形是"现场待捕型"的自首。根据最高人民法院《关于处理自首和立功若干具体问题的意见》的规定可知,明知他人报案而在现场等待,抓捕时无拒捕行为,供认犯罪事实的也应当视为自动投案。所以律师应抓住这点收集证据、深入分析论证。

2. 立功情节

其一,要从他人之处立功,检举、揭发他人的犯罪行为。如果是自身也参与的犯罪,那么属于"司法机关尚未掌握的其他罪行",依法只能成立"余罪自首",无法成立立功情节。

其二,依法协助司法机关抓捕同案犯可构成立功。检举、揭发同案犯在本案中的犯罪事实仅属于如实供述本人犯罪事实的范畴,并不属于立功。但是协助司法机关抓捕同案犯则可以被认定为立功。辩护律师可以指导当事人按照司法机关的安排,以打电话、发信息等方式将同案犯约至指定地点;按照司法机关的安排,当场指认、辨认、抓获同案犯;带领侦查人员抓获同案犯;提供司法机关尚未掌握的其他案件犯罪嫌疑人的联络方式、藏匿地址;或者通过合法的方式直接规劝其他同案犯投案自首。

特别值得注意的是,司法机关对于“协助司法机关抓捕同案犯”采取了广义的理解。比如通过电话规劝同案犯自动投案,因为客观上确实节约了司法资源,在实践中也有将此种情况认定为立功的。对此,律师在办案过程中要好好把握。

3. 从犯情节

辩护人要厘清当事人在共同犯罪中的地位和作用,从大的方面看待主从犯的问题,从“策划、发起、组织”等宏观方面进行把握。委托人即便具有一定的管理职务,或者是核心业务部门的骨干人员,或者是股东,从其在整个共同犯罪中的地位和作用来看,也有机会被认定为从犯。

五、有效辩护

什么是有效辩护?我们认为案件取得了很好的辩护效果,且当事人又比较满意的辩护工作,才是有效辩护,两者缺一不可。与之对应的就是无效辩护,即案件结果没有达到预期的辩护效果,或者虽然有利于当事人但当事人并不满意,就是无效辩护。

无效辩护还不是最糟糕的,最糟糕的是有害辩护,即不但没有帮到当事人,反而因为律师的辩护失当使当事人的其他利益受损。律师对案件方向的判断出现错误,在本来无罪的案件中坚持做罪轻辩护,在本来应该做罪轻辩护的案件中坚持做无罪辩护,这都是非常致命的。除此之外还有本来有的从轻、减轻情节被否定,可能轻判的被重判等情况。

有效辩护应该成为刑辩律师执业的一个常态。然而,知易行难,真正做到有效辩护,除了确立正确的辩护方向和制定科学的辩护策略,把专业的事情做好之外,还要做好以下几点。

(一)明确定位,靠道德和专业取胜

客户选择律师时,总是希望委托的是一位有智慧、道德高尚、专业过硬的人,而不是找一位眼里只有钱,紧紧盯着客户口袋的人。道德和专业是律师赢得客户,获得成功的两个重要武器。

（二）积极沟通，主动联系

与司法机关和当事人及其家属的沟通，都要保持积极的心态，让他们感受到我们的积极和诚意，让他们觉得我们非常重视他们，重视案件。主动给客户打一个电话胜过接客户三个电话，因为主动和被动的效果有天壤之别。

（三）换位思考，有同理心

律师要理解客户的心情和难处，多一点耐心和包容，用心帮助客户，全力以赴，让客户感受到我们的真诚和用心。

律师面对司法机关和客户都应该做到谨言慎行。无论是哪种类型案件的办理，我们都要苦练内功，有意识地提升各方面的能力，要杜绝有害辩护，防止无效辩护，争取有效辩护，只有这样才能对得起客户，赢得声誉和口碑，成为一名合格的刑辩律师。

第二节 以案说法：P2P 平台涉非法集资犯罪的重要问题

我们经办的周某案是非常有争议性的案件，大家可以从中发现非法集资类案件的一些重要问题。以下介绍案件情况，并反思有关问题。

一、“四无”案件的来龙去脉

被告人周某 2011 年在衢州创办了一家公司，该公司被 P2P 行业白皮书标为创新案例，是一个标杆性的公司。但案发时该公司中了“经侦雷”，为什么这么说？因为没有被害人报案、平台没有倒闭、资金链没有断裂、老板没有“跑路”，但公安机关的经侦部门突然就把周某抓起来，这种情况是很少见的。这是第一个资金链没有断裂却案发的互联网平台案例。当地的银行举报周某进出有十几亿元资金，涉嫌洗钱，于是公安机关立案侦查，在周某从香港回来时就把他抓住了。

二、办案机关未听取集资参与人的意见

与本案有利益关联的1100名集资参与人,大部分不认为周某构成犯罪。在公安部门发出公告以后,他们有几百人到衢州找经侦部门,表达了不解:该平台没有不良记录,在上面提现也很容易,为什么要把周某抓走?经侦部门人员回应称,该平台的正常运营只是表面现象,很可能涉嫌影响巨大的犯罪。

集资参与人不服,再次组织了请愿活动。经侦部门人员表示,不配合侦查取证活动的集资参与人的资金不能被优先返还甚至无法被返还。这时候集资人被拿住了命门,只能配合侦查机关做笔录。我们认为侦查机关有非法取证的嫌疑,最高人民检察院把该案纳入指导性案例时也说到了这点。集资人到了一审和二审阶段都不停地为周某请愿,写了一百多份谅解书,有的甚至愿意弃债权保周某,但均未被司法机关接受。

三、申请强制措施变更

周某被抓住以后,我们律师第一时间去公安要求取保候审,集资参与人也要求对他取保候审。但公安机关不批,理由是,数额上亿元的集资诈骗案不可能取保候审,周某如果一走了之没人担得起责任。司法实践中,一个公司的负责人被羁押或逮捕了,这个公司肯定会出问题甚至倒闭。

四、先刑后民还是先民后刑?

周某和集资人之间签订合同,是自愿的,受私法保护。但公安机关在平台没有问题的情况下突然对周某予以拘捕,造成这个平台的资金链断裂。如果此时采取先民后刑的司法途径,可能会更好地保证投资人利益。先民后刑的处理思路,有利于平等、自由和有活力的社会环境的形成。这种社会投资有风险,但市场有活力,比没有风险但死气沉沉的社会更有发展前途,也更有利于保护投资人利益。办案机关口口声声说是为了保护集资人的利益而抓捕周某,可集资人不领情,因为办案机关把一个好端端的平台的负责人抓了。财富是在流动中产生的,周某被抓,财产被扣押冻结,资金链自然而然地就断裂了。这到底是保护了投资人利益还是损害了投资人利益?

五、周某构成集资诈骗罪还是非法吸收公众存款罪？

周某被判构成集资诈骗罪，这个结果不好不坏。因为按照当时的规定，该罪法定最高刑是死刑，周某案被认定的诈骗金额是3.56亿元，资金缺口是1.76亿元，一审判了15年有期徒刑。周某不服上诉，最后检察院以量刑过轻为理由抗诉。可以说检察院从另一个角度承认了律师辩护起到的重要作用。检察院抗诉时恰逢《刑法修正案（九）》出台，抗诉的理由是量刑偏轻，应该判处无期徒刑或者死刑缓期执行。2016年1月开庭时我们在法庭上就指出检察院用作废的法条抗诉是没有法律依据的。后来二审维持了原判。

（一）对社会危害性的判断

周某的公司正常运营，提现没有任何困难。但经侦部门认为周某的平台以非法占有为目的，披着互联网外衣，有自己的资金池，吸取资金供其挥霍，扰乱了金融法治，破坏了金融秩序，存在社会危害性。

（二）对非法占有为目的的判断

非法占有为目的是这类案件辩论的重点问题之一。周某具备这样的目的吗？首先，他被抓的时候身上有1.8亿元现金，而且是刚从国外回来，如果他有非法占有目的，完全可以携带1.8亿元现金逃跑。其次，他买了两处房产，有一处被巴基斯坦领馆作为办公地点，还有20辆豪车用来出租。控方据此认为构成以非法占有为目的的理由是，1.8亿元现金放在身上动机不纯，买房产是供家人使用，买豪车是为了挥霍，然而这是一种扩大化的解释。公安机关还表示如果不抓周某，他就会卷款逃跑。这些判断值得深思。

（三）对使用诈骗的方法集资的判断

我们选择做罪轻辩护和轻罪辩护，控方指控他构成集资诈骗罪，我们辩称他只构成非法吸收公众存款罪，因为没有用诈骗的方法集资。而且投资人也表示，几年来平台发标并没有弄虚作假。

（四）对是否挥霍集资款的判断

案发的时候，周某吸收了3.56亿元资金，身上有1.8亿元现金，还有1.76

亿元缺口。一审中我们认为缺口并不真正存在，1.8亿元现金是他回来准备买宝石用的；他在上海还有房产，升值了很多，但后来被低价拍卖出去；他的公司有汽车标，可以做租赁，他买的豪车，租出去一天租金就是20万元。但这些都反过来成为控方指控他挥霍资金、不能返还集资款和构成诈骗的理由。

（五）对75%的返还率意义的追问

案发的时候，周某身上有1.8亿元现金，后来被扣押了财产，如汽车、珠宝等能够变现的东西。但周某案中的先期返还率高达75%。就全国范围而言，我们没有看到返还率能超过30%的集资诈骗罪案例。有这么高返还率的案例还被定性为集资诈骗罪是值得商榷的。

六、对被查封扣押财产的处置时间的分析

周某案的投资人曾去看了周某名下被扣押的豪车，发现有关部门只是找了一个露天场地停放，任其日晒雨淋。这让投资人感到很心疼。这些车价值很高，然而拍卖所得极低，甚至到现在官方还没有公布拍卖的清单。投资人和我们一直都在呼吁要及时处置这些易贬损的汽车。但从侦查阶段到审查起诉，再到一审、二审，我们提交的有关申请都没得到重视，导致这些车辆直到案子判决生效以后才被拍卖。易贬值的东西怎么处理，是为保值之故可以及时处理还是一律审判以后处理，是司法中的一个重要问题。如果一概审判以后才处理，我们认为对投资人的合法利益是欠缺考虑的。事实上，及时处理是有法律依据的，2014年最高人民法院、最高人民检察院、公安部《关于审判集资诈骗适用法律若干问题决定》就规定了易损耗的物品可以在诉前处理；2015年中共中央办公厅和国务院办公厅联合发布了《关于处置刑事诉讼涉案财物的意见》，规定了对于这些易贬损的不易保存的物品，尤其是汽车要及时处理。但本案办案机关的拖延，导致汽车的价值从约6000万元跌到200多万元。如果这个处理的价格越高，投资人得到的返还金额就越高，周某的责任就越轻；反之处理的价值越低，投资人得到的返还金额就越低，周某的责任就越重。周某在上海的房产价值2300万元，一年的月房租都是80万元，结果拍卖的时候房子的价格却便宜了30%，这都引起了很大争议。这些问题都反映了司法机关的办案方式在当前背景下与时俱进的必要性，发人深省。

第三节　知识综述与延伸

P2P 网络借贷实际上是一种新的融资模式,在金融学视角下它是直接融资模式。P2P 在英文里的意思是点对点,是平台让借贷双方直接形成融资关系的模式,而平台的收益来自把双方撮合好之后的介绍费。但平台用户的资金汇集起来,自然形成一个很大的资金池,肯定会异化。虽然中国人民银行一直强调不允许搞资金池,但没有足够的监管措施跟上,这样资金必然会沉淀下来,平台肯定会拿这笔钱进行投资,这就是风险投资。如果国家进行泡沫挤兑,平台就会拆东墙补西墙,发行新产品,这是 P2P 的进一步异化。P2P 逐渐从信息平台变成资金池,并逐渐演化成影子银行、风险投资,然后是庞氏骗局。公安机关基本上是以两个罪名为依据处理平台的问题:如果平台老板携款潜逃,就以集资诈骗罪立案;如果没有携款潜逃就以非法吸收公众存款罪进行兜底式的定性。两个罪之间的区分节点在于是否具有非法占有为目的。

在第一节中,马成律师把在 P2P 非法集资的辩护过程中非常重要的问题进行了详细的介绍,还把自己的办案经验分享给大家,最后提出了非常著名的有效辩护和有害辩护的术语。这些精彩的内容一定会给大家留下非常深刻的印象。

在第二节中,张志勇博士介绍的周某案也被纳入了最高人民检察院指导性案例。在集资诈骗罪的大案要案中,e 租宝案是采取分别处理的方式,也就是马成律师刚才所提到的同案不同判。e 租宝案数个被告人最终被分别定为两个罪名,分别是集资诈骗罪和非法吸收公众存款罪。前一个罪名的认定往往伴随“挥霍资金”这类的措辞,这主要适用于高级管理人员。但是当其他普通的业务人员、其他经营人员是否具备非法占有目的无法确定下来时,法院最多是将他们的行为归入非法吸收公众存款罪之列了。

非法集资平台崩盘之后留出来的巨额资金黑洞,和集资人上访给政府施加的压力,谁来负责?按照我们过去先刑后民的思路,主犯如果被定为集资诈骗罪,那么下属的从犯或者普通的人员也全部用集资诈骗罪来论定,这是主犯决定论。但下属人员非法占有目的无法确定的场合,这样做是否合适? 后来我们有了新的规则和标准,也就是部分人员的责任性质不能决定其他人的责任性质,一个案子当中能够确定具备非法占有目的的行为人就以集资诈骗罪论处,确定不下来的可以用非法吸收公众存款罪论处。我们认为,非法吸收公众存款罪是兜底罪名或者说是基础性罪名,而集资诈骗是加重性罪名。这两者之间的区分标准在司法解释和最高人民检察院的指导性案例当中都很清晰,就是行为人是否具备非法占有目的。

著名的吴某案同周某案十分接近。吴某案一审的时候,辩护律师做的是无罪辩护,但是到二审时改变了策略,称吴某不具备以非法占有为目的,但构成非法吸收公众存款,从无罪辩护转向罪轻辩护。这个思路同张志勇博士的思路是一样的。

以非法占有为目的应怎么认定? 张志勇博士把承办案子的"四无"特征、投资人的请愿行为和 75% 的返还率作为阻却这一点的证据,可谓十分充分。本案还有两点值得大家注意:第一,周某承认财务不符合规范,办案机关能否从财务纪律的不完备推理出周某肆意挥霍资金的结论? 这很重要,因为肆意挥霍就是表明非法占有目的的一种情形;第二,在判断资金是否用于生产经营的问题时,生产经营的本质应该怎么确定? 这些问题都值得在以后进一步思考。

还有争取取保候审也是实践中的一个重要议题。马成律师提到,应该为当事人争取取保候审,把投资人损失降到最低程度;张志勇博士也提到,承办人在案件中提出取保候审,公安机关不批的理由是涉案数额太大,取保候审有风险。而 e 租宝案的办案机关将犯罪嫌疑人羁押了,但没有限制犯罪嫌疑人亲属的人身自由,以便让他们来筹钱返还投资者。这是一种比较折中的做法。

最后,大家要了解一下关于非法占有目的的有关规定。2001 年《全国法院审理金融犯罪案件工作座谈会纪要》就指出,不能认为集资款不能返还就意味着行为人有非法占有目的。座谈会纪要做出了严格限定,当集资款不能返还时还要根据资金的去向和用途综合判断是否存在非法占有目的。具体来说,如果钱是用在生产经营当中,根据最高人民法院《关于审理非法集资刑事案件具体应用法律若干问题的解释》第 3 条,以及最高人民检察院 2018 年 11 月发布的 11 项关于保护民营企业发展的执法司法标准,哪怕形式上符合非法吸收公众存款罪,也还有刑事政策的出罪渠道。

对此问题的系统化规定可见最高人民法院《关于审理非法集资刑事案件具体应用法律若干问题的解释》里8种非法占有目的客观外化的情形。第1种规定就是集资款不能返还不能推定为以非法占有为目的,要看原因是否集资后不用于生产或用于生产经营活动与筹集资金规模明显不成比例。吴某案没赶上这个司法解释的出台,法院当时是依据《全国法院审理金融犯罪案件工作座谈会纪要》里"明知没有归还能力而大量骗取资金"这一个表述来认定吴某的行为是以非法占有为目的。在后来的曾某某案中,被告吸收34亿元资金,投入生产经营5亿元,所占比例只有16%,用于生产经营活动与筹集资金规模明显不成比例,所以推定他具有非法占有目的没有什么疑问。

第2种规定是肆意挥霍集资款。这有一个度的问题,比如被告吸收了10亿元资金,5000万元用于个人挥霍。不能说挥霍一部分资金就是对全部资金的非法占有。所以《全国法院审理金融犯罪案件工作座谈会纪要》当中表述得非常清楚,少量资金用于个人消费或挥霍,不能认定非法占有为目的。

第3种规定是携带集资款逃匿。躲债、筹资、发公告、委托律师处理,表面上看即使有逃跑行为,但还不符合携款潜逃的构成要件。

第4种规定是把集资款用于违法犯罪活动,如行贿、嫖娼、赌博等。

后4种规定非常简单,除了兜底的条款之外,剩下来的3种规定就是逃避返还资金的问题,比如销毁账目,或者实施假破产或假倒闭以逃避返还资金。

非法占有为目的的认定,永远是控辩双方的焦点。控方只要证明上述列举情形里面的任意一种就完成了举证责任,然后辩方再进行相应的反驳。这就是法院处理这类案件的一个重要的诉讼路线图。

第七讲

非法集资类犯罪的认定问题

翟　建[*]　宋云苍[**]　王　新[***]

课程概述：本讲共分为五节，前两节由翟建律师主讲，主要结合三个案例具体展示了在金融犯罪案件中如何运用自然犯与法定犯相区分的思考方法。第三节由宋云苍律师主讲，主要结合翟建律师提到的“非吸”爆雷案，分析了以私募基金方式非法吸收公众存款与正常私募基金经营的区别点。第四节简要介绍了课程知识互动。第五节由王新教授延伸了相关知识要点。

* 翟建，北京大成（上海）律师事务所高级合伙人、刑事部主任，全国律师协会刑事专业委员会顾问。

** 宋云苍，北京大成（昆明）律师事务所高级合伙人，大成刑事专业委员会理事，云南省优秀律师。

*** 王新，北京大学法学院教授，博士生导师。

第一节 票据诈骗案与吴某晖案

分析一个案子时，我习惯首先判断这个案件究竟是自然犯还是法定犯。如果是自然犯，问题就比较简单；如果是法定犯，问题可能就比较复杂。

一、票据诈骗案

首先给大家介绍一个票据诈骗案。该案一共有三名被告人，第一被告人一审被判处10年有期徒刑，第二被告人被判处6年有期徒刑，第三被告人被判处5年有期徒刑。第一被告人是一个生产羊毛衫的公司的老板，第二被告人是公司的采购员，第三被告人只是该公司的司机，公诉机关指控他们共同实施了票据诈骗的行为，构成共同犯罪，涉案金额14万元。

（一）案情简介

某一天公司里来了一位客户甲，要购买羊毛衫，双方谈完后就成交了，同时甲取走了价值14万元的羊毛衫，留下一张支票作为购货款交给公司。在这个老板把支票拿到银行的时候，才得知对方存款不足，即这张支票是“空头支票”。老板立刻找到甲，甲解释说：乙欠我一笔货款，昨天汇过来了，把汇款凭证以传真的形式给我看了，我就以为自己账户上面有钱，于是到你们这里进货。但后来得知乙将钱打到了我的银行账户里，银行说乙把单位名称漏写了一个字，导致钱又退了回去，因此我开的支票不能兑付。老板将信将疑，甲决定再给老板开一张支票，收回了原支票，并承诺这次一定有钱。老板拿到新的支票后问如何填写，甲解释说不用填写，因为支票上面已经盖好了财务专用章、法人印鉴，可直接拿到银行兑付。新开的支票上面只有那家公司的财务专用章和法人印鉴，属于“空白支票”。第二天，老板再次给甲打电话希望确认账上有没有钱。但对方电话已停机，甲已经失踪。老板不甘心承担损失，于是指令公司的采购员和司机花掉这张支票，也用这张支票去买14万元的货，并叮嘱不要多买。老板交代任务，员工只能照办。于是采购员和司机就去一家上海的毛线厂购买了价值14万元的毛线,并用该支票支付了货款。

(二)一审控辩审三方意见

检察院认为:被告人明知这张支票是一张空头支票,还拿该支票购买货物,骗了被害人价值14万元的毛线,因而构成票据诈骗罪;被告人故意不采用背书的方式使用该支票,而是直接使用,使整个流程中找不到被告人的痕迹,以此掩饰其犯罪行为。

一审辩护律师认为这是单位犯罪,出发点是单位犯罪的量刑相对较轻。当时上海规定,票据诈骗量刑标准是:10万元以上的,判处10年以上有期徒刑。所以一审第一被告人就被判处有期徒刑10年,第二被告人、第三被告人以从犯身份得以减轻处罚,被判了6年和5年。但是,一审法院并没有采纳律师的辩护意见,认为该厂是个人承包的单位,不构成单位犯罪。

(三)二审辩护思路

所谓自然犯,就是古今中外都将这种行为作为犯罪处理的行为类型,从道德层面而言,人类社会最早规定的犯罪行为,大多是自然犯,比如杀人、放火、抢劫、强奸等。所谓法定犯,是指被告人实施的行为触犯了应该遵守的行政法律法规等前位法,然后用刑法追究其刑事责任。比如逃税罪,企业依据税法纳税,所以一个纳税人构成逃税罪的根据,首先是因为他违反了税法的具体规定。类似地,进出口货物行为先违反了《海关法》等进出口管理制度方面的法律法规,才可能构成走私罪;再如,一个涉及商标权、专利权方面的犯罪,行为人肯定也首先违反了《商标法》或者《专利法》的规定,只是因为情节严重或者社会危害性大,才追究其刑事责任。按照这种思路考察上面这个案例:如果构成票据诈骗罪,行为人一定违反了《票据法》的规定。我们不能想象,一个完全符合《票据法》的票据行为,却被刑法评价为犯罪行为。

因此,我的辩护思路如下:首先与公诉人确定一个前提,即票据诈骗罪行为人的行为必须要违反《票据法》,没有违反《票据法》的行为,不可能构成票据诈骗罪。确定这个前提后,请公诉人指出被告人违反了《票据法》的哪一条哪一款。如果找不到《票据法》上的违法依据,就不能认定成立票据诈骗罪。那么,本案中被告人的行为是否违反《票据法》呢?

第一，根据《票据法》的规定，任何单位和个人不得出具没有资金保障的支票。但这个限制是针对出票人的，而本案被告人并不是出票人，而是持票人。而且按照《票据法》的规定，被告人的持票行为是合法的，因为他支付了对价——价值14万元的羊毛衫。公诉机关指控的第一条"明知道这个支票里面没钱"的说法是不成立的。因为一个合法的持票人，无须考察这个支票究竟有没有钱。根据票据法原理，背书可以进行无数次，而且一张支票背书的次数越多信用就越好。因为根据《票据法》的规定，对于最后一个合法的支票人而言，假如在他前面有10个单位背书，他可以在这10个背书人当中选择一个或多个人起诉。背书到第10个人，怎么还需要考虑前面的持票人是否有钱？因为任何单位和个人不得出具没有资金保证的支票，被告人合法拿到这张支票、持有这张支票的时候就认为支票中是有钱的。如果有什么问题，则由出票人承担。因此，从支票的票据诈骗行为来说，犯罪主体只有可能是出票人，不可能涉及到其他合法的持票人。

第二，被告人为什么不使用自己的名字？被告人确实是想避免留下自己使用这张支票的痕迹。关键是这个行为并不违法。甲把一张空白支票交到老板手里的时候，二者形成了全权委托的关系。在委托关系的前提下，作为被委托人当然可以用委托人的名义去使用这张支票，这符合民法原理，并不违反法律。

基于以上理由，我做了无罪辩护。二审时判决书写到，"事实清楚，证据确实充分，定性准确"，一般来说接下来就应该是8个大字："驳回上诉，维持原判。"但是二审法院话锋突然一转"……事实清楚，证据确实充分，定性准确，唯量刑过重，第一位上诉人律师提出的关于本案认定无罪的意见，本庭不予采纳"，"另外两个辩护律师提出的从轻处罚意见，本庭予以采纳"，结果是撤销原判，改判第一被告人有期徒刑3年缓刑3年，第二、第三被告人免予刑事处分。这样的结果使我虽败尤荣。

二、吴某晖案

安邦保险的吴某晖案涉及两个罪名：一个是集资诈骗罪，金额652亿元；另一个是职务侵占罪，金额100亿元。这个案子有个特点，就是没有被害人陈述，既然是集资诈骗652亿元，即使对每个人骗1亿元，也要有652名被害人。这是因为他的行为是“超售”,即实际卖出的数额超出了上级批复的销售额。这也是一个违反行政法规定的犯罪,根据行政法规定,对超售的单位处以20万元人民币的罚款。虽然他的超售属于违法行为,违反的是行政法规,但不一定构成犯罪。但这些辩护意见都没能得到采纳,唯一被采纳的或者说有被采纳痕迹的是,本案犯罪数额特别巨大,集资诈骗652亿元,职务侵占100亿元,数罪并罚,仅判了有期徒刑18年。相信审判机关对辩护意见也是有所考虑的。

第二节 非法吸收公众存款爆雷案

一、基本案情

本案具体情况如下:本案第一被告人张某是一位女强人,第二被告人闫某是她的丈夫。项目单位与被告人张某签了合同,希望通过张某融资3.3亿元。这个项目确实是真实的。但是她在没有给项目单位(或者用款方)一分钱时,就从3.3亿元当中拿出3000万元作为债权包装成产品,以债权名义集资。侦查机关认为,张某没有给项目单位一分钱,因此就不存在债权,张某用虚构的债权集资,就是集资诈骗行为。被告人觉得很冤枉,因为这个行业都是这样运行的,张某按照这个模式做了很多项目也都没问题,这次则是因为项目单位没还上钱,所以有800多万元没法还给投资人。

起诉书中有两个罪名:一个是非法吸收公众存款罪,另一个是集资诈骗罪。非法集资类的犯罪主要涉及这两个罪名,往往是从一开始的“非吸”到最后的集资诈骗,或者相反。一审法院否定了集资诈骗的指控。

二、一审辩护思路

我们做的是无罪辩护,法院采纳了一部分辩护意见,但是判她有罪。我们为什么认为这是一个无罪案件呢?

第一,公司经营证照齐全。从法定犯角度来说,没有违反任何行政法律法规,比如有限合伙不能超过50人,项目要真实等。

第二,我们的辩护依据是在2015年9月1日开始施行的最高人民法院《关于审理民间借贷案件适用法律若干问题的规定》,其中第 10 条规定:"除自然人之间的借款合同外,当事人主张民间借贷合同自合同成立时生效的,人民法院应予支持,但当事人另有约定或者法律、行政法规另有规定的除外。"也就是说,自然人之间的借贷合同,属于实践性合同,必须交付金钱,合同才能成立,才能享有债权、承担债务。除自然人之外的其他借贷合同,是诺成性合同,合同成立时债权债务也就成立了。对于本案而言,双方一旦签订了合同,双方之间的债权债务关系就已经成立。另外,他们之间还有一个约定:本协议经甲乙双方(甲方是用款方,乙方是张某的公司)签字盖章之后生效。本协议生效后乙方将本协议项下债权全部或者部分转让给第三人,无须征得甲方同意。

本案项目是真实的,双方借款意愿是真实的;并且,双方协议上约定,甲方让乙方帮忙募集资金 3.3 亿元,需等乙方募集完成了 3000 万元以上的时候才把钱打给甲方。如果乙方已经开始募集资金,但还没有募集到 3000 万元,在这种情况下,根据双方的另一项约定,乙方可以自由决定钱的用途。直到案发,乙方也没有筹满 3000 万元,所以没有将钱打给甲方。本案的关键事实是,如果将钱打给了甲方,则必然有债权,但即便现在没把钱打给甲方也是有原因的,不是为了虚构一个债权。所以一审法院采纳了辩护人的意见,把两罪归为一罪,判得比较轻——有期徒刑 7 年。检察院没有抗诉,被告人上诉,二审维持原判。

第三节 详解以私募基金方式非法吸收公众存款

首先,请思考以下三个问题:第一,以私募基金方式非法吸收公众存款与正常私募基金经营的区别是什么?第二,为何检察机关指控的集资诈骗罪没有被认定?第三,正常的债权转让与以债权转让方式非法吸收公众存款的区别是什么?

本节重点讨论第一个问题:以私募基金方式非法吸收公众存款与正常私募基金经营的区别。查阅一审检察机关的起诉书、翟律师的辩护词与二审判决书,便可以发现,争议焦点在于:以私募方式集资,如果不具备非法吸收公众存款的4个特征,是否构成犯罪。

一、含义对比

根据2014年《私募投资基金监督管理暂行办法》的规定,私募投资基金是指在中华人民共和国境内,以非公开方式向投资者募集资金设立的投资基金。私募基金财产的投资,包括买卖股票、股权、债券、期货、期权、基金份额及投资合同约定的其他投资标的。值得注意的是,私募投资基金和私募证券基金在法律上是两种不同的基金。非法吸收公众存款是指违反国家金融管理法律规定,向社会公众(包括单位和个人)吸收资金的行为,同时具备非法性、公开性、利诱性、社会性4个特征的,除《刑法》另有规定的以外,应当认定为《刑法》第176条规定的非法吸收公众存款或者变相吸收公众存款。

二、"合法性"对比

从"合法性"来看,各类私募基金管理人应当根据基金业协会的规定,向基金业协会申请登记。各类私募基金募集完毕,私募基金管理人应当根据基金业协会的规定,办理基金备案手续。备案分三个步骤:第一步,在工商局设立公司;第二步,在基金协会发起登记;第三步,在基金募集完后还有一个基金业协会的备案手续。非法吸收公众存款则是未经有关部门依法批准或者借用合法经营的形式吸收资金。非法吸收公众存款爆雷案中,张某设立了6项基金,其中有4项向基金协会申请了备案登记。设立基金的时候也在备案网站上公示过,故不存在违法性。但法院认为,虽然基金协会已经备案登记,但不保证或者表明合法性。那么,法官的认知和基金协会的规定就有了冲突。从基金协会的规定来看,已经完全履行了备案手续,并且完成了工商登记,该基金就是合法设立的。但法院认为具备"非法性"。这是第一个争议点。

三、"公开性"对比

从"公开性"来看,私募投资基金要求不得通过报刊、电台、电视、互联网等公众传播媒体或者讲座、报告会、分析会和布告、传单、手机短信、微信、博客和电子邮件等方式,向不特定对象宣传推介。非法吸收公众存款的司法解释规定,"公开性"是指通过媒体、推介会、传单、手机短信等途径向社会公开宣传。

非法吸收公众存款爆雷案中，所谓基金不得采取的手段在证据上得不到支持，没有证据表明向不特定对象宣传推介，但判决书里用了“口口相传”，通过前面投资人向后面的人推介或者宣传，或者一定范围内互相传播，法院认为这种“口口相传”的方式有了公开性，并且最终人数达到了1000多人：这么多的人都投钱了，就认为具有公开性。“口口相传”这种模式能不能认为属于违背法律规定，构成“公开性”的行为？我认为在这个案子中是有较大争议的。

四、“利诱性”对比

从回报来看，私募基金管理人、私募基金销售机构不得向投资者承诺投资本金不受损失或者承诺最低收益。排除“非吸”则要求不能承诺有高息回报。两者都做了禁止性的规定。非法吸收公众存款爆雷案中，基金成立以后不是自己去销售，而是委托了销售机构销售基金，并且委托的销售基金里面都有风险提示，投资者都签署了风险承诺书。在这些书面的材料里面没有承诺过高息回报，但法院的认定根据是公安机关取得的被告人供述，供述里面提到被告人在口头上承诺过。但是，口头承诺和书面承诺是不同的，并且本案是通过中间基金销售代理人进行销售，这种情况下能否认定高额回报或者利诱性，不无疑问。

五、“社会性”对比

从“社会性”或者对象来看，私募基金管理人、私募基金销售机构不得向合格投资者之外的单位和个人募集资金；若要排除“非吸”，则只能向亲友或者单位内部职工集资或者借款，人数和范围都有限制性。非法吸收公众存款爆雷案中，张某委托了销售机构，销售机构向外推销基金募资的时候，可能就突破了合格投资者的限制，销售代理机构突破了这样一个法律限制，能不能认定为上游委托方（也就是张某一方）自己突破了合格投资者的法律限制？销售代理机构的违法行为或者突破底线的行为能不能转嫁给委托人？他们之间签订过销售代理协议，这是否影响到转嫁与否的判断？这也是一个争议点。

从人数上来看，私募基金应当向合格投资者募集，单只私募基金的投资者人数累计不得超过《证券投资基金法》（合格投资者累计不得超过200人）、《公司法》（有限责任公司由50人以下股东出资设立，设立股份有限公司，应当有2

人以上 200 人以下为发起人)、《合伙企业法》(有限合伙企业由 2 人以上 50 人以下合伙人设立)等法律规定的特定数量。非法吸收公众存款要求,个人非法吸收或者变相吸收公众存款对象 30 人以上,单位非法吸收或者变相吸收公众存款对象150 人以上。非法吸收公众存款爆雷案中,法院是怎么理解单只基金的人数? 法院的标准是没超过 50 人,但本案总体加起来超过了 1000 人,所以认定超过了 50 人。如果严格按照私募基金管理的规定来说,其实只要每只基金不超过 50 人就是合法的,法律并没有限制总人数。所以二审法院的裁判说理同法律的明文规定存在一定差异。

六、数额对比

数额方面,私募基金的合格投资者是指具备相应风险识别能力和风险承担能力,投资于单只私募基金的金额不低于100 万元。非法吸收公众存款则要求,向个人吸收资金最多不能超过 20 万元,向单位吸收资金不能超过 100 万元。

私募基金还有特殊要求,募集资金的时候,募集资金的对象要有风险的判断,要告诉对方并且要判断有没有风险识别能力和风险承担能力,并且之前要通过问卷调查的方式使对方清楚知道或者有符合条件的承诺函。如果委托销售机构代为销售,销售机构也要履行这些职责。

通过以上对比,我赞成翟律师在一审、二审中对非法吸收公众存款爆雷案的判断:一是因为经过备案所以不具备"非法性",二是基金设立的时候委托律师进行过尽职调查,出具过相应文书。募集资金过程中,融资方提供过担保,从证据材料来看还是比较完备的。

以私募基金方式吸收公众存款过程中遇到的问题,包括但不限于:"口口相传"是不是一种公开的宣传? 符合基金相应的行业管理规定,是不是还具有非法性? 以单只基金来计算人数,还是以整个管理人管理名下基金的募集人数来算,都值得思考。

第四节　课程知识互动

同学 1:在非法吸收公众存款爆雷案中,合同作为证据使用的时候能起到什么作用? 直接可以出罪了吗?

翟建:如果是真实的、符合双方真实意愿的合同、不违法的合同,双方依照合同操作,就可以阻断违法。

同学 2:您刚才讲到票据诈骗案的时候,认为不构成票据诈骗罪,理由是行为人是合法持票人。《刑法》第 194 条票据诈骗罪第 2 项:明知是作废的支票而使用的,本案支票是否可以认定为明知是作废的、无效的? 能否根据这一项将该案定为票据诈骗罪?

翟建:问题很好,这恰恰也是我们强调罪刑法定的原因,法律列举的“明知是作废的支票”,因此控方必须证明被告人是如何知道这是一张作废的支票。事实上,这是一张有效的支票,并非作废的支票。另外,诈骗都是空手套白狼,不支付对价。但在本案当中还有一个疑问,如果被告人拿着支票去银行请求付款,银行付款,被告人就无罪了。那么就导致:被告人是否有罪,取决于出票人账户里是否有钱,出票人账户里有钱,被告人就无罪;出票人账户里没钱,被告人就有罪。这是不合理的,罪责自负,不能要求被告人对别人的行为负责。而且根据《票据法》的原理,出票人用支票付款,就意味着在付款人处(通常是指银行)有相应的存款余额。持票人收到支票,也就意味着根据票据可以主张自己的权利。被告人是拿财物换来的支票,跟空手套白狼式的诈骗不一样。

第五节　知识综述与延伸

本节我将重点谈谈非法吸收公众存款罪的罪与非罪问题。

一、"非法性"是认定"非吸"的本质要件

翟建律师做了无罪辩护,但一审法院做了有罪判决,二审法院维持原判,其中有一个很重要的理由:4只基金注册备案过,但在募资运作中明显违反私募的相关法律规定,也不符合私募的本质特征,即认为具备非法性。"非吸"必须同时具备4个要件,最本质的要件是非法性,控辩双方在罪与非罪问题上一定会辩论非法性。这个案子是用私募股权基金的方式进行"非吸",在中国打击非法集资的过程中,2010年非法集资的渠道还是传统渠道,但是从2014年开始,东部沿海当中"非吸"主战场是三个渠道:P2P网络借贷、私募股权基金、理财。私募股权基金是金融融资的渠道,但是在这个过程当中有可能异化为非法集资。所以,非法集资和正当融资之间的分水岭就在于是否具备非法性,这是一个政策方面的界分,但政策方面的界分在操作当中非常难。所以,在2010年最高人民法院《关于审理非法集资刑事案件具体应用法律若干问题的解释》(以下简称《2010年司法解释》)当中非法性认定标准有两个:一个是形式标准,未经有关部门依法批准;另一个是实质标准,借用合法的经营形式来吸纳资金。

在非法吸收公众存款爆雷案当中,二审法院实际上是采用了实质标准,为什么要采用实质标准?大家注意,"未经批准"的前提是审批制,私募股权基金在中国证券投资基金业协会是备案制,批准制和备案制是完全不同的两个概念。发行之前谈审批,发行以后谈备案。所以不可能以形式标准认定本案具有非法性。于是便有了实质标准。这个实质标准实际上把非法性变成了一个黑洞,表面上提供了本质要件,实际上等于废掉了这个要件。简单来说,有4只基金是备案过的,具备了合法性,但依据实质标准就能给其冠以非法性的帽子。按照我的研究,非法性认定的两个标准,特别是实质标准必须要做出重大改变,否则非法集资和正当融资的界限是没有办法区分的。国务院法制办公室关于《处置非法集资条例(征求意见稿)》把这个实质标准给废掉了,采用的是两个标准:未经许可、违反国家有关规定。

在这个案子当中,辩护人的切入点很明确:所涉的4个项目已经在中基协备案,属合法运作,不具备非法性。法院的裁判理由是,虽然备案过,但被告人的运作不符合私募的本质特征。这完全是两个路径:一个用的是形式标准,另

一个用的是实质标准。另外,吴某晖案、泛亚案以及 e 租宝案都是中国最大的几个非法集资案件,难点永远是认定非法性,这是个根本问题。

二、"公开性"标准的问题

宋律师刚才提到公开性的认定中"口口相传"的问题。《2010 年司法解释》4 个特性中的第二个特性是公开性。在行政法律法规当中,非法集资概念里是没有公开性的,但是司法解释在刑事渠道当中设立了公开性要件。所以,研究金融法的专家觉得刑法拔高了打击非法集资的门槛。这意味着什么?检察机关要证明"非吸"的成立,4 个要件必须同时具备,缺一不可。但辩护律师只要攻破一个就可以。公开性成为第二个突破的阵地。

私募股权基金必须要到中基协备案,备案材料当中一定会看是否向社会公开宣传。一个私募股权基金为了通过备案绝对不敢向社会公开宣传。所以我得出结论,在私募股权范畴当中如果通过备案,肯定不具备公开性,因而绝对不可能成立"非吸"。所以这个案子当中还有一个非常重要的辩点,就是公开性的问题。只要备案通过,没有采取欺诈手段,就肯定不会存在宣传。这其实导致很多共同犯罪,有很多律师给被告人提供智囊服务,规避"非吸"的 4 个要件。阜兴案子发行 40 多个理财产品全部符合规定,没有公开宣传,没有公开宣传就不具备公开性,还怎么定"非吸"?我曾两次参与论证,第一次论证涉及资金的流向,资金流向不明因而无法确定是否具有非法占有目的。第二次论证涉及私募股权基金公开性能不能成立。私募股权基金成为"非吸"的主战场,又有公开性这样的障碍,怎么办?《处置非法集资条例(征求意见稿)》就把公开性废掉了,第 2 条非法集资的法律定义里面是没有公开性的。所以当《处置非法集资条例》通过以后,司法解释所谓"四性"构成特征肯定要做出调整。

在《2010 年司法解释》当中是没有"口口相传"的,"口口相传"是在 2014 年最高人民法院、最高人民检察院、公安部《关于办理非法集资刑事案件适用法律若干问题的意见》(以下简称《2014 年意见》)中出来的。吴英案带出来"口口相传"的问题,第一层吴英同 11 人打交道,11 人又同下层打交道,吴英同这 11 人打交道不符合 30 人的要求。那么能不能把所有人算在一起?过去没有明文规定,所以《2014 年意见》规定了"口口相传"。

三、“社会性”标准的问题

向社会不特定对象公开宣传是“非吸”的第四个特征。《2010年司法解释》把亲友和单位内部人员排除在外，认为这些人属于特定对象。《2014年意见》则规定亲友和单位内部人员在两种情况下是可以成为“非吸”的对象的，《处置非法集资条例（征求意见稿）》则基本上删除了不特定对象要件，也就是不特定对象和超过规定人数的特定对象都可以成为非法集资的行为对象。按照《处置非法集资条例（征求意见稿）》的规定，非法集资的本质就是非法性；利诱性肯定会存在，因为投资就是为了高回报。

非法集资是一个罪名体系，里面的两个主罪名是非法吸收公众存款罪和集资诈骗罪，区分这两个罪名的关键就是是否以非法占有为目的，当然还有客观要件是不是使用诈骗的方法。非法吸收公众存款爆雷案中，翟律师打掉了诈骗方法，然后就进入是否构成“非吸”的论战，双方真正的焦点就是4个特征，从这4个特征的打法可以看出，翟律师是从形式认定标准出发，法院是从实质标准来论证。然后我们再注意考察社会性、公开性和利诱性，要明白这4个特点之间的关系。

第八讲

金融创新与守法合规的平衡

——金融高管与金融法务的两难选择

周跃立[*]　王　新[**]

课程概述:金融与犯罪具有天然联系,金融的创新既需要立足于时代背景,结合相关政策,也需要坚守法治底线,否则很容易触及刑事犯罪。在此,我们共同探讨金融与犯罪,金融创新与时代背景及政策之间的关系。本讲分为两节,第一节由周跃立律师主讲,主要讲述了如何在金融创新与守法合规之间保持平衡;第二节由王新教授总结,综述并延伸了相关知识要点。

---

[*] 周跃立,中国人民银行金融法律专家,四川大学金融与法律研究所所长。

[**] 王新,北京大学法学院教授,博士生导师。

第一节　如何在金融创新与守法合规之间保持平衡

一、金融与犯罪的天然联系

金融业的精英们可能会认为“金融与犯罪的天然联系”是全盘否定或者抹黑金融业。事实上,并没有否定或者抹黑金融业的意思,至于二者之间是否具有天然的联系,需要慢慢分析。

人类社会的一切问题,都可以从人性当中找到答案。道理很简单,因为人是这个社会的主宰,而人性,则是主宰人类思想和行为的关键。所谓人性,就是人类这个物种与生俱来的天性。无论是伟人还是小丑,古代人还是现代人,老人还是孩子,都具有这种共同的特性。比如,趋利避害,热爱妒忌,喜怒哀乐……古人说:食色,性也,也就是这个意思。人,能够逃脱人性的制约吗?答案是不能。否则也就不是人了。但是,流传在书本上,或者文学作品当中的那些道德高尚、超脱于凡世的人物,怎么解释呢?很简单,那只是人性的一方面。

人性中一个很重要的特征,就是对财富、权力和美色的追逐。古往今来,所有人类之间的争斗,小到钩心斗角,大到世界大战,无不围绕这些目标而进行。暂且不讨论关于权力和美色的问题,仅就财富而言,无论是在刀耕火种的蛮荒年代,还是在中国的计划经济时期,财富都始终是人们明里或者暗里追逐的目标。改革开放之后,在市场经济条件下,对财富的追逐达到了一个登峰造极的地步。每年的财富榜、富豪榜,就是这种人性的集中表现,更不用说背后那些刀光剑影,硝烟弥漫,血肉横飞……

金融业,无疑是财富最为集中的行业。无论是金碧辉煌的银行业,还是让人一夜暴富的证券业,财富的数量都是令许多人难以想象的天文数字。网上流传一句话:贫穷限制了我的想象力,虽然只是自嘲或者调侃,但是却说出了一个残酷的现实。前两年王首富一不小心说了一个“小目标”:先挣他一个亿再说。“先挣他一个亿”立刻成了一个热词,因为在王首富看来,这确实是一个小目标,但是对于社会上的普罗大众来讲,这却是一个穷尽一生都无法企及的数字。在金融行业工作,成天面对着巨额财富,或者是白花花的钞票,或者是账目表上天文般的数字,一个正常的人,说自己心里一点不动,那是很难的。尤其是联想对比到自己那微薄的工资,肯定会造成心理的严重失衡。许多金融犯罪行为,就是由此而产生的原始冲动。无论是手握大权的金融高官,还是人微言轻的年轻员工,人性都是原始冲动。至于如何将这种人性的原始冲动,扼杀在萌芽状态,或者是控制在适度的范围之内,那就是各种力量的综合博弈的结果。但是要知道,战胜人性,是世界上最难的事情之一(或许根本没有之一)。所以,才有了"胜己者,胜天下"这句名言。

不妨跳出金融业,来认识一下人性。中国的成语当中有一句叫作"坐怀不乱",其中的含义想来大家都明白。中国历史上也有"柳下惠坐怀不乱"的传说。但传说毕竟是传说,那都是经过文学加工之后的结果,即使是历史上真有这样的一个人,做过这样一件事情,那也绝对是凤毛麟角,完全不能够证明人类所具有的共同的天性。所以,作为一个正常的普通人,在面对巨额财富和绝色美女的诱惑时,要做到真正的不为所动,将是很难很难的一件事情。在这个意义上,金融业与犯罪的天然联系,就是一个不言自明的道理。当然,必须要强调的是:从人性角度来说明这种天然联系,并不等于金融从业人员就一定会涉嫌犯罪或者构成犯罪,仅仅只是概率比较大而已。有这种可能,甚至是可能性很大,都仅仅只是一种可能性,可能性并不等于现实性。如何加以控制和防范,那是另外一个话题,上述只是从人性及感性的角度出发,来理解金融与犯罪的内在逻辑联系而已。

二、"金融创新"与"守法合规"的平衡

(一)金融创新的本质是什么

金融,实际上是用市场经济的方式去实现资源配置最重要的方式。对金融而言,融通只是一种形式,配置资源才是它实质性的要件,金融实际上是资源配置的重要方式。金融创新的实质,就是突破现有法律的规制。

这个观点,这么一听是有点耸人听闻,惊世骇俗。但是,如果仔细琢磨一下,还是有点道理的,法律是什么?说一千道一万,法律就是一种规则,一种规范人们行为的规则。具体的内容不外乎三个方面:规定可以做什么(权利),必须做什么(义务),不准做什么(禁止)。

权利可以行使,也可以放弃,所以法律的权利性规范不存在突破或者违法

的问题(当然,放弃权利,也必须以不损坏他人利益为前提)。我们所说对法律规制的突破,主要是针对法律的义务性规范和禁止性规范。换言之,就是法律规定你必须做什么,你却不做;法律规定你不准做什么,你却去做了,这就是突破,也可以叫作“违法”。

但是,丰富的现实生活却没有理论上那么简单。那些“先行”违法的人也许就成了先富起来的一部分人,也许还成了改革开放的先进人物。所以,在适当的时候,在适当的社会条件下,看准时机,突破法律的规制,作出一些别人想所未想,想干又不敢干的事情,也许就成了改革开放的先驱。进一步说,研究如何在天时地利都适合的条件下,突破既有的规矩,就成了一门学问或者艺术。

(二)守法合规如何理解

守法合规,是每一个公民和法人天经地义的义务。这没有什么问题。但进一步思考,这当中是否应该有一个是被动的守法合规,还是主动的守法合规的区别。换句话说,当明明感觉到现行的某些规定,已经限制了生产力的发展,阻碍了社会进步的时候,是仍然原地不动地被动遵守,被捆绑住手脚呢?还是主动地思考,去寻找和发现机会呢?这就是主动和被动的区别所在。

是否存在这样一种可能,就是某种行为实质上已经突破了规制(也就是违法了),但在形式上却并没有违法。换言之,就是在形式上仍然是合法的,所以他不会受到法律的制裁。这种情况在现实生活当中,其实是很多的,甚至可以说比比皆是,这就不能不谈到所谓“规避法律”这个话题。

举一个最简单的例子,当开车遇到红灯的时候,如果硬闯肯定是违法,不仅面临严厉的处罚,甚至可能面临车毁人亡的悲惨结局。但是如果先右转,右转过后掉个头再右转,就成功地绕过了红灯,或者说叫作巧妙地避过了红灯,实质上达到了闯过红灯的目的。在这个例子中,红灯就是法律的禁止性规定,而这个“绕过去”的行为,在法律上就叫作“规避”。

在现实生活当中,人们经常提到的“合理避税”,实质上也是一种规避法律的行为。具体来讲,就是在税法允许的范围之内,尽量地少缴税甚至不缴税。比如,合理地增加成本,减少账面利润,当然缴税的基数就变小,缴税的比例也会降低;再如,在金融业务实践当中,大量的规避监管的行为:通道业务、嵌套业务、从表内挪到表外，等等，不一而足，实质上都是规避法律的行为。人们常说的所谓“钻法律的空子”，大概也就是这个意思。

（三）遵守规则与突破规则之两难选择

在工作中，经常可能面临的一个两难选择，就是领导或者老板做出一个决策，需要我们在法律上提供论证意见，核心问题就是：在中国现行的法律空间内，这样做是可行，还是不可行？

这里有一个常识，任何一个有开创性的项目，或者任何一门赚钱的生意，都不可能完全是循规蹈矩的，或者说是没有任何超前性和前瞻性的，领导或老板要做出这样的决策，正是因为看到了这当中的战略机会，才需要专业的法务人员提供法律上的意见。这个时候该怎么办呢？仅仅是告诉上级：这样不行，那样也不行。相信用不了几天，老板就会让我们离职走人，即使是在体制内的稳定工作，我们也很快会淡出领导的视野。所以，这是法务人员经常面临的两难选择。

最大的难处在于：如果只能跟上级说不行，我们自己很快就会“不行”。但是，如果轻率地告诉老大说“行”，也许很快就会面临各种风险，乃至巨大的损失，我们的命运和结局可能会更悲惨。如何解决这种两难，是一门学问，更是一门艺术，考验的不仅是我们的学识，更是我们的人生智慧。

第二节 知识综述与延伸

“金融”是一个很厉害的学科，实际上这个“融”字就像一个化学元素一样，能把各方面打通。这些内容可能对法律人不仅仅在法律知识，而且对法律人将来的选择肯定都会有所帮助。

一、政策与规则之间关系的分析

对于上述周老师简单解释的这个案例，我们可以发现有一个非常重要的关键词——政策。“政策”在我们刑法学者的眼中，经常会出现的就是刑事政策,我们也有刑事政策这门课。但是,在刑事审判或者司法实践当中,刑法的基石是罪刑法定,那么这个法和政策之间在法理学当中就有一个关系的辩证理解,即刑法教义学与刑事政策的关系。但是,今天给我另外一个启发就是金融领域当中实际上也存在政策和规则之间的一种辩证关系。对于这个辩证关系,实际上有一个非常经典的描述,即不是简单的黑白二分法,中间实际上有一个很大的模糊空间,对这个模糊空间我们应当如何看待?

关于这个内容,浓缩到金融犯罪,特别是这个案件当中,可以看到这个案件最早起诉的罪名是违法发放贷款罪,在这种情况下就会涉及违法发放贷款在刑法的规范认定过程当中出现了政策层面的因素。换言之,某种宏观的政策,当然包括金融政策、经济政策、刑事政策,这些政策对于犯罪的构成或者刑事认定起到了什么样的作用?这是可以思考的一个问题。关于这个问题,可以结合在2018年民营企业座谈会之前,很多金融犯罪或者其他的案件中,甚至包括辩护律师在辩护词中很少提到刑事政策或者对民营企业家保护的内容。但是,自从"民营企业的春天到了"以后,可以发现,在很多辩护词当中都纳入了这个内容,而且检察官和法官也特别看重这个内容。这个内容中实际上存在着很有意思的问题,即国家的宏观政策、经济政策、金融政策在落到具体的操作中,能不能作为一个法律依据来加以援引?在基层司法机关过去的实践中,政策的操作实际上是一把"双刃剑",如果用得好会同国家的政策紧密相连。但是如果用得不好,它的弹性摇摆很大,可能会出现对罪刑法定原则的破坏。

所以,在这种情况下如何用好政策?这个本身现在也是中国司法实践中的一个问题,在刑事办案中强调三个效果的统一,即法律效果、社会效果和政治效果的统一。对于这三者大家明显可以看到,法律效果是基础。但是,如果一个法官忽略了社会效果和政治效果,那么这个案子按照现在的评价它不能算是一个审理成功的案子。所以还必须考虑社会效果和政治效果,毫无疑问它可能会把情理或者政策的因素都纳入进来。

二、辩护还需立基于犯罪构成要件

最后回到违法发放贷款罪,因为今天的主题或者说这个罪名就是违法发放贷款罪,周老师把这个关节都给大家打通了,但是研究法律的人是比较机械的,甚至对经济学院和光华管理学院的人来说,都觉得法学院的人很呆板,一看这张面孔就能看出来非常的僵硬,不像他们的那种面孔明显可以看到是整个毛孔和五官都是张开的感觉。在这种情况下,即法律人在具体的刑事审判过程中,或者司法实践中,对于违法发放贷款罪,可能提出了很多依据,最终达到了使检察院不起诉的决定。按照法律人的职业经验,检察机关毫无疑问是要抠犯罪构成的。换言之,要从刑法的角度来理解违法发放贷款罪的构成要件。这个构成要件实际上就是一个最基础的问题。总之,不考虑政策的因素,这是肯定不行的。但是,完全为政策所左右,法律的适用作为一个游戏或者一个假象,这也是绝对不允许的。

最高人民检察院提过这么一句话:不仅要做一个工匠,而且要做一个大师。这句话是比较经典的。但是,从我们的基础来说,还是需要把工匠或者这种法律的规范与教义解释作为一个根本。这个根本就是涉及违法发放贷款罪的构成要件特征,周老师从非常宏观的视角、通过生动的实例已经给大家融通了这个构成要件的特征。在这个案件中涉及的是违法发放贷款。

三、违法发放贷款罪的立法变迁

关于违法发放贷款大家要注意它的罪名变化,从这个罪名的变化,也可以透析出中国通过刑法来保护贷款的刑事政策的变化,这个变化也是应一直强调的,从法律的变化中可以透析出对贷款保护的刑事政策乃至金融政策的变化。

(一)第一阶段

违法发放贷款罪的前身,即其罪名最早是在1995年6月30日设立的,当时中国的金融犯罪非常猖獗。我们今天《刑法》当中金融犯罪罪名的很多内容都是从这当中发展而来的。违法发放贷款罪在1995年全国人大常委会通过的《关于惩治破坏金融秩序犯罪的决定》中是两个罪,违法向关系人发放贷款和违法发放贷款罪。一个是向关系人发放贷款,另一个是向关系人以外的人发放贷款。银行工作人员在发放贷款的过程中,国家要对其进行刑法规制。贷款诈骗是其他人骗银行的贷款,这里面有也两个罪名,贷款诈骗罪和骗取贷款罪。可以发现,这是从银行是被害人的角度出发保护银行的贷款安全。但是,发放的贷款之所以出现贷款的坏账率很高的情形，这里面肯定有银行员工不负责任甚至玩忽职守的原因。所以，为了强化对贷款的保护，不只对加害人设置罪名，而且对银行即所谓的被害人也设置了罪名。也就是说，如果银行贷款形成了坏账，实际上在内部也要承担一定的责任。换而言之，为保护银行贷款安全，不仅加害者有适用的相应罪名，实际上银行发放贷款的工作人员本身也有适用的相应罪名。这个在中国刑法中是非常有意思的。一般是不对被害人设置罪名的，但是，可以发现，违法发放贷款罪，实际上就是针对被害人在操作发放贷款环节中所设置的。当时是根据《商业银行法》的草案，以发放贷款的对象（关系人和关系人以外）设置了两个罪名，1997 年《刑法》第 186 条全盘吸收了这一规定。

（二）第二阶段

到了 2006 年，也就是过了 11 年，《刑法修正案（六）》把第 186 条原来的两个罪名合而为一，就是我们今天看到的违法发放贷款罪，不再区分贷款的对象是否为关系人和非关系人。二合一是一个调整，另外一个调整体现在它的罪状中，着重强调两个方面，第一个就是在政策方面，除此之外就是我们在教义学中所看到的变化。

1. 违法发放贷款中“法”的内涵界定

1995 年通过的《关于惩治破坏金融秩序犯罪的决定》中违法发放贷款的“法”需要大家注意，违法发放贷款的这个“法”在 1995 年通过的《关于惩治破坏金融秩序犯罪的决定》和 1997 年《刑法》中是什么“法”？它叫作法律、行政法规，大家要注意没有行政规章，地方规章也不在其中。换句话说，这是带有一个“国”字号。到了 2006 年把这个“法”就改为了违反国家规定，这个“法”就与非法经营罪的“法”相对应。根据《刑法》第 96 条，违法发放贷款罪中的“法”必须是国字号层面的。其中可以明显看到，它是把中国人民银行针对贷款制定的很多规则，如贷款通则、贷款管理办法、信贷资金管理办法（这都叫作行政规章），都排除掉了。也就是说，在寻找认定违法发放贷款这个法律依据的时候，央行行政规章和地方规章是不能适用的，那么在这种情况下就明显出现了一个非常有趣的问题，如果把判定是否违法发放贷款的贷款法律依据弄得过细，那么就有可能抑制了贷款的流通。这个同胆子大一点的政策，或者金融的融通实际上是相抵触的。所以在这种情况下判定是否构成违法发放贷款的“法”就再次回归到强调国字号层面。像《商业银行法》《担保法》,实际上对违法发放贷款来说相对还是有比较清晰的规定。这个“法”的内容当中就明确地跟政策对应上了,那么能不能把政策放在这个“法”里面来看待?这个本身就是一个仁者见仁、智者见智的问题。但是,在最后一个层面中,毫无疑问,政策是可以作为一个重要的理由来切入的,正如现在保护民营企业的政策在辩护词中检法两家都要考虑。

2.“造成较大损失”的变化分析

第二个变化就是定量标准,在1997年《刑法》中违法发放贷款罪的入罪门槛其中一个叫“造成较大损失”。实际上这个门槛条件抬高了。因为如果监管过严,入罪门槛太低则不便于贷款。但是,另外一个入罪门槛为“数额巨大”,数额巨大就是纯粹看贷款的数量,哪怕没有造成损失。按照现在的立案标准,如果造成20万元以上的重大损失,发放贷款100万元就可以入罪。当然这个指的是直接损失,这个直接损失比较有意思的是,《贷款通则》中不良贷款率分成了三个,即逾期贷款、呆账贷款和呆滞贷款。这个里面就涉及如果是呆账贷款,这毫无疑问是直接损失,但是呆滞贷款只有在特殊情况下,才可以归为直接损失中。通过这个变化反映了一个什么样的问题?对被害人设置罪名实际上是给银行员工在发放贷款的时候附加了一个谨慎义务,银行员工必须要非常谨慎,否则因未尽到注意义务被骗则需要担刑事责任。但是,把这个门槛设置得过低,又会导致银行员工不敢发放贷款。大家看刑法介入的程度选择,实际上难度是非常大的。所以《刑法修正案(六)》又做了这样一个调整,大家也可以看到这个实际上是与贷款的政策保护相关联,是在其中寻找一个平衡点。这个平衡点如果用周老师的话说,实际上就是在黑和白中间找一个平衡,双方都能接受的一个平衡。换句话说,大的政策变动必须要保证贷款的安全。但是,不能为了贷款的安全又导致贷款业务停滞,阻碍资金的融通和流动。所以说这个入罪门槛条件又要相对拔高,这一拔高就是《刑法修正案(六)》作出的调整。

所以,在理解违法发放贷款罪的时候,要从变化的这个层面来加以看待。我们在学习金融犯罪的过程中,在脑海中要以金融学作为一个底蕴。我们学法的人需要将金融与法律深度融合。金融与法律两者之间具有一个辩证关系,两者之间的联系非常紧密,也就是说,如果离开了金融学来理解金融犯罪,对它的理解肯定不深。但是,也不能完全以金融学作为一个底蕴分析一个刑事案件,我们还需要考察在刑法中有关金融犯罪的一些具体的规范,这些内容相对来说也是非常关键的。

第九讲

“创新”金融行为的罪与非罪之实务探讨

马　俊[*]　王　新[**]

课程概述：当今金融界发展迅速，出现了许多新型的经营和交易模式。但其中真正意义上的创新并不多，更多的行为模式是在钻现有的监管体系的空子，利用现有法律的漏洞。这就意味着这些行为游走在罪与非罪的边缘。如何确定罪名，是摆在司法机关面前的一道难题。研习实际案件中司法机关对罪名的选择和变更，不仅有利于深化对当下金融活动的理解，也有利于把握刑法罪名体系和司法机关的实际考量因素。

本讲分为三节，第一节由马俊律师主讲，介绍了案件情况和有关的法律文书。第二节由马俊律师主讲，针对不同阶段的文书中的关键信息进行分析。第三节由王新教授总结，综述并延伸了相关知识要点。

* 马俊，北京大成律师事务所刑事业务专业委员会理事；北京大成（太原）律师事务所管委会主任；山西省律师协会副会长。

** 王新，北京大学法学院教授，博士生导师。

第一节 基本案情和文书展示

这里要介绍的案例,历经了逮捕、侦查、审查起诉程序,目前进入到审判阶段。律师在这几个阶段都做了不可或缺的工作。在短短几个月中,该案就经历了司法机关所做的三次罪名的变更。在办案过程中,对《提请批准逮捕书》、《起诉意见书》和《起诉书》等关键文书的分析是阅卷工作的“重头戏”,因为它们是办案人员将案件整理、分析和归纳后总结的对被告人追究刑事责任的文书,既是目前办案结果的基本范围又是下一步刑事诉讼程序的重要依据。而提炼这些文书的关键信息并进行比对,才能摸清案件脉络,感受司法机关在定性过程中的逻辑思路和背后社会因素的考量,从而确定辩护思路。接下来我们根据有关文书中的关键信息来分析本案曲折的定性过程。

一、案件基本情况

X 公司 × 市分公司通过多种渠道对 Y 公司的 P2P 贷款业务进行宣传,后 X 公司 × 市分公司将收集到的贷款客户信息通过其总公司 X 公司提供给 Y 公司。Y 公司负责匹配借贷人并通过某银行资金存管系统为借款人、贷款人提供贷款管理服务。需要注意的是,X 公司、Y 公司系同一法定代表人。

二、不同阶段司法文书内容展示

《提请批准逮捕书》、《起诉意见书》和《起诉书》的内容奠定了本案分析的基础信息,需要仔细阅读。与本课有关的具体内容如图 1、图 2 和图 3 所示。

> 经依法侦查查明：X公司与X公司×市分公司自成立以来，采取发放卡片、在微信朋友圈发布广告、同行互相推荐等方式，向社会不特定人群进行小额贷款业务的宣传，在收集贷款客户信息后，由该分公司为借款人、出借人提供贷款服务，进行逾期贷款的催收等工作。经查，其业务以非法占有为目的，以无须抵押、放款迅速等理由吸引借款人借款，在签订借款合同时隐瞒合同费率内容，通过签订实际借款少于合同约定借款数额的虚假借款同，向客户骗取高额咨询费、服务费、资管费以及保险费等费用。从2016年1月至2018年8月31日，上述公司以此“套路贷”方式共向社会不同层次人员发放3100笔金额不等的贷款，成交合同金额3433余万元，非法获利700余万元，范围涉及×市辖区17个县市。

图1 《提请批准逮捕书》中事实认定部分

> **三、主要犯罪事实**
>
> 根据犯罪嫌疑人供述和借款客户的指证，并多次赴上海总部X公司调查，办案人员逐步梳理清楚X公司×市分公司及其关联公司的工作架构和工作模式。现依法侦查查明，X公司×市分公司收集贷款客户信息后，将信息通过X公司提供给Y公司，某银行为Y公司提供资金存管账户，Y公司负责匹配借贷人并通过某银行资金存管系统为借款人、贷款人提供贷款管理服务。X公司、Y公司系同一法定代表人顾某，两公司名义上各自独立、各自开展业务，实质上两公司相互关联，系顾某为开展违法犯罪活动设立的公司。
>
> **（一）非法经营罪**
>
> X公司、Y公司经营范围为经济贸易咨询、会计咨询、企业管理咨询，不含金融业务，但该公司在未经批准备案的情况下，违规开展金融业务。X公司与X公司×市分公司采取发放宣传单、在微信朋友圈发布广告、同行互相推荐等方式对P2P贷款业务进行宣传，由Y公司违规向社会不特定人群发放××贷、××贷、××贷等，并向客户收取高额咨询费、服务费、资管费以及保险费等费用。该公司从2016年1月至2018年9月10日，扮演贷款中介的角色，共向社会不同层次人员发放3100笔金额不等的贷款，成交合同金额3433余万元，范围涉及×市辖区17个县市。

（二）非法吸收公众存款罪

依法对犯罪嫌疑人采取逮捕措施后，我局办案人员在调查 X 公司、Y 公司的资金流向时，发现 Y 公司存在非法吸收公众存款的犯罪事实。Y 公司自成立以来，为注册会员提供借贷信息咨询服务，并收取手续费。2017 年 10 月 8 日后，Y 公司以提供贷款信息咨询为名，设立网站、印发名片、制作广告，向社会不特定公众公开宣传 P2P 贷款项目，以高额利息为诱饵吸引 1096 名投资者在其网站注册出借信息并将出借资金存入 Y 公司指定的资金存管账户，通过取得出借人授权等方式实际控制该资金池，吸收存款形成 47,334,500 余元的巨大资金池，严重扰乱金融秩序，涉嫌非法吸收公众存款罪。

图 2 《起诉意见书》中事实认定部分

经依法审查查明，顾某以犯罪为目的设立 X 公司、Y 公司，为 X 公司、Y 公司法定代表人，两公司名义上各自独立、各自开展业务，实际上，由顾某直接控制非法吸收公众存款，以开展咨询服务、收取服务费的名义赚取利润。Y 公司 2016 年成立，开展贷款信息咨询服务，顾某安排公司职员通过设立网站、投放广告、印发名片等方式，向社会大肆宣传 P2P 项目。Y 公司以 P2P 项目为诱饵，设定年化利率 6% ~10% 的高额利率，通过其在某银行设立的资金存管账户，吸收社会公众存款，后将吸收的存款匹配给 X 公司贷款人，用于发放贷款。

2017 年 10 月至 2018 年 9 月，苗某某、谢某某作为公司业务经理，吸引王某某、段某某等 1096 名不特定人群在其网站注册出借信息并将出借款项打入 Y 公司指定的银行资金存管账户。同时，为扩大业务范围、快速获取利益，顾某、谢某某、苗某某以提高贷款匹配效率、操作方便等理由，骗取出借人签下授权协议，将操作存管账户的权限交予顾某。从表面上看，Y 公司仍按规定使用资金存管账户，然而顾某已经实际控制该账户内资金，形成资金池从事非法吸收公众。

图 3 《起诉书》中事实认定部分

这些文书反映了该案起初以诈骗罪立案，随着证据材料的丰富，罪名在侦查阶段变更为非法经营罪，到最后又以非法吸收公众存款罪被移送法院的过程。这些罪名的不断变更及定性是否恰当？律师在此过程中如何分析案件并开展辩护工作？

第二节 对不同阶段文书的分析

一、捕前辩护之关于诈骗罪的辩护

会见当事人后，我们立刻发现本案不可能涉嫌诈骗罪，因为本案中的涉案公司仅为出借人和借款人搭建信息平台并提供中介服务，出借款项的一方均为真实存在的自然人。涉案公司除了赚取合理的中介费用外，未非法占有任何他人财物。我们据此很快向批捕机关提交书面法律意见书。这个过程离不开对有关文书信息的批注如图4所示。

> 经依法侦查查明：X公司与X公司×市分公司自成立以来，采取发放卡片、在微信朋友圈发布广告、同行互相推荐等方式，向社会不特定人群进行小额贷款业务的宣传，在收集贷款客户信息后，由该分公司为借款人、出借人提供贷款服务，进行逾期贷款的催收等工作。经查，其业务以非法占有为目的，以无须抵押、放款迅速等理由吸引借款人借款，在签订借款合同时隐瞒合同费率内容，通过签订实际借款少于合同约定借款数额的虚假借款同，向客户骗取高额咨询费、服务费、资管费以及保险费等费用。从2016年1月至2018年8月31日，上述公司以此"套路贷"方式共向社会不同层次人员发放3100笔金额不等的贷款，成交合同金额3433余万元，非法获利700余万元，范围涉及×市辖区17个县市。

图4 对《提请批准逮捕书》中关键信息的批注版

此文书对诈骗罪的犯罪事实描述得非常清晰，即以非法占有为目的通过隐瞒合同费率等方式签订虚假合同，向客户骗取高额咨询费等费用，并将该模式概括为"套路贷"。我们逐步分析下其中的关键信息。

（一）关键信息："以非法占有为目的"

整理在案证据后我们发现，涉案的《服务协议》均系按照借款客户和涉案公司的真实意愿签署的，涉案《借款协议》均系出借人与借款人双方自愿签订的。借款客户在签订借款协议后均按照合同约定如期足额收到了借款。也就是说，本案中的涉案借款均为自然人之间发生的民间借贷款项。涉案公司只赚取合理的服务费用，并不存在任何非法占有他人财物的目的和行为。

（二）关键信息："签订虚假合同"

如果行为人是在签订、履行合同中进行诈骗，也并不涉及诈骗罪的问题，而应考虑是否成立合同诈骗罪。这是本案公安机关在初步定罪时的一大失误。当然，根据之前的分析，本案也并不存在签订虚假合同问题。

（三）关键信息："套路贷"

“套路贷”的几个特征是：制造民间借贷假象，制造资金走账流水等虚假给付事实，故意制造违约或者肆意认定违约，恶意垒高借款金额，软硬兼施索债。这个案子符合以上特征吗？首先“隐瞒费率”这一点看似符合“套路贷”中“恶意垒高借款金额”的特征。但涉案借款客户的借款金额实际上是双方认可的，借款人并未产生错误认识。每个客户的签约全程均在公司的签约室内完成，且有全程拍摄的视频记录，客服人员将合同约定内容全盘告知客户。第二个关键信息是，“实际借款金额少于借款数额”，这个也疑似“套路贷”的“恶意垒高借款金额”这一特征。但公安机关的初步调查发现，X 公司 × 市分公司、Y 公司收取的服务费用分两种情况：一为按月由借款人再行支付服务费用；二为先行扣除，即将出借款项扣除服务费用后的剩余款项足额支付至借款人指定账户。也就是说，部分资金流水少于合同金额的情况是因为已先行扣除了服务费用。而其他“套路贷”的 4 个特征，涉案公司更是从未涉及。所以涉案公司显然不符合“套路贷”的行为特征。

综上所述，公安机关立案时定性的诈骗罪名显然不够准确。我们的上述捕前辩护意见也得到了检察机关的充分采纳。捕前辩护的工作圆满完成。

二、诉前辩护之非法经营罪的辩护

检察院在批捕时将涉案罪名变更为非法经营罪的定性依据是：“发放贷

款”、“对 P2P 业务进行宣传”和“未经批准备案开展金融服务”。具体如图 5 所示。

> **(一) 非法经营罪**
>
> X 公司、Y 公司经营范围为经济贸易咨询、会计咨询、企业管理咨询,不含金融业务,但该公司在未经批准备案的情况下,违规开展金融业务。X 公司与 X 公司 × 市分公司采取发放宣传单、在微信朋友圈发布广告、同行互相推荐等方式对 P2P 贷款业务进行宣传,由 Y 公司违规向社会不特定人群发放 × × 贷、× × 贷、× × 贷等,并向客户收取高额咨询费、服务费、资管费以及保险费等费用。该公司从 2016 年 1 月至 2018 年 9 月 10 日,扮演贷款中介的角色,共向社会不同层次人员发放 3100 笔金额不等的贷款,成交合同金额 3433 余万元,范围涉及 × 市辖区 17 个县市。

图 5 对《起诉意见书》中关键信息的批注版

(一) 关键信息:“发放贷款”

首先我们要分析涉案公司是否存在放贷行为,其次我们要判断放贷行为是否涉嫌非法经营罪。涉案公司在涉案借款中充当中介角色,并非借款款项的出借人,不存在放贷行为。退一步讲,假设涉案公司确实存在放贷行为,那么是否就一定构成非法经营罪呢?

非法经营罪,是指自然人或单位,违反国家规定,故意从事非法经营活动,扰乱市场秩序,情节严重的行为。非法经营罪在《刑法》第 225 条被明确分为 4 种行为形态:“(一)未经许可经营法律、行政法规规定的专营、专卖物品或者其他限制买卖的物品的;(二)买卖进出口许可证、进出口原产地证明以及其他法律、行政法规规定的经营许可证或者批准文件的;(三)未经国家有关主管部门批准非法经营证券、期货、保险业务的,或者非法从事资金支付结算业务的;(四)其他严重扰乱市场秩序的非法经营行为。”本案中的放贷行为显然不属于前三种行为形态,因此需要重点讨论是否符合兜底条款。

非法经营罪成立的前提是违反国家规定。《关于规范整顿“现金贷”业务的通知》第 1 条第 1 项规定:“设立金融机构、从事金融活动,必须依法接受准入管理。未依法取得经营放贷业务资质,任何组织和个人不得经营放贷业务。”这个规定属于国家规定吗？最高人民法院发布的《关于准确理解和适用刑法中“国家规定”的有关问题的通知》中明确规定：“‘国家规定’是指，全国人民代表大会及其常务委员会制定的法律和决定，国务院制定的行政法规、规定的行政措施、发布的决定和命令。”显然，上述规定因为是互联网金融风险专项整治工作领导小组发布的，不属于国家规定，而放贷行为并未有任何法律、行政法规及司法解释予以禁止。

此外，最高人民法院《关于准确理解和适用刑法中“国家规定”的有关问题的通知》还明确提道：“对被告人的行为是否属于刑法第二百二十五条第（四）规定的‘其他严重扰乱市场秩序的非法经营行为’，有关司法解释未作明确规定的，应当作为法律适用问题，逐级向最高人民法院请示。”也就是说，法院若想以此罪名定一些模糊地带行为的罪，应当逐级向最高院请示。我们与承办检察官沟通时提到了这个规定，但检察官表示，这是最高人民法院的规定，检察院不受此约束。因此我们又拿出了最高人民检察院在 2018 年 11 月 25 日发布的《办理涉民营企业案件的 11 个执法司法标准》作为辩护理由，重点援引了这一内容：“对民营企业的经营行为，法律和司法解释没有作出明确禁止性规定的，不得以非法经营罪追究刑事责任。”

那么我国法院有没有过逐级请示放贷行为是否构成非法经营罪的情况呢？2012 年 2 月 26 日，最高人民法院《关于被告人何伟光、张勇泉等非法经营案的批复》指出：“我院经研究认为，被告人何伟光、张勇泉等人发放高利贷的行为具有一定的社会危害性，但此类行为是否属于刑法第二百二十五条规定的‘其他严重扰乱市场秩序的非法经营行为’，相关立法解释和司法解释尚无明确规定，故对何伟光、张勇泉等人的行为不宜以非法经营罪定罪处罚。”所以当时最高人民法院对此问题实际上是盖棺定论了。

（二）关键信息：“对 P2P 业务进行宣传”

2016 年 8 月 24 日银监会发布的《网络借贷信息中介机构业务活动管理暂行办法》第 10 条规定：“……（四）网络借贷信息中介机构不得从事或者接受委托从事下列活动：自行或委托、授权第三方在互联网、固定电话、移动电话等电子渠道以外的物理场所进行宣传或推介融资项目。……”本案中，涉案公司确实从事了线下推广行为。那么 P2P 公司从事线下推广就能被认定为非法经营罪吗？不能，还需查明是否有相关司法解释作了明确规定。经查我们发现并无关于这样内容的规定，所以该行为不能认定为非法经营罪。

（三）关键信息："未经批准备案开展金融服务"

中国银监会办公厅、工业和信息化部办公厅和工商总局办公厅发布的《网络借贷信息中介机构备案管理登记指引》第3条第1款规定：新设立的网络借贷信息中介机构在依法完成工商登记注册、领取企业法人营业执照后，应当于10个工作日内向工商登记注册地地方金融监管部门申请备案登记。网络借贷信息中介机构设立的分支机构无须办理备案登记。中国银监会、工业和信息化部、公安部和国家互联网信息办公室《网络借贷信息中介机构业务活动管理暂行办法》第5条第1款规定："拟开展网络借贷信息中介服务的网络借贷信息中介机构及其分支机构，应当在领取营业执照后，于10个工作日以内携带有关材料向工商登记注册地地方金融监管部门备案登记。"备案是否必需呢？适用法律法规的过程中，一定要注意法律位阶问题。第一个规定的发布主体中有的是第二个规定发布主体的下设部门，显然第一个规定的法律位阶较低。而且第二个规定发布时间较晚，显然新法优于旧法。可见此处备案是法定义务。

应该备案但涉案公司又没有备案，这种行为就一定构成非法经营罪吗？当然不是。上述关于从事网络借贷信息中介服务需要备案的条文出自部门规章，根据之前所述规定，部门规章并非《刑法》中的"国家规定"，所以未备案登记行为而从事网络借贷信息中介服务不构成非法经营罪。

我们律师经分析整理出了上述观点之后，形成了详细的《法律意见书》并附上了相关的法律规定，数次与承办检察官见面沟通，最终收获了期待的结果。

三、庭审辩护之非法吸收公众存款罪名的辩护

《提请批准逮捕书》之中"向社会不特定人群进行小额贷款业务的宣传"这句话表明了一点，就是涉案公司进行了公开宣传，这实际上是符合非法吸收公众存款罪罪名特性的。觉察到这点之后我们要在第一时间提醒并告知委托人涉案行为有构成非法吸收公众存款罪罪名的可能，让其做好心理准备。

《起诉书》对非法吸收公众存款的过程作了详细的事实描述。其中关键信息之一为“资金池”。另外,《起诉书》强调了涉案公司的业务模式符合非法吸收公众存款罪罪名的特性,即公开性、非法性、利诱性、不特定性。具体内容如图 6 所示。

> 经依法审查查明,顾某以犯罪为目的设立 X 公司、Y 公司,为 X 公司、Y 公司法定代表人,两公司名义上各自独立、各自开展业务,实际上,由顾某直接控制非法吸收公众存款,以开展咨询服务、收取服务费的名义赚取利润。Y 公司 2016 年成立,开展贷款信息咨询服务,顾某安排公司职员通过设立网站、投放广告、印发名片等方式,向社会大肆宣传 P2P 项目。Y 公司以 P2P 项目为诱饵,设定年化利率 6% ~10% 的高额利率,通过其在某银行设立的资金存管账户,吸收社会公众存款,后将吸收的存款匹配给 X 公司贷款人,用于发放贷款。
>
> 2017 年 10 月至 2018 年 9 月,苗某某、谢某某作为公司业务经理,吸引王某某、段某某等 1096 名不特定人群在其网站注册出借信息并将出借款项打入 Y 公司指定的银行资金存管账户。同时,为扩大业务范围、快速获取利益,顾某、谢某某、苗某某以提高贷款匹配效率、操作方便等理由,骗取出借人签下授权协议,将操作存管账户的权限交予顾某。从表面上看,Y 公司仍按规定使用资金存管账户,然而顾某已经实际控制该账户内资金,形成资金池从事非法吸收公众。

图 6 对《起诉书》中关键信息的标注版

(一)关键信息:“资金池”

在 P2P 投资中,“资金池”已经成了一个最令人胆寒的问题。那么形成资金池”就一定构成非法吸收公众存款罪吗?本案有没有形成“资金池”?在此先要介绍一下“资金池”的有关运作模式,并以此分析本案有关问题。

1.“资金池”的定义及形成原因

投资者的资金先流入平台指定的账户,然后再去匹配项目。这两个行为之间的时间差里,资金停留在平台账户上,“资金池”就形成了。所以判断“资金池”的标准就是资金流动是否先于信息流动。

P2P“资金池”的形成通常有债权转让运营模式、虚假标、期限错配和挪用资金几种模式。第一,债权转让运营模式,指平台的实际控制人通过平台将自有资金借贷给借款人获得债权,之后将债权包装成一种理财产品通过P2P网络贷款平台向投资者发售。投资者通过购买平台发布的理财产品受让债权。平台便通过债权的拆分与组合,以销售理财产品的方式收集资金,再选择有投资价值的融资需求者进行放贷,获得债权,之后再进行金额与期限的错配。第二,虚假发标,指通过假项目融资,而且可以通过反复发假标的方式,形成“资金池”,并利用这种方式进行到期资金兑付,剩余资金则被挪作他用。第三,期限错配,指一些借款方资金使用时间较长,发标时不受投资者欢迎,平台就通过拆标的方式发布短标,借款第一次到期后,利用同一个项目再次发标,再将资金借给借款企业,用于归还投资人,但借款并未实际归还。第四,挪用资金,指平台采用等额本息的方式,借款方每个月还本付息,但平台只向投资人付息,期满后才归还本金。在此过程中,借款方归还的本金,被平台挪作他用。

2.“资金池”形成后的风险

国家明令禁止“资金池”的形成,因为它存在很多风险。首先是平台卷钱跑路的风险,“资金池”由P2P公司自己控制,如果经营不善公司很可能会卷钱跑路。其次是掩盖坏账的风险,为什么会有这种风险?以期限错配为例,假设借款人有个项目需要使用一年资金,但是某投资人只想投短期的,于是前三个月是此投资人进行投资,以后又有新的投资人进来,他们投资的资金会被先用来还给这个先前的投资人。该过程一直有新钱进来还旧账,从而会掩盖了这个项目的坏账风险。如果这个项目不能按时还钱,平台很有可能涌入大量新钱去还旧账,先前投资者因为一直能收到归还的资金就感觉不到项目存在的风险。平台的庞氏骗局风险的道理是类似的,就是资金一直在“滚雪球”,新钱还旧账,最终的结果就是平台崩盘、关停或平台老板“跑路”。

3.如何规避“资金池”的形成

人们一直在谈论引入资金存管系统来应对这个问题,现在更多的是引进银行存管,即要求平台将投资人的资金存放在指定的银行,并以每个客户名义单独立户管理,商业银行负责资金存取,发挥第三方的监督作用。这就是以保障客户资金安全为目的的资金存管模式。现在很多P2P公司都采用这种模式,这也是目前比较理想的规避“资金池”的模式。

4.本案究竟是否形成了“资金池”

P2P公司只是提供互相借贷的信息,并不持有资金。在这个案件中,涉案公司最初也是严格按照这种模式去做的。但是通过《起诉书》可知，在2017年10月以后，该公司业务经理以提高贷款匹配效率和操作方便等理由，将操作存管账户的权限交予公司职工。从表面上看，Y公司仍按规定使用资金存管账户，然而已经实际控制该账户内资金，形成了“资金池”。

5. 形成“资金池”还不足以入罪

形成“资金池”只是P2P公司构成非法吸收公众存款罪的必要条件，但绝不是充分条件。也就是说，具体是否构成犯罪我们还要结合非法吸收公众存款罪的特性进行分析。

（二）本案是否符合非法吸收公众存款罪的特性？

非法吸收公众存款罪有4个特征。公开性，指通过媒体、推介会、传单或手机短信等途径向社会公开宣传，不特定性，是向社会公众即社会不特定对象吸收资金，这两个特征涉案公司显然已经具备了，不再赘述。非法性，指未经有关部门批准或者进行合法形式吸收资金，显然涉案公司没有经有关部门批准以合法形式吸收资金。利诱性，是指承诺在一定期限内以货币、实物、股权等方式还本付息或者给付回报，《起诉书》中与此对应的是“设定年化利率6%～10%不等的高额利率”。

这个案子乍一看4个特性都符合了，但分析P2P公司的行为是否构成非法吸收公众存款罪还有一个重要标准是涉案主体是否存在自融资金行为。也就是说，P2P公司的融资所得是用于自己的项目或者自己要投的项目吗？本案中，最开始肯定不存在自融问题，所有款项的流转都是直接从出借人到借款人。但后来Y公司实现控制资管账户后，对于款项的实际流向，Y公司已经完全能够控制。所以Y公司是否通过拆分融资项目期限或实行债权转让等方式变相实现自融，还需进一步判断。这里值得注意的是2017年最高人民检察院《关于办理涉互联网金融犯罪案件有关问题座谈会纪要》中的表述：“特别要注意识别变相自融行为，如中介机构通过拆分融资项目期限、实行债权转让等方式为自己吸收资金的，应当认定为非法吸收公众存款。”本案符合这种情况，构成非法吸收公众存款罪争议不大。补充一句，基层的司法机关在办案过程中十分看重明文规定的指引作用，像会议纪要这一类的文件就有重要的参考价值，因为它们是最高司法机关发布的权威意见。

综上所述,检察机关将本案指控为非法吸收公众存款罪是有事实和法律依据的。因此在庭审前,我们发现在罪与非罪区别空间很小的情况下,就需要和当事人进行充分沟通,阐述不同辩护方案带来的不同后果,将辩护方向转向量刑辩护。

四、辩护工作总结

律师辩护工作主要分为两部分。第一是分析案卷。优秀的律师要在纷繁复杂的案卷信息中找出主要争议焦点以及要解决的问题。重大案件的案卷数量庞大,而优秀的律师要把它们提炼整理成一个命题,也就是要提炼出指控的最核心的问题,然后再予以反驳。

第二就是分析案件。如果这个案件是重大、复杂、涉众的,那么在案卷以外,还有更多情况需要我们分析。例如,非法集资类案件中有的从法律上讲定罪有一定的困难,但因为资金链断裂,受害人众多,有关机关考虑到社会稳定的需要,通常还是会立案。那么这些案件就不能单单从案卷去分析了。律师只有树立大局意识,综合把握案件,帮助有关部门把社会压力降到最小,办案机关才有足够的动力倾听律师的法律意见。

第三节　知识综述与延伸

这个案子最为典型的特点就是办案机关做的罪名变更,这在打击非法集资犯罪中并不少见。公安机关在最早的立案阶段,在证据不是很扎实的情况下,会倾向于用诈骗类犯罪定性。在打击P2P犯罪过程中,如果老板“跑路”,就以集资诈骗罪立案,如果没有“跑路”就以非法吸收公众存款罪处理。随着证据资料的丰富,法律是允许对过去的定性进行变更的。但是在这个案件中,第二个罪名是非法经营罪,第三个罪名是非法吸收公众存款罪。这两个口袋罪在打击非法集资的过程应该怎么适用,值得我们思考。

公安机关在《提请批准逮捕书》以诈骗罪定性时面临的最大困难,就是诈骗罪成立必须以非法占有为目的。《提请批准逮捕书》里有两个关键点值得斟酌,第一个是签订借款合同,骗取高额的咨询费、资管费、保险费用。但是行为人在签订履行合同中进行诈骗,也不应以诈骗罪立案,而应以合同诈骗罪定性。

《提请批准逮捕书》中的第二个关键点是对非法获利的分析。获利700余万元是业务经营过程中的差价或者收取的费用,难道这个获利就等于非法占有为目的吗?并非如此。所以2018年10月16日的《起诉意见书》改定非法经营罪。以非法占有为目的的事实素材确定不下来,但是这个案子又很有影响力,犯罪嫌疑人确实有应罚性时,办案机关会找一个口袋罪来兜底处理。

检察院按照非法经营罪批捕之后,公安机关在进一步侦查过程中发现很多证据材料,请注意这里出现了一个很重要的关键表述,即未经批准备案而违规开展金融业务。《刑法》第225条规定的非法经营罪有4种行为形态,第三种行为形态里面的金融业务只限于证券、期货和保险,以及资金支付结算。涉案这个金融业务是发放贷款,无法适用这个条款,办案机关只能把目光转向第4项的兜底规定。但是第4项的适用受到两个途径的严格限制:一是最高司法机关通过一些司法解释,把其他非法经营的行为形态细化;二是办案法院要逐级向最高人民法院请示。可见这对于办案机关来说不是一个很方便的处理方式。

《起诉意见书》称本案3100笔的贷款,共计3343万余元的资金是P2P平台融资得来的。可见办案机关发现追究非法发放贷款的下游行为手段存在障碍,如果想继续追究犯罪嫌疑人的责任,就会把视角转移到上游去,深究资金来源的合法性,分析吸收资金的行为是否构成犯罪。《起诉意见书》中与此对应的事实,就是公开宣传P2P项目,利诱1096人,存管账户实际控制资金4733万余元。

值得注意的是,这个事实在《提请批准逮捕书》中是没有的。从无到有,非法吸收公众存款罪的定性呼之欲出。所以在《起诉书》里,13名被告全部以非法吸收公众存款罪被起诉。这个罪名变化过程中涉及一些重要的观念:非法经营罪是经济犯罪的口袋罪,非法吸收公众存款罪是非法集资的口袋罪,它们都是实务中打击犯罪的利器。

非法经营罪与非法吸收公众存款罪之间如何区别?它们一个是经济犯罪的大口袋罪,另一个是非法集资的小口袋罪,非法经营罪的外延毫无疑问更大。不过,司法解释和层报程序的限制会使该罪兜底条款的适用变得很困难。在打击非法集资的案件中,非法经营罪并非必然缺席,但是从现实操作层面看只有一种可能性:未经批准以私募基金的渠道融资。

而要将未经批准以私募基金的渠道之外的融资方式入罪,只能依靠非法吸收公众存款罪这个“清道夫”。在《起诉意见书》的第二部分中,又出现了符合非法吸收公众存款罪的素材。实际上,本案的融资款经退还本金之后,还有数额不小的资金黑洞,这就是本案涉及罪名的社会危害性的体现,是办案机关重点的关注对象。所以综观全案,办案机关起初要以行为人触犯诈骗罪为由进行打击,但非法占有目的没有办法确定,定非法经营罪又存在上述困难,所以只能把目光转向非法吸收公众存款罪。这个案子再次凸显了非法吸收公众存款罪在非法集资罪名体系中的司法现状和定位,这是由两点决定的:一个是规范,另一个是司法观念。

最后说说案件之外因素的问题。非法集资犯罪具有双重属性,它不仅是一个单纯的金融犯罪,还是一个涉众型的犯罪。涉众型犯罪同社会效果、政治效果联系在一起,所以在这个案子的处理过程中可能有很大的压力源于此方面。投资人血本无归,会采取激烈的手段要求挽回损失,会引发上访甚至群体性事件。这些都是办案机关不能回避的问题。

所以,一个刑事案件的办案效果是法律效果、社会效果和政治效果的统一。法律效果指的是在法律范围内解决好规范适用的问题,但是我们不能只把眼光停留在这一层,还要考虑案件的政治效果和社会效果。因此在实践中,就法律人而言,在法律规范中选择合适的术语来表达对于政治效果和社会效果的重视和思考,就是一项必备技能。

第十讲

金融科技创新中的刑法风险

肖　飒[*]　王　新[**]

课程概述：当今的金融科技创新活动从某种程度上看是本土的民间金融与互联网的叠加，形成了一个边界模糊的涵盖“金融＋科技”的新概念。然而网络借贷P2P平台问题频发，表明互联网金融在近年面临着严峻挑战，其中刑事法律风险更是悬在金融科技创新头上的“利剑”。为维护金融秩序和财产安全，也为了促进这类金融业务的发展更加健康化和规范化，有关的法律人应该对这里的刑法红线有深刻的认知和把握。

本讲分为三节，第一节由肖飒律师主讲，主要讲述金融科技创新过程中存在可能涉嫌的非法经营罪风险。第二节由肖飒律师主讲，主要讲述金融科技创新过程中存在可能涉嫌的侵犯公民个人信息罪风险。第三节由王新教授总结，综述并延伸了相关知识要点。

* 肖飒，北京大成律师事务所总部合伙人，北京大成律师事务所金融犯罪辩护委员会副主任。

** 王新，北京大学法学院教授，博士生导师。

第一节 金融科技创新中的非法经营罪风险

一、案情介绍和问题指引

王某从天使投资人处得到一笔资金之后,在公司股东的建议下组织开发了一些 APP,将股东的资金用于放贷。很快,资金池里面沉淀了数额高达几亿元的现金。在后续的催收环节,专门的催收公司并没有上门催收或者使用暴力的催收手段,只是电话催收。借款人在借款时会授权王某的公司读取通信录,如果借款人逾期还款,催收公司就会联系通信录上的人,以此督促借款人还款。

王某的资金来自股东,并没有向社会不特定人吸收资金。但其在没有金融牌照的情况下违法放贷,并通过电话方式催收的行为如何定性存在争议。这就存在涉嫌两个罪名的风险:第一,非持牌机构非法放贷行为是否构成非法经营罪?第二,放贷人将逾期人员的通讯录信息提供给催收公司的行为,是否构成侵犯公民个人信息罪?

二、非法经营罪风险

(一)有关的法律规定梳理

如何区分“违反国家规定”和“违反国家有关规定”呢?根据《刑法》第96条的规定可知,违反国家规定,是指违反全国人民代表大会及其常务委员会制定的法律和决定,国务院制定的行政法规、规定的行政措施、发布的决定和命令,在此并不包括地方性法规和部门规章。但是“违反国家有关规定”的适用范围更大,即除了上述法律、行政法规等外,还包括部门规章。可以看出,以“违反国家规定”为基础的非法经营罪的入罪门槛比较高。

在本案的起诉意见书中,办案机关认定犯罪嫌疑人的行为属于非法发放贷款行为的依据,是《中国人民银行办公厅关于以高利贷形式向社会不特定对象出借资金行为法律性质问题的批复》、《银行业监督管理法》及《非法金融机构和非法金融业务活动取缔办法》。后两个文件毫无疑问属于"国家规定",但是第一个文件只是中国人民银行出具的一个批复,本身并不在"国家规定"的范围之内。那么,违反了"国家规定"就一定构成犯罪吗?并非如此。判断某一行为是否构成非法经营罪,我们首先要分析行为是否符合《刑法》第225条中规定的前三项,如果都不符合再看最后一项"其他严重扰乱市场秩序的非法经营行为"有无适用的可能。

《刑法》第225条第4项中的"其他严重扰乱市场秩序的非法经营行为"是有既定范围的,这是为了防止此罪被司法机关滥用。《刑法》第225条所保护的法益不是个人权利,而是国家的市场管理秩序。最高人民法院《关于准确理解和适用刑法中"国家规定"的有关问题的通知》第3条规定:"……对被告人的行为是否属于刑法第二百二十五条第四项规定的'其他严重扰乱市场秩序的非法经营行为',有关司法解释未作明确规定的,应当作为法律适用问题,逐级向最高人民法院请示。"因此,没有相关司法解释作为依据,法院不能直接认定非法发放贷款的行为构成非法经营罪,若有争议,应当层报最高人民法院解决。

此外,最高人民法院曾在2012年2月26日的《关于被告人何伟光、张勇泉等非法经营案的批复》中指出:"被告人何伟光、张勇泉等人发放高利贷的行为具有一定的社会危害性,但此类行为是否属于刑法第二百二十五条规定的'其他严重扰乱市场秩序的非法经营行为'相关立法解释和司法解释尚无明确规定,故对何伟光、张勇泉等人的行为不宜以非法经营罪定罪处罚。"根据该批复内容可知,非法发放贷款行为不宜定为非法经营罪。但最高人民法院这份批复并没有经过《最高人民法院关于司法解释工作的规定》第25条规定的发布程序而公开,因此该批复不具有普遍的约束效力。不过,根据2009年7月13日最高人民法院发布的《关于裁判文书引用法律、法规等规范性法律文件的规定》第6条的规定,最高人民法院的批复可以作为裁判的说理依据。这就为我们的辩护工作提供了规范的重要参考。

(二)法院对此类问题的观点梳理

对此,我们的看法是:(1)指控当事人违反《刑法》第225条第4项规定,必须有明确的司法解释为依据;(2)在广东、浙江、江苏等地区的高级人民法院已达成非法放贷不构成非法经营罪的共识；(3)已有很多重大、典型案例，未将非法放贷行为认定为犯罪。表 1 列举了部分法院判决中对于非法放贷行为是否构成非法经营罪的观点。

表 1　部分法院判决中对于非法放贷行为是否构成非法经营罪的观点

案号	法院观点	判决结果
四川省高级人民法院(2016)川刑再 2 号	应严格把握《刑法》第 225 条第 4 项的适用范围；未遵循《关于准确理解和适用刑法中“国家规定”的有关问题的通知》第 3 条的规定	撤销四川省绵阳市中级人民法院所作的裁定书以及绵阳市涪城区法院的判决；原审被告人钟某无罪
梅河口市人民法院(2016)吉 0581 刑初 397 号	三被告人非法从事讨债活动的行为不属于刑法规制的非法经营行为	认定了公诉机关指控的其他事实和罪名，没有认定非法经营罪
茂名市茂南区人民法院(2014)茂南法刑初字第 163 号	行为未违反《刑法》所称的“国家规定”，适用法律错误	认定了公诉机关指控的其他事实和罪名，没有认定非法经营罪
广东省高级人民法院(2016)粤刑申字 233 号	应严格把握《刑法》第 225 条第 4 项的适用范围；未遵循《关于准确理解和适用刑法中“国家规定”的有关问题的通知》第 3 条的规定	申诉符合要求，由本院提起再审
镇平县人民法院(2018)豫 1324 刑再 3 号	行为未违反《刑法》所称的“国家规定”，适用法律错误	撤销本院(2017)豫 1324 刑初 399 号判决；原审被告人周某某无罪
浙江绍兴市中级人民法院(2017)浙 06 刑终 146 号	应严格把握《刑法》第 225 条第 4 项的适用范围；应遵循《关于准确理解和适用刑法中“国家规定”的有关问题的通知》第 3 条的规定	认定了公诉机关指控的其他事实和罪名，没有认定非法经营罪

除了找到类似判例佐证我们的立场外，我们还收集了广东、江苏、浙江地区法院的观点，具体如下：在 2014 年广东高级人民法院将茂名李某某涉黑案发回重审，广州市中级人民法院重审后认为放高利贷行为虽然违法，但不足以认定为非法经营罪；浙江省高级人民法院在其撰写的《关于集资类案件刑民交叉问题的调研报告》中的内容表明，目前以放贷为业的行为尚未被刑法确定为犯罪行为；江苏省高级人民法院在其撰写的《关于当前宏观调控背景下江苏省涉高利贷违法犯罪情况的调研报告》中认为：“个人或单位以自有资金对外发放

高息贷款的行为目前不宜认定构成非法经营罪。”这些观点对于本案甚至是未来类似的案件的辩护工作来说都有重要的参考价值。

第二节　金融科技创新中的侵犯公民个人信息罪风险

如今各家软件公司开发的APP都会从手机上获取一些信息，人们对于这种情况很担忧，所以立法者采取了对公民个人信息360度全方位保护的方式。如今的《网络安全法》就把侵犯公民个人信息的犯罪抬到了很高的地位，就体现了这一点。

一、入罪的前提

根据《刑法》第253条之一的规定，侵犯公民个人信息罪的入罪前提是“违反国家有关规定”。《关于办理侵犯公民个人信息刑事案件适用法律若干问题的解释》第2条规定：“违反法律、行政法规、部门规章有关公民个人信息保护的规定的，应当认定为刑法二百五十三条之一的违反国家有关规定。”这里的关键词就是国家规定，因此对其外延的把握就有很重要的实践意义。

二、“公民个人信息”的刑法定义

《网络安全法》中也对公民个人信息下了定义，但有关内容不多，而刑事法律方面则规定得很细致，比如《关于办理侵犯公民个人信息刑事案件适用法律若干问题的解释》第1条就规定：“‘公民个人信息’，是指以电子或者其他方式记录的能够单独或者与其他信息结合识别特定自然人身份或者反映特定自然人活动情况的各种信息，包括姓名、身份证件号码、通信通讯联系方式、住址、账号密码、财产状况、行踪轨迹等。”这个详细的列举式规定为办案提供了十分细致的指引。

三、个人信息主体授权的重要性

在金融科技行业有一个说法，从业者使用用户提供的个人信息是合法的，只要对方同意授权,但这种使用不是毫无限制的。按照法律规定,APP 的运营者无权任意将用户手机里的个人信息再提供给第三人,否则可能涉嫌违法犯罪。

四、为合法经营而购买个人信息的行为定性

为了公司的合法经营,推广业务,去购买他人的个人信息的行为也构成犯罪,但这种情形入罪门槛比较高,并非所有的购买行为都是犯罪。《关于办理侵犯公民个人信息刑事案件适用法律若干问题的解释》第 6 条规定:"为合法经营活动而非法购买、收受本解释第五条第一款第三项、第四项规定以外的公民个人信息,具有下列情形之一的,应当认定为刑法第二百五十三条之一规定的'情节严重':(一)利用非法购买、收受的公民个人信息获利五万元以上的;(二)曾因侵犯公民个人信息受过刑事处罚或者二年内受过行政处罚,又非法购买、收受公民个人信息的;(三)其他情节严重的情形。实施前款规定的行为,将购买、收受的公民个人信息非法出售或者提供的,定罪量刑标准适用本解释第五条的规定。"另外,如果涉案个人信息为人身、财产安全方面的高敏感信息,就更有可能触碰刑法红线。实践中的小额贷款公司将借款人个人信息提供给兄弟公司或外部催收公司,甚至转卖给他人,涉嫌犯罪的可能性就非常大。

五、催收的特别问题

催收主体在催收过程中如果使用暴力、软暴力等手段很可能会涉嫌黑社会和恶势力犯罪。电话催收方式一般可以分为两种:第一种是网贷平台催收部门的工作人员负责催收,即自己的催收部门打电话给借款人通讯录中的好友进行催收,这种行为是否构成侵犯公民个人信息罪存在争议。第二种是委托第三方机构进行催收,即擅自将通讯录信息提供给外包的第三方催收公司,则涉嫌侵犯公民个人信息罪。

如果放贷人的客户同意放贷人获取他的通讯录信息,这种情况下放贷人给通讯录中的好友打电话催收构成犯罪吗?对此要具体情况具体分析。给借款人或其父母打电话催收不构成犯罪,但给借款人的朋友或者是其他关系更疏远的人打电话催收就有可能涉嫌犯罪。

在具体案件中,出于为当事人争取较轻的处罚的目的和辩护策略考虑,我们很可能会因为要做非法经营罪的无罪辩护而特意保留侵犯公民个人信息罪的有罪结论。

第三节 知识综述与延伸

我们国家关于保护贷款的罪名的体系包括对借款人设置的骗取贷款罪、高利转贷罪和贷款诈骗罪,以及对银行或其他金融机构单位本身和内部工作人员设立的违法发放贷款罪等。但是这里仍然存在一个法律盲区,发放贷款的行为渠道众多,如何才能对其进行周全和有效的保护呢?对于非法发放贷款,刑法本身没有独立规定为犯罪,但出于打击这种行为的目的,办案机关就需要从外围或者上下游的手段行为来寻找罪名,比如非法吸收公众存款罪、非法经营罪和洗钱罪等。

根据《中国人民银行办公厅关于以高利贷形式向社会不特定对象出借资金行为法律性质问题的批复》,非法发放贷款行为属于非法金融业务活动。根据1998年《非法金融机构和非法金融业务活动取缔办法》的规定,非法金融业务活动是严格禁止的。不过这个批复只是一个行政认定函,开展非法金融业务活动是否成立非法经营罪仍然需要司法机关的进一步介入才能确定,不能简单因为起诉书中出现对这个批复有关内容的援引就认为构成犯罪。

对于非法经营罪适用的限定方式主要有以下两种:第一,入罪的依据必须是“违反国家规定”;第二,对于《刑法》第225条第4项的行为形态外延,通过程序对其进行严格的限制。对于其中“从事其他非法经营活动,扰乱市场秩序,情节严重的行为”的适用,有关司法解释未作明确规定的,应当作为法律适用问题,逐级向最高人民法院请示。而这一请示过程通常耗时较长且批示结果不确定,这就从程序上限缩了它的适用范围。

在本案中认定非法经营罪存在法律规范的障碍,为了追诉非法发放贷款行为,公安机关会将目光投向发放贷款的上游行为,也就是P2P平台吸收资金的融资行为,最后以非法吸收公众存款罪追诉。在本次课程的案例中,被告人王某的资金来源是股东而非社会社会公众，因此不能适用非法吸收公众存款罪。不过本案中，如果股东想通过王某的行为掩饰或者隐瞒特定的犯罪所得或收益，那么王某发放贷款的行为可能涉及洗钱问题。

除上述所提及的罪名外，侵犯公民个人信息罪也进入到司法机关的视野中。放贷人把逾期借款人的通讯录提供给催收公司，这是否构成侵犯公民个人信息罪？

为了保护公民个人信息，《刑法修正案（七）》增设了“非法获取公民个人信息罪”和“出售、非法提供公民个人信息罪”两个罪名。《刑法修正案（九）》则将以上两个罪名合为“侵犯公民个人信息罪”一罪。除了罪名的变更外，更为重要的是本罪的主体由“国家机关或者金融、电信、交通、教育、医疗等单位的工作人员”这一特殊主体改为了一般主体，而且对这些特殊主体实施侵犯公民个人信息的将从重处罚；另外一个变化是将法定最高刑从 3 年有期徒刑提高到了 7 年有期徒刑。这体现出立法者对这类行为严厉打击的态度。

放贷人把逾期人员的通讯录提供给催收公司的行为若成立犯罪，就必须未经被采集人的同意。所以被采集人对信息的流传持什么态度，对提供信息的非法性的认定就非常重要。本案中有一个很重要的事实，即放贷人不需要借款人提供担保，但借款人已经允诺，在逾期不归还贷款时前者可以向通讯录里面的人打电话催收。这种情况在双方之间已经达成了合意，这种合意能不能理解为使用逾期人通讯录里面的信息都是经过逾期人本人同意的？这里面存在很大的辩护空间。比如借款人的通讯录里面可能有1000 多条他人的信息和电话号码，这种情况下把通讯录提供给放贷人，是否意味着这1000 多人也同意把自己的电话等信息提供给放贷人？这必须考察个体和集合体之间的关系。与借款人有血缘关系的、关系特别密切的人，基本可以推定是同意的。但是对于与借款人没有特别亲密关系的人来说，借款人同意把他们的电话号码提供给放贷人，并不意味着这些人也有这样的同意的意思。这个过程当中会涉及定性和定量问题。

需要大家注意的是，2017 年最高人民法院、最高人民检察院《关于办理侵犯公民个人信息刑事案件适用法律若干问题的解释》第 5 条第 1 款第 7 项规定，非法获取、出售或者提供公民个人信息，违法所得5000 元以上就构成犯罪。这里没有对有关信息数量和种类的要求，这就给辩护造成了巨大的困难。

第十一讲

金融机构视角下的非法集资类案件专项法律服务

王　菁[*]　王　新[**]

课程概述：非法集资类刑事案件不仅涉及刑事责任的认定和分配的问题，还涉及许多民商事法律关系，而且还会引发许多风险。在这样的情况下，涉案的金融机构需要的是周全的法律服务，需要的是办案律师熟悉各方面的法律法规，掌握有关金融实践知识，同时对于各类风险有清晰的认识，具备出色的大局观和协调能力。

本讲分为四节，第一节由王菁律师主讲，介绍案件情况。第二节由王菁律师主讲，展示平台融资运作的有关模式和知识。第三节是课程知识互动。第四节由王新教授总结，综述并延伸了相关知识要点。

---

* 王菁，北京大成律师事务所高级合伙人、金融委副主任、金融学院副院长、河北省省律协保委会委员及秘书长。

** 王新，北京大学法学院教授，博士生导师。

第一节　基本案情介绍

2018 年 4 月某农商银行与深圳某网络科技有限公司（以下简称 P2P 公司）签订《合作协议》及《补充协议》，双方约定就农商银行直销银行系统研发、技术支持、运营维护等事项，由 P2P 公司提供技术和咨询服务。

2018 年 5 月主办单位为农商银行，名称为直销银行平台的网站备案成功。6 月，平台正式上线，其主营业务就是在线上为借款双方提供居间交易的中介服务，就是我们常说的 P2P。在这里需要强调的是，该平台从成立至今，平台的经营一直是由 P2P 公司实际控制。8 月初，双方签订补充协议，P2P 公司将自己原有"理财平台"的投资业务直接通过链接的方式转到直销银行平台。

同年 8 月底，银监会正式发文要求农商银行"立即停止开办各种形式的直销银行业务，依法解除与其他机构的合作协议，制定整改计划，限期清理存量业务……"农商银行随即解除《合作协议》及《补充协议》并以双方的名义发布《停止募集资金的公告》。其间，农商银行接 P2P 公司当地警方的协查通知，被告知 P2P 公司实际控制人已被采取取保候审措施，涉嫌罪名为"非法吸收公众存款罪"。

2018 年 9 月初，P2P 公司擅自单方面在直销银行平台上以双方名义发布公告，宣布实施平台良性退出及后续兑付方案。

之后，P2P 公司按照其上述兑付公告，向原平台用户和直销银行平台用户统一按比例逐期开展部分资金兑付工作。经过农商银行催收，已还清的借款涉及资金 3000 余万元，逾期未还，涉及资金 2.4 亿元。在催收过程中，发现 P2P 公司的某些关联企业或其推荐的借款人存在虚构注册地址的情况，农商银行也以合同诈骗为由向其所在地的警方报警。

在直销银行平台宣布良性退出后，平台新老用户（以平台上线日划分）多次聚集闹访，分别冲击过银监会，农商银行所在地省政府、市政府和农商银行，给农商银行造成了非常恶劣的社会影响。

第二节　平台融资运作模式介绍

直销银行不以实体网点和物理柜台为基础，主要通过 ATM、互联网（网站、APP、电子邮件等）、电话等远程通信渠道为客户提供银行产品和服务。目前国内直销银行多为银行的下属部门，没有独立的经营牌照（百信银行除外）。图 1 介绍了几类银行的特点并进行了对比。

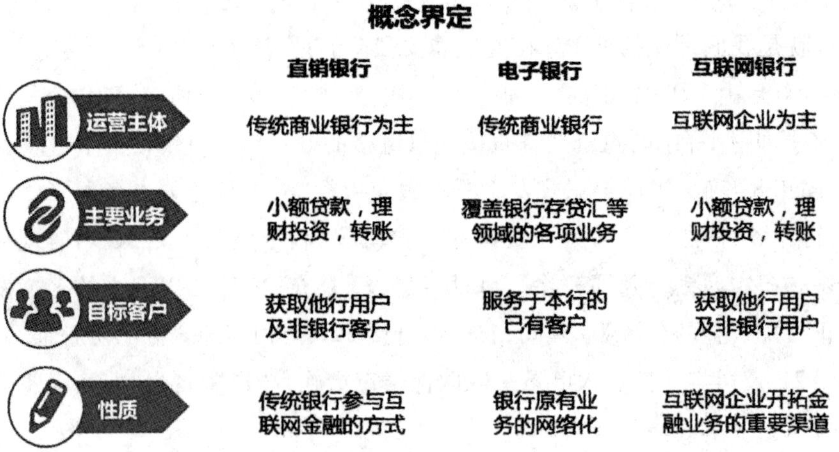

图 1　直销银行、电子银行和互联网银行的特点对比

为什么农商银行要尝试走直销银行这条路呢？根据有关政策和规定，农村金融机构必须要将一定比例的贷款用于支持农业发展。但是农业是基础弱势产业，具有投资风险大、易受经济周期影响、收益率低等特点，因此农商银行不良贷款率近年来一直走高并超过了警戒线。所以，面对严峻的现实，想做出点成绩的农商银行领导人就选择了这个创新模式。但实际情况是，农商银行地处县域，缺乏专业人才，视野和识别力有限，导致其无论是对直销银行还是对 P2P 都知之甚少，更谈不上熟悉运营管理，因此平台的实际操控权就一直握在 P2P 公司手中。遇到问题和纠纷后，农商银行就会十分被动。

一、一对多型借款模式

经整理可知农商银行所谓的直销银行平台操作模式如图 2 所示。

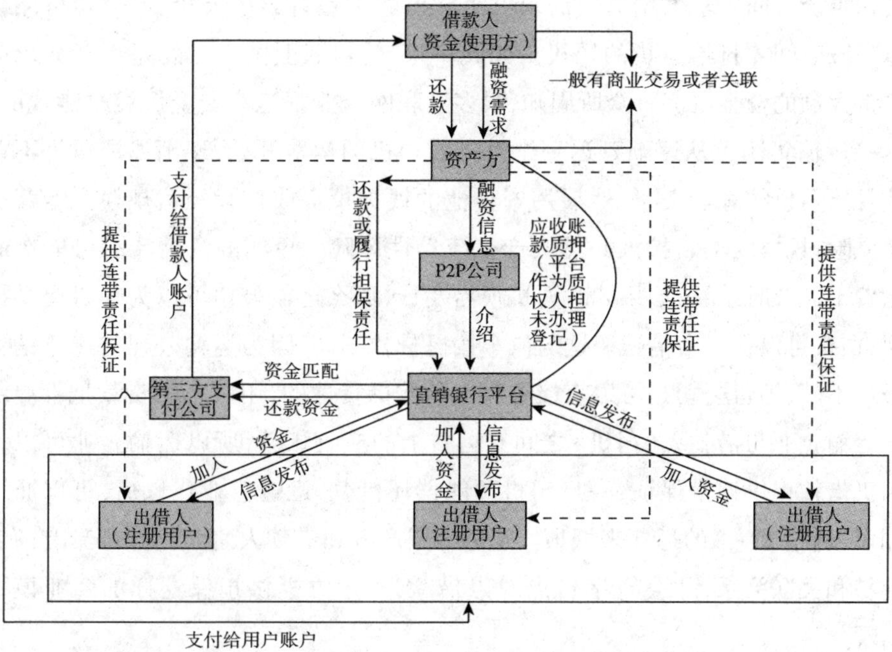

图 2　农商银行直销银行的借款流程(一般类型:一对多)

出借人就是这个平台上的用户,其有了闲钱就可以在这个平台上借出去,得到高于银行定期存款的回报。直销银行平台就相当于搭建在网络上的交易平台。其中 P2P 公司负责提供所有信息,并进行技术维护。资产方是提供借款担保的人,借款人是真正的资金使用人也是服务的终端。

P2P 在实践中的操作比较复杂。首先 P2P 公司手中会有一些资源,也就是资产方。举个例子,从事运输业的主体,无论是个人还是汽车运输公司,在买车的时候如果全款支付,资金压力就会很大。而且从经营的角度看,只有让资金流动起来才能不断地盈利,所以他们往往采取按揭贷款的方式支付汽车价款,这就是杠杆效应。

同学们,金融一定是同经济生活挂钩的。买大型运输汽车是为了运货赚取运费。一些运输公司的车的所有权并不属于运输公司,车本身是由张三、李

四、王五这些个人用按揭贷款购买的。社会上有很多运输的业务都集中在运输公司,但让运输公司一下子买进上百辆车会挤压自己的资金,所以它们就让一些司机把车挂靠在公司名下。每一个司机运完一次的货之后同公司结算,公司再统一同需求方结算。需求方可能已经把钱打给了公司,但公司可能会过一段时间才打给运货的司机。如此一来,公司账上由于时间差逐渐会形成非常大额的资金沉淀。众所周知,很多互联网企业都是靠资金沉淀来赚钱的,这些运输集团也从逐渐延迟一个月支付司机的运费开始,逐渐发展成为不再按月给司机结算运费了,然后用资金池的钱再投资或扩大经营规模。经营总有风险,规模的不断扩大必然会产生流动性风险。短期的资金流动可能造成运费不能及时结算,如果此时司机很需要钱,那么运输公司可以为司机提供担保,司机可以在平台借钱。这与汽车按揭贷款不同,因为运输公司与汽车销售公司不同,销售公司是可以直接做汽车的按揭贷款的,用汽车做贷款抵押。由于运输企业与借款人(司机)之间有运费上的应收账款,所以运输企业可以为司机借款提供连带保证,一旦司机不能偿还借款,运输企业代偿后,可以通过扣司机(借款人)的运费来抵顶。正因为资产方和借款人之间一般都具有商业交易和关联关系,才会有平台点对点借款,资产方提供担保这样的商业模式出现。

这种行业比比皆是。实践中,一些大公司的客户有资金的需求,又不能在银行获得贷款,银行手续非常严苛,信贷审批的授信规模被严格限制,抵押和质押的比例被压得非常低,贷款成本高、周期长、手续繁杂。所以,借款人有了融资需求的信息,就提供给资产方汇集,资产方再提供给 P2P 公司,P2P 公司就把业务介绍给直销银行的平台。直销银行平台就会发布如下信息:哪些个人或企业需要多少资金,可以接受的利率是多少,能在何时归还。平台用户(出借人)在看到这些信息之后有借出资金的意愿的,可以点击有关的借款协议,平台就会生成电子合同。用户通过签署扣划协议,从自己的银行账户上将资金放到平台账户上。接着第三方支付公司通过一系列的授权协议把资金划走,注意这类公司需要持有相应的金融牌照,受监管部门监管。相应资金经过系统里的自动匹配直接进入借款人账户。还款流程是什么样呢?资金使用方,也就是真正的借款人把到期的钱还到资产方手里,资产方直接还到平台公司,平台公司通过第三方支付公司把钱还给所有的出借人,也就是用户。这就构成了出借和还款的体系。这是借款人一对多的模式,这也是最简单的运营模式。

二、多对多型借款模式和法律关系

还有一种多对多的模式,相对复杂一些。具体借款流程如图 3 所示。

多对多的借款有其产生的必然性。现实中平台不可能在撮合完一个借款主体和相应的出借主体,把借款主体需要的资金筹足以后再做下一单,这样的效率太低了。平台会力求做到同时撮合多方,而这则需要大量资金。P2P 公司可以在这个平台上生成一个产品,包含一系列的条款,如果这些购买产品的用户同意,平台可以在一定条件下和一定时间范围内自动将他们匹配给借款人。当然此处生成的法律关系仍然是借款人和出借人的债权债务关系,平台只是居中自动匹配。同一个产品匹配给不同的借款人,而不同的借款人借款到期日不同,如果这个借款人比那个借款人提前到期了,但产品还没有到期,用户不能取回资金,此时平台就会依据之前用户的委托把产品的钱继续投到另外的借款人那里。

但用户在产品到期前想用钱怎么办?在平台已经做了匹配,接手的借款人的借款期限没有到怎么办?此时用户直接向产品平台发申请是赎不回来的,但平台用户很多,假如另外的用户正好也想加入进来,同一单产品的新老用户之间就可以形成债权转让协议,把原来产品生成时的用户债权转让给后来加入的用户。这完全可以通过签订平台的互联网电子协议来实现。后加入的用户受让了这些债权,就把债权转让价款转到了平台上,这个平台就会通过第三方支付公司把转让价款打给原用户。这种匹配方式是特别高效的。为了实现这一点,平台会事先和用户约定,如果用户想出手的时候,只有有人接盘他才能转手。这就是 P2P 产品多对多的运营模式,其模仿的是开放型基金的运作模式。

整体观之,在 P2P 运行模式中的法律关系中,借款人是债务人,用户是债权人,直销银行平台提供了中介服务,第三方支付公司只是对相应的支付提供服务,资产方对债权人提供担保和应收账款质押。整个法律关系可以概括为图 4 中的内容。

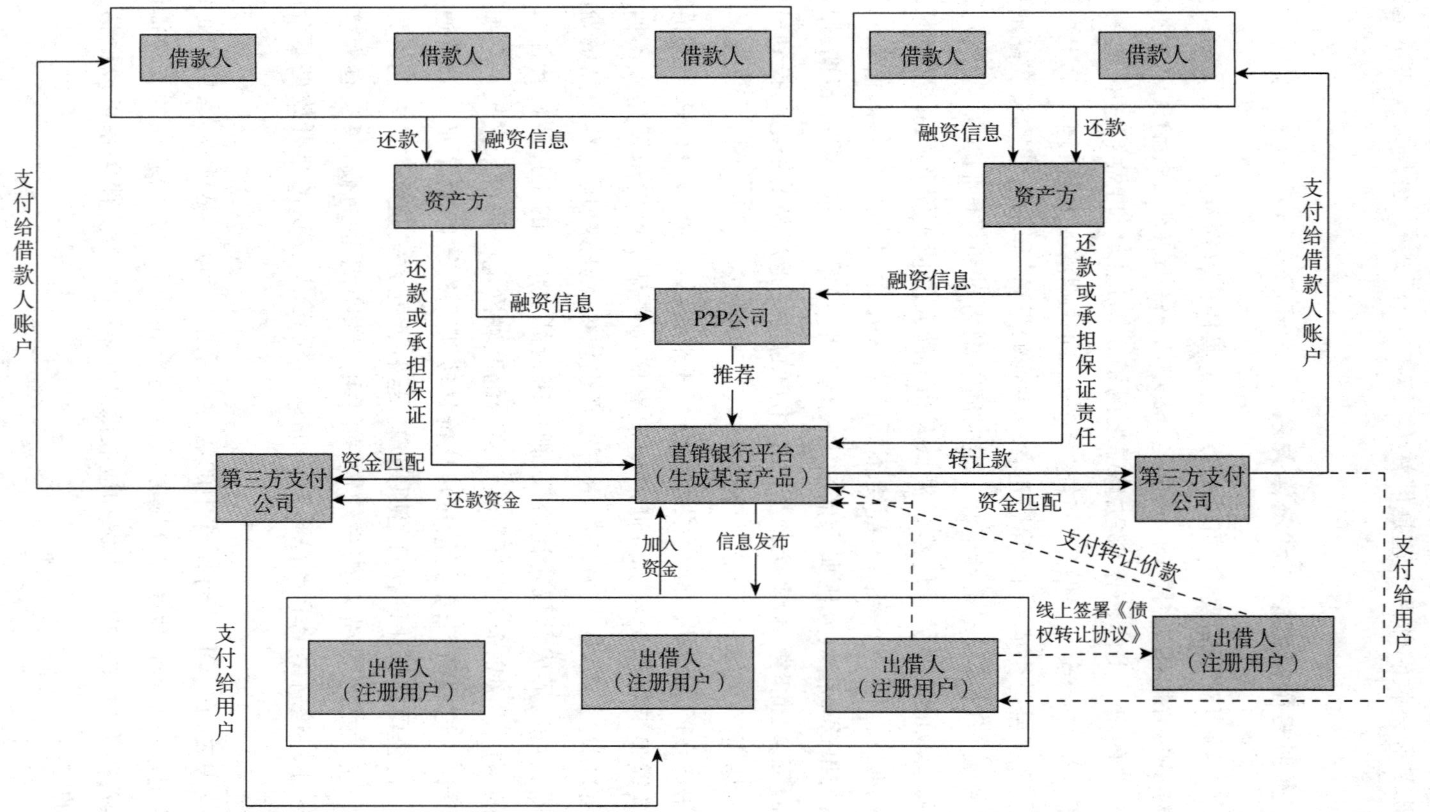

借款人
借款人
借款人
借款人
借款人
还款
融资信息
融资信息
还款
资产方
资产方
支付给借款人账户
还款或承担保证
融资信息
融资信息
P2P公司
还款或承担保证责任
支付给借款人账户
推荐
直销银行平台（生成某宝产品）
资金匹配
第三方支付公司
还款资金
转让款
资金匹配
第三方支付公司
加入资金
信息发布
支付转让价款
支付给用户
线上签署《债权转让协议》
出借人（注册用户）
出借人（注册用户）
出借人（注册用户）
出借人（注册用户）
支付给用户

图3　借款流程（多对多）

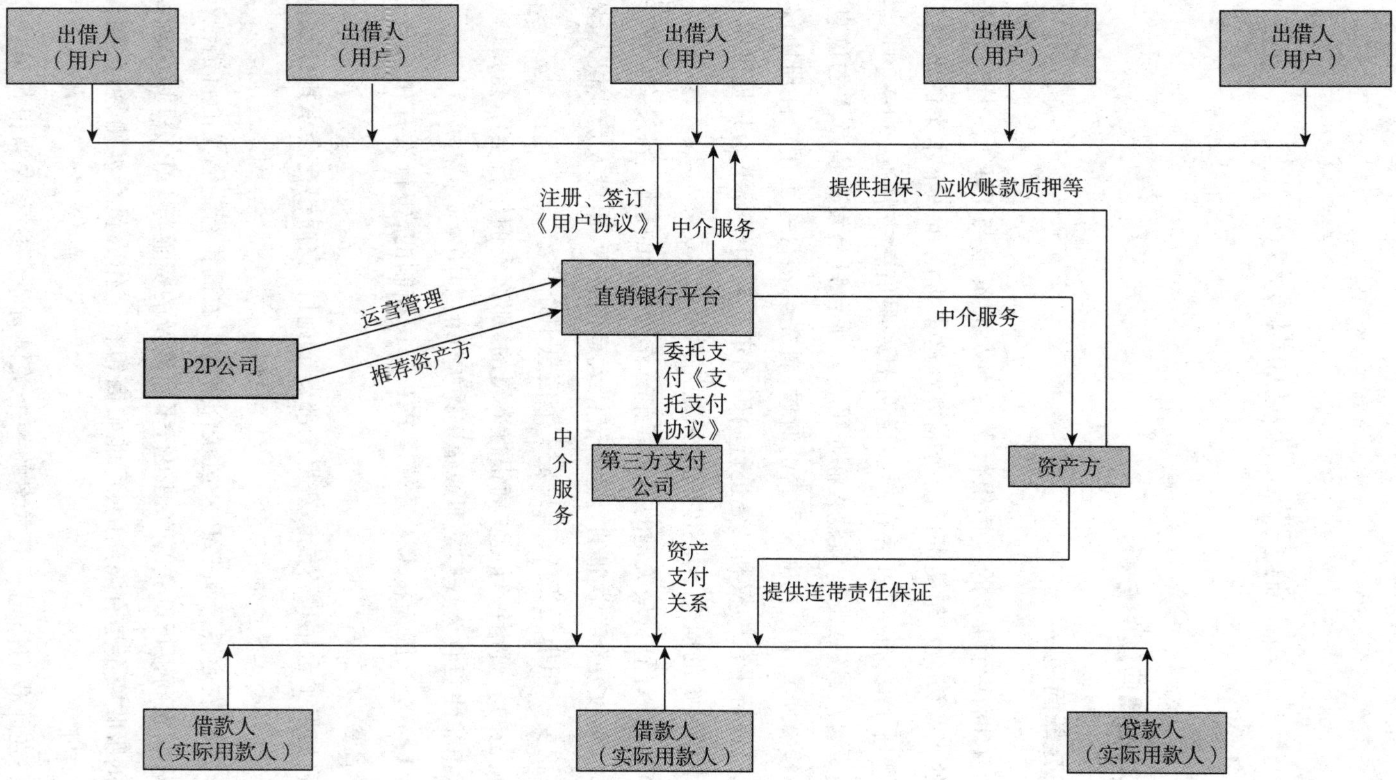
出借人（用户）
出借人（用户）
出借人（用户）
出借人（用户）
出借人（用户）
注册、签订《用户协议》
中介服务
提供担保、应收账款质押等
直销银行平台
运营管理
推荐资产方
P2P公司
中介服务
委托支付《支托支付协议》
中介服务
第三方支付公司
资产方
资产支付关系
提供连带责任保证
借款人（实际用款人）
借款人（实际用款人）
贷款人（实际用款人）

图4　P2P法律关系

第三节　课程知识互动

一、对法律问题的分析

（一）定罪问题

王菁：农商银行设立的直销银行平台涉及的资金与P2P公司原“理财平台”涉嫌的吸收资金及相关责任能否隔离？这里再回顾一下本案的情况以便我们分析。平台发布产品，会在产品说明上说明借款方情况、利率和还款时间。但需要注意，还钱的是借款人而非平台。平台只是发布借款人的信息，并不承诺还钱。所有用户在进入平台的时候，首先会签订一个用户注册协议，对用户和直销银行平台的权利义务进行明确约定。直销银行平台只提供中介服务，对于用户投资的损失不承担责任，只是协助催收。

同学1：可以隔离，最关键的是农商银行作为平台的运营者，没有同P2P公司达成非法吸收公众存款罪的合意。借钱人是债务人，出借人是债权人，农商银行没有说要承担担保责任，其只是一个信息中介。

王菁：是的。直销银行是农商银行下属的，那么农商银行会不会和理财平台一起承担非法吸收公众存款罪或集资诈骗罪的责任？

同学1：不会。因为技术人员都是P2P公司控制的，银行没有和P2P公司形成犯罪合意。

王菁：如果平台用户不能够获得全部资金兑付，农商银行会承担什么样的刑事责任？

同学2：以农商银行和P2P公司联合搭建以农商银行为名义的直销银行平台为节点，如农商银行设立的直销银行平台涉及的资金与P2P公司原“理财平台”涉嫌的吸收资金是有隔离的，可能农商银行工作人员会涉嫌签订、履行合同失职被骗罪。

王菁：在此我们补充一下本案的一个关键背景。这家农商银行虽然有国有背景，但已经改制为股份有限公司了。所以这个问题实际上是不成立的。

(二)其他法律问题

王菁:《借款协议》中约定了出借人授权平台催收、提起诉讼等,农商银行能直接代理对债务人提起诉讼吗?

同学3:他们之间签订了专门的代理协议吗?

王菁:没有。根据民事诉讼的有关规定,如果只授权一个法人来进行代理,这个法人是无法替被代理人起诉的,法院也无法受理。

资产方提供应收账款质押,由农商银行作为质权人,当质权人与债权人不是同一主体的情况下,质权效力问题如何分析?资产方提供应收账款质押,由农商银行作为质权人。应收账款质押要在人民银行征信机构进行登记备案方为有效。但是几万名债权人能否都做应收账款质押?这不现实,登记部门也不会接受这样频繁的行为。所以在P2P当中,应收账款质押到了平台公司的名下,便形成一个新的法律关系。根据《担保法》和《物权法》可知,债权人和质权人或者抵押权人应是同一人。但是从P2P实际的运作过程看,这种同一人的可能性是没有的,这就是金融创新的一种表现。有没有同学想到这和什么商业模式有相似性?

同学4:这种模式有点像公司债券发起时,证券公司作为质权人或者担保权人,形成一种信托结构的情形。本案中,农商银行是作为质权人存在的,但这个质权相当于为出借人而持有的,在广义的信托中扮演受托人的角色。

王菁:非常好。在一般的P2P运作当中会存在一个协议,出借人会授权平台公司,以后者的名义接受应收账款质押。但刚才也说到,《物权法》的规定和这一点并不一致,和金融创新是有矛盾的。这个案件的涉案方连应收账款质押登记都没做,这是无效的,故不享有优先权,而且后续工作中我们发现很多应收账款是假的。

法律没有明确规定债权人和应收账款质押权人不是同一人的情况下如何操作。根据我们查到的判例,其中最高人民法院的判例、北京市高级人民法院的判例,以及南方两个省份的高级人民法院的判例都指出,如果是因为登记部门的原因而无法登记,而质押权就是对应的这笔债权,这很明确,可以认定为有效。但是安徽省高级人民法院直接认定无效,可见在这一问题上两种观点都存在。

农商银行不是P2P公司涉嫌的非法吸收公众存款罪的当事人,其清收回来的资金能否直接还给出借人?

同学5:不能。因为根据信托关系里面的中介服务职能,这些资金应该先归库。

王菁:实际上这些资金还可以继续匹配回去还给出借人,不然整个运营模式就乱套了。到期回笼的资金原路匹配回去是这种模式应有之义。

同学5:不过现在的局面明显是催收回来的金额不足以偿还所有的债务,所以要设置一个比例把钱分配给所有债权人。

王菁:设置比例的依据是什么?

同学5:可以参考破产清算的模式。

王菁:这在实践中会面临很大问题,因为要清算哪些债务人是不清楚的。比较妥当的方案是把资金原路返还回给相应债权人。农商银行是中介方,也可以催收,在这个环节只涉及民事法律关系,因为公安机关没有把这些资金冻结再统一分配。而且到目前为止农商银行只是协助调查人,它继续履行原有的民事关系中的义务不受此影响。

在这里跟大家分享一个办案的细节。在这个事件发生之初,我们向农商银行直接责任领导提议,尽快让P2P公司实际控制人就所有债权承担连带保证责任,否则农商银行就不配合他们做任何的工作。这是心理战的博弈,事实上也取得了一定的效果。如我们所愿,对方承担了连带保证责任。

二、本类案件的其他风险及应对

同学6:据我们了解这类案件的辩护并不仅仅是法律适用的分析,还有很多其他方面的风险,需要律师进行积极应对。这具体包含哪些内容?

王菁:这类案件的辩护成功与否确实不仅仅是法律适用的问题。在此为大家介绍其他几个重要方面的风险及律师的应对思路。

(一)刑事风险

到目前为止,农商银行及所有工作人员均未被公安机关采取任何强制措施,公安机关只对个别人员进行了询问。但在案情未完全明朗时,谁也不能排除涉嫌刑事犯罪的可能,农商银行及各类主管机关均可能因此承担责任,社会信誉也会因此遭受严重损害。所以刑事风险必然是各级领导最为关注和担心的问题。对此我们提出,农商银行要密切关注 P2P 公司当地警方的动态,发动政府等各方力量多角度与当地警方进行沟通交流,加强相互了解,建立畅通的沟通机制。

(二)民事风险

我们预计可能有部分出借人将面临投资难以全部收回的风险。作为中介方,也存在某些义务的瑕疵履行的问题。即便没有中介方过错,也不排除出借人仍然要求中介方承担所谓表见代理、销售误导等各种理由的赔偿责任。对此应当引起注意。

(三)群体性事件风险

众所周知,P2P 的案件基本都会涉及群体性事件。由于用户人数众多,他们已经多次冲击当地政府和农商银行,在当地造成恶劣影响。当地其他县域农商银行也都严阵以待,警惕舆论造成的系统性挤兑风险。这也是各级政府和职能机构共同关注的问题。

面对此类风险,最有效的措施是依靠当地政府、公安和信访部门的力量,做好协调沟通工作,在接待用户时,一是接待地点选择远离农商银行的专门接待地点,对用户分类、分批、分段进行解答接待,防止聚集闹事;二是做好现场秩序维护和取证工作,尽量全程录音录像;三是事先做好预案,对现场工作人员需要进行语言技巧的培训等。

(四)舆情风险

P2P 案件涉及面广,影响力大,如在舆情方面不能妥善处理,势必让我们的委托方更加被动。我们顾问团队提出了如下建议:(1)利用微信公众号及时公布借款收回情况、借款人逾期情况、协助催收情况;(2)与媒体沟通,及时发布信息,澄清谣言和减少对委托人的不利影响;(3)安排专人实时对网络有关舆情进行收集整理,及时发现不良舆论宣传;(4)必要时聘请舆情顾问,依据具体情况及时作出相应处置。

(五)与监管机构、各级政府和委托方等的协调

本案的委托方比较特殊,是一家地方性银行业金融机构。其虽不是国有企业,但由于其自身与农村集体所有制有很深的渊源关系,作为改制后的股份有限公司,其从隶属关系和管理模式等因素上讲仍然具有很强的政府主导性。因此发生此类案件时,要向各级监管机构、省市两级行业主管以及省市县三级政府等予以请示,进行沟通和协调。

1. 监管机构

本案案发的原因就是人民银行发现农商银行系统存在大额资金短期内异常增加,并持续活跃,经了解和发现重大风险隐患而立即介入其中。但对于其要求的停办直销银行,平台退出后如何妥善处理损失后果,监管机构并不会给予过多考虑。在处理过程中,监管机构还要求农商银行以周报和月报的形式汇报进度,考察处置措施是否符合合规等监管要求,避免发生系统性风险。因此,面对监管机构提出的单一性、指标性、合规性的要求,我们在制定方案时就需对各类监管文件的规定多多核查,反复确定合规性,增加预防地域性、系统性挤兑风险提示,引导监管机构主要关注合规性审查,尽可能使其在提出干扰性意见时更为谨慎。

2. 省市县三级政府

首先,农商银行是县域政府大力扶持的金融机构,农商银行的风险直接关系到当地老百姓的钱袋子问题,政府必须确保不能引发地域性金融风险。这是三级政府的首要任务。其次,平台出借人的群体性闹访,也必然影响当地的治安秩序,如不能有效控制,会引起当地老百姓的恐慌。因此各级政府也绝不希望事态失去控制,被无限扩大化。至于民事赔偿数额多少,是否会给农商银行经营带来巨大损失,则不是最重要的问题。因此,律师在参与各级政府联合办公会时和撰写的报告材料中,要突出结果和社会危害,提供处置群体事件的措施和法律依据,打消政府顾虑,促使其积极采取措施,有效遏制群访、闹访事件。同时积极汇报案情进展,引导闹访发生地政府与P2P公司当地政府和警方的沟通,提高两边的重视程度,使P2P公司当地警方对该案能够谨慎处理,不要使对农商银行的不良影响扩大。

3. 委托方及主管机关

我们团队在接手本案专项法律服务工作后，农商银行职工和各级领导、农商银行上级主管机关、农商银行兄弟单位等圈内人士都很关心诸如相关领导会不会担责，农商银行会不会承担所有赔偿责任，农商银行会不会因此而被拖垮等问题。涉案方之外的人的立场和心态各不相同，此时律师的话在他们面前有可能被极端地曲解。所以，我们团队约法三章，除农商银行工作组成员外，对外均以案情尚未了解清楚为由不谈案件信息。

直接经办人员和主管领导最关心的是自己会承担什么样的责任。面对他们的犹疑和顾虑，我们不能一味地只关心自己想要了解的情况，还需要理解他们正在承受巨大的心理压力，尽量多倾听，告诉他们，作为受托方，律师的前途命运和农商银行的利益是一致的。这样一来可以消除他们的顾虑，也更有利于我们尽快了解案件的真实情况，以便采取有效应对措施。

作为农商银行的上级主管机关领导考虑的是案件的真实情况到底如何，下级单位有无隐瞒实情，案件最坏的结果是什么，责任承担主体有哪些，解决问题的途径是什么，以及决策风险控制等。对此我认为要做到以下几点：表明自己的客观立场，以事实为依据，以法律为准绳分析案情，不做无依据的预测；尽量领会领导的目的和要求，协助决策人员捋清思路；注意问题沟通的及时性，预防上下级工作安排意图传导的差异化。

另外，在本案工作中，我们一方面需要深入案情，缕清法律服务思路，另一方面需要实时观察周围各种环境因素的动向，尽量及时发现隐患，尽早作出预案予以防控。除此之外，作为金融业务律师，我们还需了解国家金融监管动态和司法机关在金融犯罪案件中的办案趋势，从大环境上对正在进行中的案件予以方向性把握。律师脑海中有了正确方向，才能更好地对实务中的具体问题进行判断和决策。

第四节　知识综述与延伸

王菁律师通过三张具有鲜明“王菁知识产权”特点的流程图，以直观的方式对P2P运营模式进行了详细的介绍。看这些图表里运营模式的时候,法律人的眼光和商业人员的眼光是不一样的。法律人要看的是框架性的东西,看里面法律关系是如何体现的。

对于这类多重法律关系交织的案件,我们要关注其发展变化的特点。首先,我们可以发现集资参与人和其他主体之间存在拉锯战,对方的阵营是农商银行、资产方、P2P公司和借款人。爆仓早期投资参与人若不能通过民事法律途径追回损失,就可能组织和参与群体性活动,此时政府就会介入案件。多数情况下农商银行要承担一定的责任,在这种状况下如何把本方的责任减到最低限度就很重要。这种状况下,考虑到农商银行同P2P公司的联系,两者之间的问题或可通过民事途径加以解决。这个方案如果没有公安机关经侦部门的介入或者群体性事件的压力,应该是没问题的。

不过后来大家可以看到,群体性事件一旦爆发,政府就会介入,集资参与人要讨回资金,就不会可避免地出现"以刑压民"的情况。按照办案机关的态度,P2P公司基本上就要承担责任,以避免事态恶化。这时P2P公司的命运就是能退则退,能关则关。P2P作为一种新的金融产业,达到了高峰期,又是创新品牌,却要面临这种下场。这就是王菁律师提到的金融中创新不当的恶果。

对于P2P公司的行为可以用非法吸收公众存款罪或者集资诈骗罪来规制。而农商银行应该承担的责任要具体分析。第一个问题是,农商银行要不要承担刑事责任?正如大家所说,本案存在着犯意联系的问题。关于这点有一个非常重要的时间分割点需要大家关注,这个时间分割点就是监管机构介入后喊停一切直销银行业务,农商银行发出公告。这意味着农商银行自此开始已经要把所谓的带有创新性的直销银行业务停止了。但后来P2P公司依然发了一个双方声明的兑付公告,意图把农商银行捆绑在自己的业务中。不过所有证据表明农商银行已经退出这种业务了,这就可以否定和P2P公司的犯意联系。第二个问题是,监管机构喊停直销银行业务之前农商银行对造成烂摊子的局面要担多大责任?在司法实践中,若司法机关把农商银行的行为认定成非法吸收公众存款罪,这不仅会阻碍农商银行的发展,而且还会带来地方的重大金融风险,这是任何一个地方政府都不希望发生的情况。不过农商银行内部人员的法律责任并不一定也就此一笔勾销,司法机关还是可能追究其工作人员失职行为的法律责任的。实际上,农商银行、P2P爆雷案件当中的存管银行和私募基金发放当中的存管银行都对这种局面存在连带责任。在这种状况下,司法机关对于国有性质的主体的责任基本上采取的是与其他主体责任的切割隔离,也就是会追究涉案工作人员的责任,但不会对单位整体进行刑事上的负面评价。这是基于政策层面的考虑。

本案还存在协调种种民事法律关系的问题。农商银行、P2P公司、资产方和借款人这4方在同投资者之间形成拉锯博弈的局面之后,把政府和警方牵扯进来形成新的三方拉锯和博弈。这个过程中,农商银行方面处理得当,与政府进行了很多交流,拿出了一整套应对方案。从办案机关通常采取的先刑后民的处理模式来看,这一方案被政府方面采纳后,对于化解风险来说是很积极的信号。

在金融模式创新下,这类案子的处理就更加凸显了法律效果、政治效果和社会效果的辩证统一这个重大议题。仅讲法律效果对政府和办案机关来说是不够的,若律师能够综合分析案件中的金融风险和维稳状况,就有助于和他们一道推动纠纷的合理解决。

最后再次提醒大家注意,本案中P2P公司早期和农商银行一拍即合,P2P公司提供技术支持,然后蚕食网上直销银行,最后完全掌握了控制权。这个过程中的非法性要联系非法吸收公众存款罪的非法性中的两个认定标准来理解:未经批准吸收资金,或借用合法的经营的形式吸收资金。任何一种金融模式的崩盘,都会涉及金融机构的责任,而对金融机构内部工作人员的责任也要进一步分析。对金融机构内部个人的责任认定,可以根据2019年最高人民法院、最高人民检察院和公安部制定的《关于办理非法集资刑事案件若干问题的意见》中最后一条关于涉案国家工作人员的刑事责任认定的规定加以解决。

第十二讲

骗取贷款罪的实务认定

韩嘉毅* 许兴文** 王 新***

课程概述: 骗取贷款罪是《刑法修正案(六)》增加的一个罪名,具有独特的构成要件,其入罪标准以及银行与贷款人之间互动关系都需要深入研究。在此,我们共同探讨骗取贷款罪的实务疑难问题与辩护技巧。本讲分为三节,第一节由韩嘉毅律师主讲,主要以骗取贷款案例展开,讲述辩护方向与角度切入以及在法庭上如何充分表达;第二节由许兴文律师对同学们提出的问题,给予针对性的解答;第三节由王新教授总结,综述并延伸了相关知识要点。

---

* 韩嘉毅,北京大成律师事务所高级合伙人。

** 许兴文,北京大成律师事务所刑委会理事、大成毒品犯罪辩护研究中心副主任,福建省律师协会刑事诉讼专业委员会秘书长。

*** 王新,北京大学法学院教授,博士生导师。

第一节 辩护技巧的传授——以骗取贷款罪展开

一、骗取贷款罪的司法实务难点

骗取贷款罪是《刑法修正案(六)》增加的一个罪名,从刑事立法的角度看,这个罪名使我们的刑法体系更加完善。但是,这个罪名在司法实践中的问题非常多。如果这个罪名在20世纪90年代设立,立法估计无法通过,为什么?因为90年代初刚刚开始改革开放的推进,我国企业都是以国有企业为主,他们在贷款的时候都有一些问题,比如重复抵押等。随着改革开放,民营企业开始占主导地位,这个罪名才能够设立。如果当年要设立这个罪名,很多国有企业的老总就都违法了,因为他们主观上都知道自己的贷款是有问题的。那时都是国有银行贷款给国有企业,当时很多贷款都存在信息不真实的问题。这个罪名设立之后,司法实践中出现了一大堆的问题,什么叫"造成严重损失"、什么叫"其他严重情节",司法实践中的判例千奇百怪。在司法理论上和实践中,对这个罪是结果犯,还是情节犯,抑或是行为犯是有争议的,不同的判决体现了不同的观点。

作为一个律师,坦诚地说,在办这类案件时,对这类案件的很多问题也没有研究得完全透彻。作为辩护人,我们对这类案件一般做罪轻辩护,对于定性问题予以回避,努力找对被告人有利的情节。律师并不是全知全能的,和刑法学专家相比,是有差别的。律师更多的是需要知识的广度,并不需要像法学家一样,对每一个法律规定、法律原理都研究透彻,那是不现实的,因为律师没有那么多的时间和精力。

之前发生了一个惊天大案,即刘汉、刘维涉黑案。这个案件备受关注,涉及十二三个罪名,包括故意杀人罪、故意伤害罪、寻衅滋事罪、非法拘禁罪、违法经营罪,作为辩护律师,最关心的一个罪名是骗取贷款罪。刘汉、刘维案中也涉及骗取贷款罪,但二审期间更改了罪名,原因是被告人归还了到期的贷款、本息。同时,由于提供了足额的贷款担保,于是二审把骗取的贷款数额减少了。这个案件是全国法律人都关注的案件。此案中减少了骗贷数额的认定，这对下面讨论的案件有很深的影响，因为下面讨论的案件与其极其相似，即被告借款本金32亿元，其最后还了40亿元，而且提供了足额的担保。此时，对这个案件，辩护律师就有一个选择问题，做什么辩护？可不可以做无罪辩护？虽然可以，但辩护律师还是选择了罪轻辩护，原因是什么？原因是当事人不允许。

二、案情简介

本案的基本案情是：被告想去融资贷款，但是没有人给他融资，最终他同中国农业银行总行的领导打招呼，并承诺自己有抵押、有担保，总行领导就答应了这笔贷款。虽然银行答应了这笔贷款，但是被告也无法直接去贷款，于是他又找到一家国有企业，同国有企业老总商量，以归还国有企业欠款为条件，保证银行贷款后一定归还国有企业欠款，但是需要国有企业和其签一个装修合同。国有企业老总也很高兴能要回企业欠款，于是签订了一个三方协议，约定国有企业给被告项目提供装修工程服务，农行基于这样的装修合同给被告放款。协议签订之后，农行非常负责任地派了人（会计师、评估师等）对项目进行了摸底，认为现有的工程项目资产不到90亿元，在此情况下就只能给被告发放贷款32亿元。因此，被告公司的工作人员就和国企签了32亿元的装修合同，这个合同非常简单，交到银行后，银行经过审查认为，仅凭这个合同不能给被告公司发放32亿元的贷款，银行的理由是工程太大，而合同过于简单，不符合发放贷款要求。银行要求被告公司重新签订合同。被告认为合同已经签订，再重签不可能，其命令其公司工作人员想办法解决。于是，重新签订高管就想把合同拆分了，按照工程造价的一半左右拆分，合同拆分后又去中关村刻了章并加盖在合同上。银行认为拆分的新合同合格，遂放款。但是，每笔钱放款的时候，银行工作人员会持相关文件先到国有企业核实是否在履行合同，以及需要的资金和工程进展情况，之后国有企业在相关文件上盖章，银行的工作人员再拿文件到项目方核实。由于被告公司项目工作人员担心拆分合同盖假章的情况暴露，就欺骗银行的工作人员说，我们管公章的人出去办事了，得派人去那边盖。于是，被告公司的项目工作人员用几个小时时间把银行的文件重新复制了一份，该文件与银行原来的文件一模一样，在国有企业盖章的地方盖上自己刻的假章，之后把自己公司的章盖上。这样，银行拿到的这个文件与银行留存的原来合同的章是一样的,但这个文件已经是假的。期间每一笔划款都是这样操作的。另外,还存在一些虚假的情况,比如,银行每次放款之前都会到监理公司处,向监理公司核实工程进展是否符合预期。但是,由于根本没有监理公司,于是被告公司就自设一间办公室,由自己公司的员工,假扮监理公司的员工。监理公司的公章也是从中关村买的假章。这样监理公司的手续就齐了。这样的事情很多,被告公司的高管都知道他们在办事过程中制作了不少假的东西,也都知道这个合同与国有企业没有关系,资金打到国有企业账户上之后,国有企业把被告公司欠其的几千万元抵扣之后,剩下的钱都会转给被告公司。

这笔贷款发放之后一年多,被告觉得这笔贷款太少了,想贷更多款,比如50亿元、60亿元甚至80亿元,因此其要求评估机构把其公司的资产评估到200亿元,但是两次都没给其公司评到200亿元,甚至都不到100亿元,因此被告最多只能贷款32亿元。被告认为凭借自己公司优质资产仅贷32亿元太亏了,于是就想把债务还清,重新找银行再贷。归还这笔债务的时候,本金加利息一共归还了40亿元,银行收到8亿元的利息。

接手这个案件之后,辩护律师与被告人会见后,询问所有被告人是做无罪辩护还是有罪辩护,没有一个被告敢说做无罪辩护,即使在向被告解释当时刘汉、刘维案已经二审改判了的情况,被告还是觉得自己在贷款过程中制作的假文件太多,从而选择了做有罪辩护。

三、辩护方向与角度如何选择

在熟悉了基本案情之后,作为一个律师,面对这样的案件该怎样去思考,我们的辩护方向和角度是什么?

(一)律师是否能够违背当事人意愿

1980年颁布、1982年实施的《中华人民共和国律师暂行条例》第3条第2款规定:"律师依法执行职务,受国家法律保护,任何单位、个人不得干涉。"这条规定很有意义,因为在当时那个年代,很多时候律师辩护是受到各方制约的,所以在暂行条例中做了这样一条规定。现在律师不经当事人同意就做无罪辩护在理论上可以,但在实践中不行。律师进行辩护时要思考的问题比较多，比如当事人认罪，这时候律师可不可以做无罪辩护呢？有时候是可以的；再比如律师认为可以做无罪辩护时，当事人不允许，律师能不能坚持？答案是不可以，因为这样做违背了当事人的意愿。在2007年的《律师法》和2012年的《律师法》中已经删除了“律师依法执行职务，受国家法律保护，任何单位、个人不得干涉”这条规定。

其实，实践中律师依然有很多困惑。比如指控重罪，律师能不能以轻的罪名进行辩护？以前统一的观念认为不可以。控方指控重罪，律师做轻罪辩护，相当于律师是在指控轻罪。这样的事在实践中经常发生，怎么办？考虑到我们国家司法实践的复杂性，最近全国律协在《律师办理刑事案件规定》中，对此进行了规范。实践中控方指控重罪，律师认为轻罪更合适，但是出于职业伦理的要求又不好直接变更罪名辩护的时候，要和当事人进行协商，一旦当事人同意做作轻罪辩护，律师则可以做轻罪的辩护。这样做对当事人是有好处的。

律师能不能违背当事人意愿。有些时候是可以的，比如，当事人认罪（其实很多时候当事人认罪是假的，只是为了获得一个从轻处罚的理由）。当事人认罪认罚，而律师做无罪辩护，这就出现了表面上的矛盾。法官会说：“律师怎么还做无罪辩护？当事人自己都认罪了！”律师则会辩解：“我在独立履行辩护职责，我不管当事人的态度！”这实际上是唱双簧，只要结果对当事人有利即可。所以在《律师办理刑事案件规范》中规定了“不得违背当事人意愿，做对当事人不利的辩护”。其实所有相关规定都围绕一个问题，律师与当事人之间的协商原则是什么？类似的案件包括今天谈的案件，律师认为这个案件可以做无罪辩护的情况下，要不要尊重当事人意愿？怎么样和当事人协商？如果双方协商不一致，怎么办？除特殊情况律师尊重自己的当事人的意志是第一位的，律师必须做到这一点。

（二）律师不得做重罪辩护

值得注意的是，有没有律师不听当事人意见做重罪辩护的？虽然从情理上讲不通，实践中也确有发生。北京就发生了这样一起案件，律师做了罪重辩护。这样的案件发生之后，在我们行业内部引起了巨大的轰动，因为按照《律师法》和《刑事诉讼法》的相关规定，律师的职责和角色是和国家权力对抗的，只能做有利于当事人无罪、罪轻辩护。所有的关于律师职责规定都是要求律师提出针对无罪、罪轻的辩护观点和理由,不能允许律师做重罪“辩护”。

四、律师如何在法庭上充分表达

辩护角度找好之后,对律师来说,最重要的就是怎样在法庭上充分表达,以便完成我们的辩护活动。作为一个法律人,很遗憾上学时没有关注老师们的讲课方式,没有关注老师们是如何进行表达的。做律师后逐渐发现这个问题,在学校的时候就应该关注、学习怎样做一个完整的,让人能够接受的表达。实际上在我国的司法实践中,夸张的说,95% 以上的律师在法庭上不会讲道理,不会去打比方举例的,他们都认为,刑事案件就是接受委托之后签订协议、收费,再去看守所会见几次被告人,写一下辩护词,在法庭上读一遍辩护词就完事了。但是,在法庭上念辩护词效果几乎没有,完全不能说服法庭、法官。当律师读自己的辩护词的时候,法官总会不耐烦地说:“辩护词庭审后交给法庭”。

(一)法律辩论需要让人听得懂、愿意听、听得进

就这个案件而言,此案是一个可以做无罪辩护的案件,作为辩护律师,却要作罪轻辩护,这就提出了一个难题,怎样把无罪的理由放到罪轻当中去,让法官能够听得进去。法庭辩论和日常交流一样,让别人听得懂、愿意听、听得进。有些老师的课你会觉得特别快,一会工夫就下课了;有些老师的课你会觉得特别慢,听了半天一看表才过去 10 分钟。这就是由表达方式与表达的技巧决定的。法庭辩论也是这样,如果一个律师在法庭上讲得有深有浅,通俗易懂,逻辑清晰,就会引导听者进入到表达者的思维。律师在法庭上要注意观察法官、检察官,感觉到他们没听懂就要多做些解释。一个有互动、有交流的表达,显得平和且容易让人接受,也能把道理讲得更清楚。实践中很多律师同行做不到这一点。律师应学会在法庭上如何讲道理,如何举例子,如何使用排比,进而把道理讲清楚。在法理上、学理上、语言逻辑上表达的可以不那么非常严谨,法庭上也往往不需要那么严谨,但是,一定要把道理讲清楚、讲明白。

(二)法庭陈述需要运用表达技巧

本案的第一点辩护意见是这个罪名到底侵害了什么法益。是银行的金融

管理秩序吗？好像有人不这么认为。也有人认为本罪法益是让银行贷款处于一种风险状态,但对这一点很难确定。此时,在法庭上,律师可以笼统地表达检察院起诉的金额和后面量刑没有直接关系。这个罪名到底侵犯的法益是什么？在我们对某些问题不敢确定的情况下,在法庭上也可以运用某种表达技巧去表达。本案中,需要强调的是侵财类的犯罪法益是涉及财产,而本罪法益是涉及金融管理秩序。侵财类的犯罪对犯罪金额大小是需要关注的,但是若是侵害金融管理秩序的,那就跟数额大小关系不大了,这是本案中强调的第一点。

(三)法庭陈述需要以口语表达阐释法理

本案法庭审理过程中,作为辩护律师,我曾这样表达过:“银行不仅没有损失,前面的辩护人已经讲了,我就不谈了。”但是,实际上虽然说不谈,但结果还是谈了。是用一句口语化很强的表达的,即“银行一点点风险都没有”,这就是口语化的东西。自己的辩护词里不能写“一点点”,只能用“没有任何风险”,用口语化的表达更容易强调自己的观点,也更让人接受。庭审中我陈述了大段无罪的辩护意见,解释了银行如何进行了尽调,如何设置了抵押、质押,银行为何没有任何风险。此案和刘汉案中归还了所有贷款本息,银行有足额贷款担保的情节是一样的。

(四)庭审中需要抓住公诉人的漏洞

庭审中因为公诉人在陈述公诉意见的时候认为,“多次制造假合同,多次刻制假公章、多次欺骗银行”,所以我强调被告实际上只有一笔贷款,合同公章不都是假的,一开始是真的,第一个合同是三方真实签订的,后来为了第一个合同的实现造了几次假,但这不是刑法意义上要规制的“多次”。“多次”是为了欺骗不同的金融机构,骗取不同的贷款,反复造假,而此案不是多次贷款,也不是多家金融机构,而是只有一家金融机构和一次贷款。特意强调公诉人所说的“多次”,这样的表达就是有针对性。另外,需要强调,被告造“假”是不完全的假,一种假叫“无中生有”,还有一种假是“为真而假”,两种“假”性质完全不一样,责任也不一样。骗取贷款的“假”是什么假?《刑法》打击什么样的“假”？是不是所有的“假”都有问题？答案并不是。银行交付贷款这一环节的假才是《刑法》要关注和要打击的。实际上,为了完善手续问题的造假,构不构成实质的"假",这个问题也很难解释清楚。但是,法庭上分析到这儿就足够了,不需要往下分析。

(五)庭审中需要善于说理

在本案的庭审中,律师举了一个例子,是关于诈骗和盗窃这两个罪名,这是最有典型性的。诈骗罪的被害人主观上有过错,盗窃罪的被害人主观上没有过错,所以两者的判定标准不一样。虽然本案中被告人还款原因是有把自己的债务进行整理考量以便继续贷款的考量,但这也不能否认本案被告人有积极还款的意愿。这个案件辩护完全没有分析定性的问题。后面又谈了从犯问题、坦白问题,找到了九点从轻减轻处罚的理由、依据。通过这些,实际想要告诉大家的是,一个律师在法庭上怎么样避开自身不愿意接触和碰触的话题。

事实上,庭审过程中很多语言其实是事先设计,在庭审最后,作为辩护律师,可以这样说的:"作为本次指控的最后一名被告人,也是唯一的一名女性"。这样的表述什么意思?最后一个被告人,责任较轻,也是唯一一名女性,女性比男人更值得同情,作为女儿,上有卧床在家的老人,作为母亲,下有马上高考的孩子。这样的说法,让法官从情理的角度去同情案件的被告,给被告人更轻的处罚。法庭辩论的最后环节,说到被告的父亲在家卧床,被告马上就哭了。这个案件基本上"实报实销"(关押了多长时间就判了多长时间)。因此,律师在法庭上表达方式很重要,实务中不得不采取一些必需的技巧。

第二节 课程知识互动

一、付清本息是否仍构成贷款诈骗罪

许兴文:本案研讨了7个问题:第一个问题,付清本息仍构成贷款诈骗罪吗?韩老师从盘古案和刘维、刘汉案中给出了第一个问题和第二个问题,这两个问题有点相似,哪个同学有准备?

同学1:我认为这个案件不成立骗取贷款罪,骗取贷款罪的法益是保护银

行资金的安全。这个罪要么是造成重大损失，要么是有严重情节。本案中，最开始的涉案数额超过法律规定的数额，但是，这只是立案标准。仍然需要考虑在骗取贷款时是否给银行的资金造成风险。本案中，盘古公司本身有足够的偿还能力，并且也提供了所需担保，这时候对银行资产不会造成风险。这种情况是不成立骗取贷款罪的。

同学 2：我个人对于骗取贷款罪的理解是不太成熟的。我认为，本案要回到骗取贷款行为的本质上去认识，骗取贷款的行为本质上是虚假陈述的民事欺诈行为，如果刑法没有骗取贷款罪的规定，这种行为不能评价任何一种金融诈骗罪。正因为刑法有这样一条特殊规定，这种虚假陈述的民事欺诈行为才会成为一种犯罪。所以这个罪的核心基于行为人的虚假陈述导致银行的资金有了一种不正常的流向，造成银行资金损失的潜在危险。就算还本付息了，也只是这种危险没有实现，但也不能因为危险没有发生就否认这个危险的存在。不过这也不代表在这种情况下没有辩护空间，此种行为虽然应罚，但是还可以考虑是否需罚，是否需要通过处罚这种行为达到一定的预防效果，实现预防目的。也就是说，还本付息的骗取贷款行为需不需要进行一种普遍化的一般预防，这是从需罚性的角度来考虑的。

许兴文：其他同学有没有补充或者反驳？

同学 1：我稍微补充一下，同学 2 认为骗取贷款侵犯的主要法益是银行对资金的管理秩序，而我认为骗取贷款侵害的更重要法益是银行资金的安全。这是我们两个人分歧的原因。关于骗取贷款的行为人是不是有侵犯银行资金安全的风险，应在骗取贷款的当时进行考察，考察行为人是否有足够的偿还能力，而不是从事后角度看风险问题。

许兴文：我们看一下司法解释，刚才两位同学都提到本罪的司法解释，即最高人民检察院、公安部《关于公安机关管辖的刑事案件立案追诉标准的规定（二）》（以下简称《追诉标准》），本罪立案要求，第一个是数额，第二个损失。那么问题就来了，本案中的行为人既还了本付息，也没有给银行造成任何风险，反而给银行带来了 8 亿元盈利。

同学 3：这个罪名不一定是单纯的结果犯，因为其有两个要素，造成金额损失与其他严重情节。其他严重情节是作为情节犯，有多次的骗取行为，这样的话就是行为犯。设置骗取贷款罪的目的，是为了规制用虚假手段骗取银行贷款的行为,因为当时只有贷款诈骗罪,而贷款诈骗罪的入罪门槛比较高,以非法占有为目的在实践中难以证明,所以设置了骗取贷款罪。因此,只要用虚假手段,虚假手段达到一定程度,使行为人取得贷款,从犯罪进程上看就是成立了犯罪,而且是既遂,属于情节犯上的既遂。

二、无法查清损失如何认定

许兴文:刚刚有同学提到入罪门槛,一有行为就入罪,"多次"行为会带来风险。这两个问题一会儿由王老师来解释。现在讨论第三个问题,无法查清银行损失的情况怎么处理?实务中经常出现评估或者鉴定都无法查清损失的情况,有没有同学来回答一下?

同学4:不能判断结果时,我感觉,这种情况下可以按照有利于被告人的原则处理,因为没有实际的结果存在。

许兴文:这条罪的入罪门槛有两个,一是前面的"行为",二是直接"造成的结果"。现在司法实践中经常出现评估鉴定问题,第一个是无法鉴定,第二个是评估鉴定本身的程序或者实体上存在问题,导致评估鉴定无效的情况,最终导致损失没有办法得到鉴定。此时,根据存疑有利于被告人原则来处理有一定道理。

三、需要提供何种的虚假贷款信息才符合构成要件

许兴文:第四个问题是行为人提供何种的虚假贷款信息,才符合构成要件?刚才韩老师提到公章是去中关村刻的,不是真正的公章;抵押的房产证可能也是买的假证;合同从根本上来说也是假的。原来是几十亿元的大合同,拆成几份小合同,但是大合同和小合同本身有关联性,同学们有什么理解?

同学1:对于合同虚假信息的判断实践中是五花八门,主要还是看信息对银行工作人员的决策有没有重大影响。

许兴文:就是根据提供的信息可能影响到银行做出判断。实践中出现的情况五花八门,根据银行受信息的影响程度判断有一定道理。

四、有抵押的贷款损失如何计算

许兴文:我们看第五个问题,如果贷款有抵押物的,是否需要先变现抵押

物再计算损失？

同学5：这种情况需要司法鉴定，抵押物在民法上有一个抵押的额度，额度以当时签的抵押合同数额确定就可以。如果根据当事人签订的合同，抵押物的价值小于现在认定的损失价值，则可以认为差额是银行的损失。

许兴文：你觉得需要先变现吗？

同学5：进入到最后流程变现要实质考察市场价值，如果看抵押合同的价值又是另外一回事。

许兴文：但实践中，比如到银行抵押贷款，银行会要你提供担保物或者相应的保证，或者说各种单位、主体的连保。实践中有抵押物，我作为被告人的律师或者被告人会不会提出抗辩，控方说给银行造成了多少损失，但实际上抵押物、房屋或者建筑物还在，还没有变卖、变现，怎么可以直接计算出银行损失？

同学5：变现就是为了抵押物价值跟贷款价值进行对比，有计算出银行损失的目的。

许兴文：对银行来说，如果抵押物还在，这个损失是可以降低的，甚至有可能没有损失。比如，我现在还差1亿元，而抵押物的价值是1.5亿元，这就有可能无法计算损失，或者损失认定存在问题。

五、违法发放贷款罪探讨

许兴文：第六个问题和第七个问题是骗取贷款的相对应罪名，骗取贷款是向银行骗取，大家有没有关注与骗取贷款罪相对应的违法发放贷款罪？

同学6：违法发放贷款罪应该是银行不符合发，放贷款条件却发放，主要是“违法”判定。

许兴文：违反的是什么样的“法”？是银行内部规定还是法律法规？

同学6：对于罪名我也不是特别了解，如果属于金融管理那个领域，就应该是金融管理相关的法律规定。

许兴文：这个领域的规定比较细，在实践中违法发放贷款罪属于监察委管辖的88个罪名中的1个，违法发放贷款的“法”是什么层级的法？《刑法》明确规定，是全国人大或者全国人大常委会通过的“法律”，这个层级的法律才可以。

同学6:肯定是特定的法律体系,比如非法吸收公众存款罪违反的是相关的金融管理秩序以及有关金融监管方面的法。违法发放贷款罪涉及的“法”应该是一个特定的法律体系,不是某个特定的一部法律。

同学7:银行等金融机构工作人员知道对方没有相应资格或者违反程序发放贷款就构成违法发放贷款罪。

许兴文:有一个问题需要注意,刚才韩老师说到这是银行行长决定的,交由下面具体工作人员去执行,银行工作人员就按照领导说的去执行。银行工作人员按照银行规定一个一个去审核行为人提交的文件,行为人将数额十几亿元的合同拆成十几个,之后就符合银行的规定了表面上看上去没有任何违法性,银行工作人员凭着其业务知识无法判断合同真假,那么银行工作人员是不是主观犯上不具有违法发放贷款罪的犯罪目的?

同学2:我个人觉得违法发放贷款罪是过失犯。这样评价的话,认定是否存在违法发放贷款的行为,就要看相应的发放贷款人有没有违反相应的客观上的注意义务,有没有遵守银行的既有规范,至于上级的命令能否作为他发放贷款的根据,值得考虑。银行存在违法发放贷款的行为,对骗取贷款罪的刑事责任会产生什么样的影响。本案当中农行董事长,我不知道他参与到什么程度,如果他参与到骗取贷款的共谋当中,就可能认定其构成骗取贷款罪。

许兴文:你的意思是虽然行为人给金融秩序有可能造成一定影响,但结合由于并没有给银行造成损失,或者是未遂的,你是这个意思吗?

同学2:我主要想表达的意思是,行为人虽然实施了骗取贷款的行为,但是取得贷款并不是因为他的欺诈手段,而是因为银行行长和骗取贷款人早就里应外合,在这种情况下将行为人的行为评价为既遂值得考虑。

许兴文:那就是未遂。

同学2:至于未遂是不是要处罚则需另外考虑。据我了解,司法实践中不是所有未遂都处罚,还是会有一定的限缩。

许兴文:银行的工作人员实施了一个违法发放贷款行为,其行为与滥用职权的关联,同学们有没有思考?

同学2:我之前没有关注过具体罪名之间的关系,觉得存在的竞合关系,这是我的初步思考,不太成体系。

许兴文:实际上银行很多贷款,比如行长交代了,可能从业务员开始就很认真地做尽调、履行手续,然后到银行贷款部门进行审批,通过审批以后到银行审贷委员会及分管副行长处核准,最后行长盖个章。违法发放贷款罪如果能成立的话,是不是从银行最底层业务员到行长都有可能构成犯罪,你有没有思考过这个问题?

同学2:我认为应根据构成要件进行逐一判定。

许兴文:最后一个问题,行长受贿后违法发放贷款,则受贿与违法发放贷款之间是否构成牵连犯?违法发放贷款罪与受贿罪之间有没有牵连关系?

同学8:我觉得不构成,因为受贿与违法发放贷款之间没有那么高的牵连性,并发性没有那么高。

第三节 知识综述与延伸

一、骗取贷款罪的立法沿革

回顾一下对贷款的保护,贷款是银行一个非常重要的业务,这在《商业银行法》中表现出来。当时《刑法》要对银行的贷款进行保护,罪名体系的确定都是围绕着"贷款"而出现的一种骗以及高利套取"贷款"之后再转贷出去。这都以非法占有为目的,高利转贷罪要以高利转贷为前提,大家明显感觉到这是目的犯范畴。司法实践中,目的犯在证据方面存在问题,难以举证,在这种情况下,在司法实践中就出现了盲区,要么定无罪,要么勉强地定贷款诈骗罪,出现了两种极端。在这种情况下,2006年《刑法修正案(六)》征求意见时,来自金融界的人大代表参加的证监会内部讨论中,我当时就提出这样一个观点:"银行界代表在刑事立法当中天然占有先手,他们要加罪名,只要拿出具体条款就行。"所以,当大家认为保障银行贷款安全的刑法罪名体系不够严密,控方举证责任太重,就在《刑法修正案(六)》中增设了骗取贷款罪。设立这个罪名有两个出发点:第一毫无疑问是保证银行贷款资金的安全,第二是弥补既有刑法罪名体系存在的盲区。所以骗取贷款罪是在这种背景当中制定出来的。

二、骗取贷款罪的法益界定

韩律师的第一个辩护要点是金融管理秩序,这是没有问题的,因为骗取贷款罪是放在破坏金融管理秩序类罪之中,所以从体系位置来看,骗取贷款罪破坏的法益毫无疑问是金融管理秩序。但是,我们需要从《刑法》每节类罪名的规律中进一步挖掘个罪的保护法益。中国《刑法》有章罪名、节罪名、个罪名之分,章罪名、节罪名,属于一种体系性的定位,换句话说是划定了比较大的法益圈。个罪名的法益圈就需要在节罪名破坏金融管理秩序罪中再进一步挖掘。关于这个罪名的保护法益实际上已经有权威的结论,当时全国人大法工委刑法室主任黄太云在撰写《刑法修正案(六)》的制定说明时有这样的原话:“为了防止贷款处于无法收回的巨大风险之中,所以要设立骗取贷款罪。”从中可以看出,这实际上是将本罪划在一个危险犯的范畴当中。这种危险的具体状态就是贷款一旦发放可能会存在收不回的风险。这一点在黄太云的解释中说得非常清楚。从这个角度出发,毫无疑问,理解骗取贷款罪具体的保护法益,要紧紧围绕银行贷款能否安全收回这一点。这是严密刑事法网和确定骗取贷款罪保护法益最为重要的落脚点。

三、骗取贷款罪定量标准评析

骗取贷款罪的定量标准在法条当中明确规定,要求必须给银行“造成重大损失”或者“有其他严重情节”的,才可以定罪。大家可以看出,这实际上是一个定量标准,即“给银行造成重大损失或者其他严重情节”是骗取贷款罪的定量要素。

(一)《追诉标准》的数额犯与法条规定存在不一致

关于这个定量要素,现在司法解释没有颁布,关于这个罪名的入罪标准只在最高人民检察院、公安部《关于公安机关管辖的刑事案件立案追诉标准的规定(二)》(简称《追诉标准》)中确定了追诉的门槛条件,这个门槛条件包括4点,《追诉标准》第27条第1项规定的以欺骗手段取得贷款、票据承兑、信用证、保函等,数额在100万元以上,这属于是纯粹的数额犯,唯结果论。这种纯粹的数额犯与《刑法修正案(六)》中确定的两种法定的入罪条件,即给银行造成重大损失或者其他严重情形的,存在不一致。换句话说,行为人骗取了100万元是否意味着必然给银行造成重大损失?这两者之间的因果关系是值得商榷的。但是这个《追诉标准》是目前唯一的法律文件,且对立案是第一位适用的,因此导致了公安机关非常善于用唯数额论进行立案。也就是说,行为方面只要有骗的行为出现,结果方面只要有银行贷出去了100万元以上的结果,就认为达到了立案标准。

(二)"其他严重情形"界定

《追诉标准》第27条第2款规定"以欺骗手段取得贷款、票据承兑、信用证、保函等,给银行或者其他金融机构造成直接经济损失数额在二十万元以上的",应予立案追诉。可以看到,此项规定与《刑法修正案(六)》中规定的给银行造成重大损失相符合。《追诉标准》第27条第3项中的"多次",规定虽未达到上述数额标准,但多次以欺骗手段取得贷款、票据承兑、信用证、保函等的,应予立案追诉。

《追诉标准》第27条第4项是兜底,具体的追诉形态就是前三个,前三个中首先要考察的是前两个关于数额的规定。"其他严重情形"现在司法解释没有规定,按照我的理解,比如造成恶劣的社会影响应可以纳入。我们在司法实践中的操作基本上是按照前三个具体追诉标准,即两个"数额"和一个"多次"确定入罪标准。从这个角度来看,给银行"造成重大损失"毫无疑问是一个法定的入罪门槛条件,《追诉标准》肯定是需要和它对接上的。但是,《追诉标准》第27条第1项规定的取得贷款100万元的数额,与银行造成重大损失两者之间并不直接存在一定联系。比如这个案子银行放出去32亿元,收回来利息8亿元,银行没有任何直接损失。但是,根据《追诉标准》,100万元的贷款取得肯定是满足了的。所以我认为这个标准是必须要进行改革的。经济犯罪的司法解释中规定的数额犯有很多,比如纯粹的数额,以及违法所得、造成的损失。虽然"数额犯"的含义有多种类型,但这种数额必须跟构成要件中所确定的数额之间挂钩。所以我的观点非常激烈,上述《追诉标准》第27条第1款的规定必须予以废除或改为具体危险犯的模式。《追诉标准》第27条第2款规定,造成直接经济损失20万元,这与结果犯以及跟保护银行贷款安全两者直接关联,但是纯粹地从唯结果论、唯数额论出发,也是有问题的。

四、骗取贷款罪之定性分析

上面主要分析的是保护法益,以及定量标准。但我们现在主要考虑的是定性因素。

(一)“骗”和“取”的因果关系不能颠倒

决定本罪定性因素的“骗取贷款”是动宾词组,宾语或者侵害的对象是银行贷款,危害行为是两个字:“骗”和“取”,大家要注意这两个字之间的经典表述。“骗”和“取”是危害行为构成的关键性因素,意味着“骗”和“取”之间要存在一个因果关系,即取得贷款是骗来的,原因力是骗,结果是取得贷款。换言之,骗取贷款罪,骗的行为和取得贷款行为两者之间必须要有一个因果关系,骗是原因力,取得贷款是结果。这个因果关系一旦存在,毫无疑问会排除一种情况,即贷款取得在前,骗在后,因为因果关系颠倒了。举例而言,大家经常可以看到,现在有很多政策性贷款,一个厂家与银行签订了一笔贷款,贷款合同规定得很清楚,比如到新疆收购棉花,贷款用途是专项政策性贷款。但行为人拿到这五千万元专项贷款之后,最后改变了用途。大家可以发现取得贷款在前,但是带有一种欺诈或者骗取性质的改变贷款用途在后,“骗”与“取”顺序之间发生的变化。有的司法机关把这种案子定骗取贷款罪,毫无疑问是因果关系的颠倒,取得贷款的原因力是骗,取得贷款在前,只不过改变了贷款的用途,虽然有骗的因素,但这两者之间的因果关系发生了变化,所以这种案件不能定骗取贷款罪。这是要把握的第一个因果关系。

(二)“骗”与“贷”之间须具有因果关系

骗取贷款罪是放在诈骗框架下的,在这种情况下,行为人与被害人之间是互动关系,是互动犯,行为人加害人,银行是被害人,两者之间有一个加害和被害的关系。诈骗罪一定是互动犯。在这种情况下,行为人虽然实施了诈骗行为,还是要考察被害人是否产生错误认识并作出处分。诈骗跟盗窃之间最经典的区分就是被害人是否产生错误认识。换言之,贷款虽然放出去了,但放贷的原因是互动的两个原因,既有加害人骗的因素,也有被害人基于骗的行为陷入错误认识作出一个错误的处分决定的因素。这是诈骗罪最经典的模式。这种情况下辩点就出来了,被害人针对申贷手续中出现的虚假材料是如何认识的?这就出现了在互动关系当中需要考虑的一个重要因素,这个重要因素用一句话表示,就是“加害人申请贷款提供的材料是否足以让被害人产生错误认识”。如果行为人提供的材料完全不可能让银行产生错误认识,或者银行产生了错误认识,但是放贷的原因是其他的事由,比如盘某案中高层已经做出决定发放贷款,银行工作人员只是把批贷的程序按流程走完。这种情况下就出现了很有意思的问题,加害人确实在中间提供了很多虚假材料,甚至提供材料不合格时,直接购买一个假章盖上,而银行也想把手续做得规范,满足形式上的尽职调查。但放贷主要决定力和原因力在什么地方?这里面最主要的切入点应是加害人的行为是否使被害银行足以产生错误认识,这就要求在整体案卷材料当中不能仅仅考察加害人申请贷款的材料,还要考察其他辅助性的证据,考察这些辅助性证据在发放贷款当中发挥的作用。此时就需要考虑因果关系,因为原因力出现了多种:既有“骗”的因素,也有被害人自身弱点、外界介入因素。因果关系介入涉及最重要的几个理论就是分别为:被害人自身原因、外力因素介入(比如政策性贷款、有决定权人的决策)。这些综合因素进入之后,加害人的行为与被害人发放贷款的行为之间的因果关系的脉络就清晰了。外力因素和被害人弱点、缺点这两者在危害行为的因果关系锁链中占多大比重?毫无疑问,如果能拿出充分的证据证明这个贷款的发放是顶层政策决定的,那么在这种情况当中加害人虽然提供了虚假材料,但不是起决定性的作用,从规范上看,不符合所谓的“骗”与“贷”的因果关系。

五、要求申请贷款圣洁化不合理

司法实务中,公安机关就查两个证据,第一个,是不是发放贷款达100万元;第二个,是不是提供了虚假材料。用一个不恰当的比喻公安机关的做法,是把申请贷款圣洁化,申请贷款不能提供一点假材料。申请贷款要圣洁化,百分之百真实,但这很难实现的。所以本案当中出现了一种荒谬的结论。换言之,为了保护贷款安全,申请人所有贷款资料都要合规。但是这可能会造成放松了对银行尽职调查和发放贷款职责义务的强调,对贷款反而不利。白建军老师研究过,银行放贷最大风险在于自身的弱点,如果自身制度完备或者合规管理严格,就出现另外一种情况。所以这种情况中确定的罪名就会有悖论,表象上罪名确实很严密,但某种程度上恰恰就使金融机构在发放贷款的合规管理当中采取了放纵态度,未实质履行其合规义务。此案中太强调这种客观“骗”的行为手段,太强调贷款申请的圣洁化。但这与实际发放贷款中的情况根本不是一回事，严重脱离实际生活。

银行贷款有两个合同：主合同（贷款合同）、从合同（抵押或担保合同），银行最关心的是抵押或担保合同，对主合同根本不在意，银行认为只要有抵押担保合同存在，主合同形式达标即可，若产生风险，抵押方、担保方会承担相关责任。所以，银行放贷最关心的是从合同，对加害人提供的主合同材料有时就是抱着一种无所谓的态度，其重心是放在担保和抵押合同上。从公安机关角度来看，主合同、从合同都不能作假，只要一个作假就可以认定行为人具有骗取行为，但是银行的工作重心是贷款能不能收回来，因而其重心是放在从合同上，有时候会觉得主合同即使存在假材料，问题都不是很大，不会造成贷款无法收回的风险，因为至少从民事追偿来看损失是可以弥补回来。这就出现了一个很有意思的局面：司法机关和公安机关关心的是两种合同组合，银行放贷时关心的是担保、抵押合同、从合同。所以，不应该把申请贷款放在一个非常重要的位置，这又要回归到本罪法益——贷款处于无法收回的巨大风险。在将来司法解释的制定和这个罪名适用的难点的分析当中要围绕着这个焦点加以进行。

从教义学角度来看，如果要在构成要件上进行切入，毫无疑问被害人产生错误认识是一个非常重要的连结点，这个连接点必须要做出全方位的考虑，而不能仅考虑加害人原因，还需要考察有没有银行自身问题甚至政策性的因素。大家知道中国政策性贷款太多，经常出现四大金融公司把不良贷款剥离的情况。在这种背景下对这个罪名的理解，以及在刑法教义学分析时，需要将政策性要素放在很重要的位置考量，即考量单凭虚假材料是否使被害人足以产生了错误认识，如果不足以产生错误认识，出具的材料只是细枝末节，那么就不能认定具有因果关系。

六、骗取贷款罪相对应罪名解析

违法发放贷款罪中“违法”的“法”是国字号的法，过去实际上是把行政规章加进来，后来修正案把这个“法”确定为必须是国字号的法。违法发放贷款罪的设立主要是为了限制银行违反商业银行的相关法律规定，关起门来发放贷款，或者发放贷款的担保条款优于其他人，违法发放贷款罪有特定内涵的。骗取贷款是对加害人设置的罪名，对被害人设置的罪名不是违法发放贷款罪，而是另外的罪名:签订履行合同失职被骗罪。一个是骗,另一个是被骗,这才是加害和被害的互动关系。《刑法》第 167 条规定了签订履行合同失职被骗罪,就是银行工作人员在签订贷款抵押担保合同当中,失职被骗了,从而构成本罪这个罪名跟骗取贷款罪、贷款诈骗罪之间形成对应的关系。还有一个非常重要的罪名是国有公司企业人员失职罪,也就是玩忽职守,在其发放贷款的时候不履行职责。《刑法》中的规定非常有意思,对被害方设置罪名毫无疑问主要表达的是签订履行合同是非常重要的环节。也就是说,对被害人设置的罪名主要是为了应对银行自身签订履行合同过程当中所出现的问题。

七、构成骗取贷款罪需要提供何种的虚假贷款信息

提供何种虚假贷款信息才构成犯罪要件?判定标准就是,被害人是否足以产生错误认识,因此需要对信息进行甄别。贷款过程中的信息非常多,比如合同履约能力、抵押物,甚至有的为了制造自己良好的经营的局面,虚开增值税专用发票,私刻公章等。这些众多信息都是出现在申请环节当中,银行放贷的形式审查都是严格审查表格,实际上都是围绕着申请要素展开。

八、小结

综上所述,关于骗取贷款罪的认定,被害人产生错误认识是非常重要的构成要件要素,这个构成要件要素如果不存在,那么本罪的构成要件框架自然就崩塌了。现在司法实践中的重心全放在加害方,要求申请材料圣洁化,不许出现任何虚假材料,但实践中银行是允许出现虚假材料的。换言之,考察本罪一定要去考察行为人的行为会不会导致发放的贷款处于不能收回的巨大风险中。本罪所侵害的法益是贷款安全,这个“安全”不是一个懵懂的安全,这个“安全”是指是否导致银行不能收回贷款的危险。根据《刑法修正案(六)》对本罪的定义,《追诉标准》4 个标准里面的第一项标准是最不符合本罪罪状的,本罪法条要求的“造成重大损失”是一个实际损害,但是《追诉标准》第 1 项规定的发放贷款 100 万元不一定与实际损害相关联,两者之间存在脱钩的情况,所以这方面《追诉标准》第 1 项是有问题的。公安机关、司法机关喜欢唯数额论,这有可能使本罪变成保护贷款的口袋罪。

若是存在已经归还贷款或者有足额担保的贷款的事由,可以通过指导性

案例或者将来以司法解释的形式,进而把该事由作为出罪事由。这是我的一个刑事政策想法。换言之,虽然有骗取的行为,但是只要同时具备了用于正常的生产经营和能够及时归还贷款这两种出罪事由,检察院可以不起诉,法院可以判处被告人免予刑事处罚。本罪可以借鉴非法集资案件的处理,在非法集资案件中形式要件上虽然构成犯罪,但是打击面太宽怎么办?可以在后端开设置了一个出罪事由。所以逻辑关系是前端、中端、后端来立体型地来看这个罪,前端就是讲刑事立法的变迁,中端就是指教义学视角把握构成要件,后端就是从刑事政策角度完善不足,找到一个出罪事由,防止本罪出现滥用和口袋化的局面。

第十三讲

信用卡诈骗罪的认定问题

韩友谊[*]　邢　志[**]　王　新[***]

课程概述：信用卡诈骗罪相较于其他金融犯罪，案发数量居高不下，特别是其中的恶意透支型信用卡诈骗罪。司法实践中，恶意透支型信用卡诈骗罪的认定存在突破主客观相一致原则、信用卡的范围界定不明、盗窃信用卡定性争议等问题。在此，我们共同探讨信用卡诈骗罪的认定难点与辩护要点。本讲分为三节，第一节由韩友谊律师主讲，主要讲述了信用卡诈骗罪的认定难点；第二节由邢志律师主讲，以其亲办案件说明信用卡性质界定争议、养卡行为如何定性的几个重要问题；第三节由王新教授总结，综述并延伸了相关知识要点。

[*] 韩友谊，北京大成律师事务所高级合伙人，北京大学法学博士（刑法学）。

[**] 邢志，青海省律协刑事专业委员会、重大案件指导委员会副主任。

[***] 王新，北京大学法学院教授，博士生导师。

第一节　信用卡诈骗罪的认定难点

看法条要首先看动词，刑法又叫行为刑法，不管行为人身份怎么样，如果没有行为就不会构成犯罪。信用卡诈骗罪法条中使用了几个动词，第一个是三次使用了“使用”这个词，“使用伪造的”、“使用以虚假身份骗人的”、“使用作废的”。第二个动词是“冒用”，这两个词在本质上是有区别的。在10年前恶意透支并不是刑法研究重点问题，由于目前恶意透支占据了信用卡诈骗罪数量的绝对比重，所以我们也将重点集中在恶意透支上。可以发现，并不是任何针对或者利用信用卡的犯罪都叫信用卡诈骗罪，其仅限于5种情况，对象本身也就被限定了。

一、恶意透支构成信用卡诈骗罪挑战刑法总论原则

恶意透支挑战了刑法总则原则。它挑战的是刑法中的是主客观相一致原则。主客观相一致包含两个内容，一是内容一致，二是主客观同时在，即行为与故意同在。恶意透支构成信用卡诈骗罪的首要问题是需要证明行为人在什么时候实施诈骗行为的。第一个可能的时间点是行为人持自己的身份证办好信用卡。但是，显然不能认为办卡就是诈骗。第二个可能的时间点是行为人使用这张卡透支，比如星期一刷卡给女朋友买一束鲜花，星期二请朋友吃饭，分了N次才刷完信用卡额度。那么其哪一次实施诈骗？

如果行为人十次刷完额度，那么第几次是实施诈骗？第一次还是第十次？假设这十次行为都不是诈骗行为，那么就会产生其他问题了。超过3个月“不还”是第三个可能的时间点，“不还”属于不作为，行为人显然有还款义务，这个义务来自合同。那么“不还”是实施诈骗吗？此时，可以发现恶意透支有挑战刑法理论总则之嫌，因为很难确定行为人哪个行为是诈骗行为、何时具有非法占有目的。假设行为人的透支行为在前，且其透支前具有还款的意思，透支后两个月改变意思不愿归还欠款，在这种情况下，透支行为与之后产生的不愿归还的主观故意之间是有时间落差的。此时，如果将透支行为和之后产生的不

愿归还的故意结合认定诈骗罪,实质上就突破挑战了刑法总则要求的主客观相一致原则(同时原则)。

面对这样的问题,应该如何处理?第一个解决方式是客观归罪,只有这样才能将这种客观行为在前,主观故意在后的行为定为犯罪。第二就是限缩适用范围,《刑法》第196条第2款恶意透支型信用卡诈骗罪只能适用于透支前(时)就具有非法占有目的的人,即那些自始至终靠信用卡白吃白喝始终不具有还款意思的典型行为人。

二、恶意透支持卡人范围的界定困难

恶意透支的第二个理论困境是持卡人范围的界定问题。若是信用卡被他人从原持卡人处借走后透支,经过催告未还,是否构成信用卡诈骗罪?如何认定持卡人?此时认定借用人实施了信用卡诈骗不合适,借用人不具有诈骗故意,而原持卡人又不具有实行行为。为弥补这种处罚漏洞,是否可以将持卡人本身进行扩张性解释?但是,如这样扩张会造成更大的理论混乱,因为这种扩张会使得非法占有的目的认定更加困难,很难确定"办卡"或者"透支",抑或是"不还"中哪一个行为构成诈骗。即使确认某次行为是诈骗行为,也很难认定诈骗数额,因为按照主客观相一致原则(同时原则),只有当某一次透支不具有归还意思的时候,该次透支才能是诈骗行为。那么这就意味着产生"透支不还"前面所透支的金额应在犯罪数额中减去。但是,这种认定操作起来难度很大,执行成本太高。

三、"超过规定期限"不归还体系地位不清

恶意透支的第三个问题是行为人透支后"超过规定期限"不归还。此处涉及客观处罚条件的认定,一般认为,诈骗罪的成立与银行催不催没有关系,与行为人归还欠款与否也没有关系。不能认为行为人实施诈骗行为既遂之后再归还欠款,从而就使得原本的诈骗行为不存在。当然,可以认为创设客观处罚条件,但那是另一回事,符合构成要件该当性诈骗行为是存在的。此处《刑法》的规定似乎已经把一个客观处罚条件变成构成要件该当性的内容了。可以发现,恶意透支型信用卡诈骗罪与侵占罪构造极其相似,属于将侵占罪法律拟制为诈骗罪,因为严格来说恶意透支型信用卡诈骗最典型的表现形式其实就是

行为人合法取得透支资金,之后因超过限额或期限经催收不归还而变为不法所有。

四、信用卡诈骗罪规定法律拟制现象解构

(一)"盗窃信用卡并使用的都定盗窃"是法律拟制

《刑法》第196条规定,盗窃信用卡并使用的,依盗窃罪定罪处罚。盗窃信用卡并使用的理论争议是定性为盗窃罪还是诈骗罪,盗窃信用卡并使用其实有两种使用方式,第一种对人使用,此种使用方式需要对方做出一个判断。第二种是对机器使用,盗窃信用卡对机器使用的时候认定为是盗窃符合通说。盗窃信用卡在机器上使用构成盗窃,此处属于故意规定。但是,法律规定无论行为人盗窃信用卡之后的行为是不是一个典型的诈骗行为,都应按照盗窃罪来处理,这样就相当于把盗窃加诈骗的组合直接认定为诈骗罪,这其实就是一种法律拟制的规定。举例而言,盗窃信用卡用来质押,此时并没有发挥信用卡的通常功能,所以只能构成诈骗罪而不构成信用卡诈骗罪。当信用卡被他人盗刷了以后,银行如果按照提供信息去起诉持卡人,很可能查无此人,或者持卡人根本不知情。盗刷者与第三方商户的合同是冒用持卡人的名字,所以对持卡人来说这个合同相当于不存在。

(二)"冒用他人信息卡构成信用卡诈骗罪"也是法律拟制

冒用是未经持卡人授权的情况下假冒他人使用他人的信用卡。冒用与使用的核心区别是未经持卡人授权。如果经过授权之后是绝对不会被认定为冒用,"冒用"的核心就是"未经授权"。那么这种情况下大家需要注意一个问题,这个地方出现了一个法律拟制,即《刑法》第190条信用卡诈骗罪中冒用他人信用卡行为构成信用卡诈骗其实是把一种类似非诈骗的侵占行为法律拟制为诈骗罪。

1. 被骗的对象必须是人

"使用"和"冒用"信用卡的对象既包含面对人使用也包含面对机器使用。但是,诈骗对象必须是一个自然人。曾经有最高人民检察院的检察官写过一篇论文,认为电脑所用的程序代表了程序设计者或者程序所有权人一种思维的实现,所以具有属性的电脑在一定情况下就是代替一个人对一些事物进行

识别并作出判断。因此,欺骗这种人工智能型电脑的,可以认为行为人构成诈骗罪。单纯从逻辑的角度出发,这个观点似乎是成立的,写学术论文阐述不同观点也问题不大,但这种观点实质上是严重有问题的,问题就在于其忽视了诈骗罪的本质特征和盗窃罪的本质特征的区别,即诈骗罪一定是改变了人类对世界的正确认识的。换言之,诈骗罪涉及一个世界观问题。只有人类才会对世界有一个正确或者错误的看法,机器是不存在此种看法的。机器单纯只能进行信息的输入和输出,以及中间的信息的处理,而人类不是这样。人类是有一种整体性的想象性思维。

2. 只有人才有资格成为诈骗罪的受骗人

人的动作在可以称为行为,而狗的动作在只能称为是本能,而这种情况下狗的大脑的神经反应远超过一台电脑。简单来说人有行为,动物没有,动物只有本能。虽然有很多动物的智商很高,可以相当于13岁少年的智商,但是它的每一个动作都来自基因发出的指令。它绝对没有办法在任何人的指引下学会有目的地做一件事情,所以它的一切都是盲目的。人类却是独特的存在,环境不管怎么改变,人类都可以和蟑螂一样都能够重新适应环境,我们不需要长出毛来,只要升火炉就可以去北极。所以人和动物的本质区别是非常明显的。此时不是基于行为人角度而是从被害人角度出发,可以发现诈骗罪中的受骗人必须具备受骗人资格,如果受骗人不具备资格。也定诈骗罪,就会出现严重的问题,忽视了人的行为之独特性,进而造成诈骗罪可以被取消,没有独立出来的任何必要性,因为完全可以被盗窃罪所包含。

所以此时应该坚持诈骗罪在原则上必须有一个合格的人作为受骗人的底线。而机器无论发展到什么程度,任何一台机器它在目的和想象力这件事情上绝不可能超过一条狗。机器可以在运算方面达到超乎想象的程度,但机器是不会有目的,也不会有想象力。它是没有资格成为诈骗罪受骗人。

五、本罪的信用卡外延规定存在漏洞

本罪的信用卡包含了借记卡,全国人大常委会通过立法解释给信用卡下了一个定义,即“刑法规定的‘信用卡’,是指由商业银行或者其他金融机构发行的具有消费支付、信用贷款、转账结算、存取现金等全部功能或者部分功能的电子支付卡。”这属于一个扩大解释,但是这个定义本身会造成巨大的漏洞。

定义中的“其他金融机构”很难界定，例如，小贷公司是否为金融机构？支付宝、微信这种第三方支付机构是否为金融机构？严格来说，我们今天通过支付宝和微信进行的个人金融活动已经远超过四大银行，在这种情况下不把它们认定为金融机构，不具有合理性。同时，对“功能”的定义也有问题，为了把借记卡包含进去，认为只需要具有金融部分功能即可。但如果只是部分功能的话，就出现了很多的问题，比如超市经常会发行购物卡，那么这种卡本身如果有比较强大的支付功能、消费功能，能不能界定为信用卡呢？可能有人认为因为它们不是金融机构发行的，所以不是信用卡。但这种观点就必然会引起人们的不满与质疑，为什么银行发行的电子支付卡属于信用卡，而超市发行的就不属于？

六、盗窃信用卡信息套现行为是典型的盗窃行为

如果对信用卡信息资料进行滥用，则也属于冒用他人信用卡。简言之，并不需要有一张实物卡，只需要知道信用卡的各种各样的信息，进行操作即可。假如行为人获取持卡人的全部信息资料，通过网络方式先买飞机票，以及用其他方式进行套现，最终行为人把持卡人信用卡账户的钱套走，这个行为目前实务中认为应构成信用卡诈骗。但是，其实这一系列行为最契合的仍是盗窃罪，为什么？因为持卡人对财物是没有任何处分意思的，行为人未经过持卡人的允许，直接从持卡人的卡里面划走财物，应该是属于典型的盗窃行为。

七、信用卡诈骗数额不包括利息

下面谈下本金计算原则。诈骗罪的诈骗数额是不包含利息的，诈骗罪只保护受害人作为历史和当期的利益，并不保护它的逾期利益或者叫作未来利益。利息属于未来利益，因此利息问题不属于诈骗罪的诈骗数额应考虑的问题。那么，这个时候银行还有没有权利把那个利息要回来？答案是有权利要回来，因为当刑法保护它的本金的时候，民法照样有可能保护它的利息。这已经得到了司法实务部门的认可，2018 年最高人民法院、最高人民检察院颁布的《关于修改〈关于办理妨害信用卡管理刑事案件具体应用法律若干问题的解释〉的决定》中明确补充规定，“恶意透支的数额，是指公安机关刑事立案时尚未归还的实际透支的本金数额，不包括利息、复利、滞纳金、手续费等发卡银行收取的费用。归还或者支付的数额，应当认定为归还实际透支的本金。”

第二节　信用卡诈骗罪实务疑难问题与辩护要点

一、“信用卡”内涵的界定及辩护要点

全国人大常委会有一个关于刑法中信用卡的定义的解释，即“刑法规定的‘信用卡’，是指由商业银行或者其他金融机构发行的具有消费支付、信用贷款、转账结算、存取现金等全部功能或者部分功能的电子支付卡”。

可以发现，一张银行卡只要具备了消费支付、信用贷款、转账结算、存取现金中的任意一个功能，就是信用卡。按照这个视角，金融机构发出的卡基本都属于信用卡，几乎没有不是信用卡的银行卡。在我们的生活里有没有这种具有金融功能，但是不是信用卡的卡片？举例而言，若是北大食堂发行的饭卡和金融机构联网结算的话，那么北大食堂发行的饭卡就是信用卡！这个立法解释给我们的司法实践带来了一些需要厘清的理念。

1. 信用卡额度辩护要点

举例而言，有这么一张卡，叫中国工商银行的小额易贷卡，这个卡能透支300万元。这张卡是一个信用卡诈骗案件的重要的物证，它的名称叫“小额逸贷卡”，“逸”其实是“易”的谐音，就是容易贷款的意思。这张卡可支取的额度，为持卡人引来了一场牢狱之灾。有个问题值得思考，信用卡透支是一种凭借个人信用度，供“先借后还”的消费模式服务，那么把它的透支额度设置在多少比较合适？不管是工商业者，还是上班一族，抑或是公职人员，信用卡就是为供个人日常开支提供短期周转的金融工具，而不是供私营企业进行生产经营周转，额度设置在多少比较合适？

所以说，这个案件的焦点之一就是发卡行发行的这张卡能透支300万元，其到底是为持卡人提供了一个供个人消费的周转金，还是一个贷款产品？在最高人民法院、最高人民检察院《关于修改〈关于办理妨害信用卡管理刑事案件具体应用法律若干问题的解释〉的决定》出台之前，司法机关考察此类案件的重点就是是否有不能还款的情形，而不是该种借款的性质到底为何。当事人到案以后，基本就是认罪认罚的态度，很少有人考虑自己用款的形态是“借

款”还是在发卡行允许的范围内“透支周转”。好在现在最高司法机关充分重视这个问题,将包装成信用卡的信贷产品和真实的信用卡使用做了区分,并明确使用包装成信用卡的信贷产品而发生的逾期还款行为,不得使用刑事规范进行调整,这是一个非常巨大的进步,因此用该卡获取300万元的嫌疑人,经过辩护后,最后被认定为无罪。

2. 信用卡功能辩护要点

在众多眼花缭乱,都打着信用卡旗号的金融产品中,谁有权利对这些金融产品的性质进行认定呢？在我办理的“鲍某信用卡诈骗案”中,控辩双方对高达200万元的透支金额的性质争论不下,公诉机关要求人民银行、当地银监局对被告人使用的青海银行的“三江精灵卡”是否属于信用卡,该种行为是否属于透支,给予认定。当地银监局回复:“我局只负责监管,但是具体业务由各自银行管理,我局不掌握具体的情况。”银监局为什么不能依照全国人大的这个解释把这个卡的性质认定一下呢？可以看出,其态度是十分审慎的。人民银行回复:“对于此种方式是否透支,由于你们提交的这个明细中没有时间和余额,没有办法判断是不是透支。其次我们无法确定三江精灵卡属于何种卡。”

在银监局和人民银行都不能判断卡的性质和嫌疑人行为的性质时,就只有司法机关有权认定了,最终这个案件的审判机关认定罪名成立。同样是用款不还,300万元的没有被认定为犯罪,200万元的获刑10年以上,这就说明司法和立法是不断进步,不断完善的。在人民银行和银监局不能认定这些卡是不是信用卡,而司法机关做出肯定的认定后,辩护人如何操作？

在为“小额逸贷”这个案件辩护的时候,辩护人发现了一个非常重要的证据,就是这个产品的章程。一般的产品都有章程或者管理办法,以后审查信用卡犯罪案件的时候,一定要注意这些证据,比如通过审查这个产品的管理办法,就会发现,管理办法明白地说明了这个产品就是为小微企业解决快速融资而设的。只是企业法人又不能持有银行卡,就采取了企业主办卡,企业用款的情形。单位有支票转账的各种金融支付手段,但就是没有银行卡,而当银行卡的使用人和持有人不一致的时候,持卡人就有替使用人承担责任的风险。有些企业在需要融资的时候,企业主是根本不考虑这个风险的,他需要用这个金融支付手段来占有资金,一旦流动资金发生支付困难的时候,就很喜欢接受这种以透支的方式来获取贷款的形式。2019年刚修订的《关于修改〈关于办理妨害信用卡管理刑事案件具体应用法律若干问题的解释〉的决定》第11条,就是针对这种情况做出的规定。以法人的名义申请,但登记在法定代表人名下的这种银行卡,主要服务于小微商户的生产经营活动,最终由于经营不善而不能还款的,不能够认定持卡人有非法占有的故意。大家遇到这一类的案件的时候要详细地甄别。

二、对"养卡"行为的定性

此外在司法实践中,还有巨额的信用卡诈骗案件,本人见过的最高额度有上亿元的。是不是大额就意味着这个产品都是一种贷款产品关系呢?并非是。例如,银行工作人员和嫌疑人里外勾结共办理了100张卡,每张卡的额度是100万元,全部透支出来,这就是造成了一亿元的损失。

大额的信用卡诈骗的钱全部刷出去了以后,这个卡就成了一个空卡,但是银行的催收还有计息的系统是运转的,到了月底时100张卡全都还不上了,这个时候事情眼看要暴露,如何继续隐瞒下去,这成了嫌疑人的当务之急,解决办法就是养卡。电线杆上贴了非常多这种广告,叫"收费养卡",什么叫养卡?养卡是如何操作的?实际就是把持卡人逾期未还款卡全部交到非法经营者手中,非法经营者自己有POS机,到月底非法经营者负责垫资把逾期款项汇给银行,银行的核算系统显示此信用卡就是正常的,因为正常借按期还,通过银行每月的核算后非法经营者第二天就通过POS机把这个现金刷走。这就是养卡。但是,由此延伸出来非常有趣的问题,司法解释明确规定只有通过自己控制的终端,编造虚假交易,为他人提取现金才构成非法经营罪。那么养卡的这种行为能不能构成非法经营?在"养卡"的全部操作过程中,没有提取出一分钱的现金交给持卡人,养卡人的钱作为还款直接转进到卡里来,使这个卡在账面上保持不逾期正常状态。但是,法条规定的是虚构交易并提取现金,然后将交易金额交给持卡人,方才构成了非法经营罪,而养卡的情况是行为人帮助持卡人保持良好的信用记录,这是否构成犯罪?某市的两级法院都认为这构成犯罪,认为这种行为等同于向他人支付现金。

在法院的判决书中如果出现"等同于"这种表述的时候,某种程度上是和罪刑法定的原则相冲突的。法院的这种类推是没有道理的。

三、催收应限于三种方式

上面几个问题我们解决了什么是信用卡,什么情形下能够构成犯罪。最后介绍一下,惩治信用卡犯罪的一个法定的前置问题——催收的问题。

"两高"的解释非常明确,催收必须符合三个月内两次催收的量。两次催收一般应当采取电话、信函、上门等两种以上的催收方式。首先,电话要有电话录音,但现实中,银行能提供的就是自行制作的通话记录,没有其他证据能够证明发生过通话的事实。其次,信函一定要有回执。上门催收一定要有当事人或者近亲属的签字,这是已有明确规定的。此时出现了一个问题,最高人民法院《关于信用卡犯罪法律适用若干问题的复函》中称:"'两次催收'一般应分别采用电话、信函、上门等两种以上催收形式。"可以发现该复函中规定的三种催收方式后面有一个"等"字,结果银行就采取了五花八门的催收方式,有在报纸上发公告,有的上门贴通知等。公诉机关认为上述文件中的"等"字是列举未穷尽之意,而作为辩护律师则认为该字是列举穷尽之后的煞尾,具体理由如下。

1997年《刑法》中共有29个含"等"字的条文,计35个"等"字。这些"等"字都用于列举之后,例如第56条"对于故意杀人、强奸、放火、爆炸、投毒、抢劫等严重破坏社会秩序的犯罪分子,可以附加剥夺政治权利。"如果"等"字的这种用法只有一种含义,绝无引起歧义之虞,事实上,"等"字用于列举之后有两种相反的含义:一是"表示列举未尽;二是"列举后煞尾,如长江、黄河、黑龙江、珠江等四大河流"。对刑法中的"等"字应作何理解呢?

根据罪刑法定原则,立法者之所以大量采用在"等"字前列举的表述方式,完全是为贯彻罪刑法定原则。《刑法》过多的概然性条款,给予了司法机关过大的司法裁量权,其后果是不仅易使立法权受到司法权的侵夺,而且容易造成法外定罪处刑,不利于公民权利的保护。对于"等"字前进行列举的表述方法,以此推定,为贯彻罪刑法定原则,也应理解为列举已穷尽,而不能理解为列举未穷尽;否则,又将重蹈覆辙,容易作出过度扩大解释,而这是立法机关已予注意并加以防止的。

总之,从保护被告的合法利益角度出发,均应当理解为发卡行催收的手段仅限于三种方式,否则发卡行的催收手段层出不穷,甚至使用秘密手段,社会经济秩序将一片混乱。

第三节 知识综述与延伸

一、"信用卡"的立法沿革

《刑法》第196条信用卡诈骗罪，是在1995年全国人大常委会通过的《关于惩治破坏金融秩序犯罪的决定》(以下简称95补丁)中出现的。大家要注意，"信用卡诈骗"中的"信用卡"，其行政规章上的依据是来自于央行1996年的《信用卡业务管理办法》。在央行1996年《信用卡业务管理办法》中信用卡的概念，包括了贷记卡和借记卡，但1999年央行出台的《银行卡业务管理办法》取代了1996年《信用卡业务管理办法》。1999年央行《银行卡业务管理办法》中"信用卡"就变成了一个下位概念，也即信用卡诈骗罪的"信用卡"实际上在制定的时候既包括贷记卡也包括借记卡，信用卡是上位概念，但在1999年央行《银行卡业务管理办法》中，信用卡就变成了下位概念。现在在金融学界都喜欢叫银行卡，实际上金融犯罪中的信用卡犯罪称为银行卡犯罪更好，因为它向商业银行所发出的这种电子卡片内涵是紧密结合在一起的。

所以在这种情况下，全国人大常委会2004年出台了立法解释，它的一种最基本的意思是信用卡与借记卡在新的业务管理办法当中的地位是持平的。目前信用卡诈骗罪或者说信用卡犯罪实际上是包含了借记卡。那么以借记卡为对象的犯罪应该怎么办？"使用假的"、"使用作废"和"冒用"，信用卡、借记卡都可以成为这三种行为的对象。但是，所用的措辞都叫作信用卡，表象上看是把借记卡排除在外的。这种情况怎么办？全国人大常委会有一个简单的办法——立法解释。这个立法解释出台的一个主要的问题就是在保留过去信用卡诈骗罪的这个称谓的前提下，为了解决借记卡在表象上没有纳入的问题，立法解释补充"只要是商业银行或者其他金融机构发行的具有消费支付、信用贷款、转账结算、存取现金等全部功能或者部分功能的电子支付卡都叫信用卡"。可以认为，在司法机关中形成的证据体系当中，不管是什么卡，只要是银行发出的卡片都能被纳入这一条。因此，立法解释解决了借记卡表象上不能归入信用卡诈骗的行为。

综上所述,通过立法解释,信用卡就等同于金融界业内的银行卡。刑法和金融中信用卡的层次和内容是完全不一样的。在金融学界信用卡是下位概念,但是在《刑法》第196条中信用卡是上位概念。为了让两者相适应,只有两种办法,一是修改《刑法》第196条,但是成本太高;二是全国人大出台立法解释。最后大家觉得立法解释相对来说成本比较低,所以全国人大常委会已经出台了十几个立法解释,它主要就是解决"两高"之间所产生的争执。

二、信用卡诈骗罪的立法背景

信用卡犯罪包括伪造、恶意透支和非法套现,一直都被认为是信用卡延伸出来的三个毒瘤。比较夸张的说法是"恶意透支占了99%的信用卡诈骗",这个数字倒并不是很确切,但是基本上可以反映出恶意透支在三大毒瘤中是最厉害的一个毒瘤。

要注意的是,银行卡犯罪在中国有一个变化的过程,如信用卡诈骗罪和伪造金融票证罪。有的人学了很久《刑法》,最后说中国有伪造信用卡罪,这是不对的,中国《刑法》的罪名体系当中并没有伪造信用卡罪。伪造信用卡是放在伪造金融票证的框架下面。也就是说,金融票证包括了4种行为对象,即票据、金融凭证、信用证和信用卡。金融诈骗8类罪有票据诈骗罪、金融凭证诈骗罪、信用证诈骗罪和信用卡诈骗罪。金融票证对象如果成为伪造的对象,这个关系就叫作四归一。但是,在诈骗罪的框架下却出现了4个罪。换句话说,没有伪造信用卡罪而有伪造金融票证罪。这4种对象我们把它拆分成为4个罪,为什么要这么做?如果把4个诈骗罪合而为一,一个罪名里面包含4种类型诈骗罪,不符合体系之美,因此《刑法》将行为对象拆解成4个。这是立法中非常有趣的现象。所以在我国《刑法》中没有伪造信用卡罪,也没有金融票据诈骗罪。信用卡诈骗罪为什么要出现?实际上就是银行开展了一种发卡大战,信用卡要占据一个市场。各个商业银行都有信用卡的业务,因此一定会形成一个发卡大战。那么,面对激烈的同行竞争,商业银行在发卡的过程中可能在程序方面就不是非常严格,这也给许多诈骗分子留下了可乘之机,比如伪造资料。银行面临这种威胁怎么办呢?银行就想到让《刑法》给其保护。于是在银业的推动下,立法机关就把信用卡诈骗加进金融诈骗这个体系当中,所以信用卡诈骗实质上就是一个类罪名,虽然其是个罪,但是它包括了几种行为形态。上次在修改《证券法》的时候,要求证券法要与《刑法》联动,证券法学者还有些担心能否实现,但实际上不用担心。关于金融犯罪罪名只要提出来,基本就能添加到《刑法》里。金融有一个非常强势的一种背景,这是没有问题的。

三、"冒用"行为内涵分析

关于"冒用",大家要注意一个措辞,一定要从民商法的角度来看待,其最核心的内涵就是未经持卡人许可。未经持卡人许可所引出的问题就是这个卡片怎么到的行为人手中,但是这个问题重要吗?根本不重要。行为人只要不经过持卡人的许可用持卡人的卡都叫"冒用"。至于这个卡是怎么来的根本不重要。但是,我国《刑法》规定得很奇怪,盗窃并使用信用卡的定盗窃罪,盗窃信用卡并且使用就符合未经许可的冒用。按照"冒用"的本身的含义,卡片怎么到行为人手里的不重要,所以这种情况下"冒用"的含义是非常广的。但是,为什么在刑法学界就产生了盗窃和诈骗之间的一种对抗?大家可以看到张明楷老师关于诈骗和盗窃之间关系的一种最经典的描述。处分行为要有处分意识和处分能力,机器有处分能力和处分意识吗?张明楷老师认为没有,这就是盗窃。所以张老师是从处分意识和处分能力的角度来考虑。这种界分在很多文章当中都是被批评的对象。但是,实际上在司法实践中已经采纳了,特别是2009年关于信用卡的司法解释的规定。"冒用"的另一种形式被称为窃取信用卡信息资料,这种行为手段实际上也是盗窃,只不过它盗窃的是电子卡片。问题是,如果行为人盗窃他人口袋里的物理卡片而使用的,根据《刑法》第190条第3款定盗窃罪,然而如果行为人盗窃的是他人的信用卡信息资料并通过终端来使用,则定性为"冒用"他人信用卡,从而构成信用卡诈骗罪。

四、恶意透支型信用卡教义学分析

信用卡与借记卡是银行卡的两个分支,这两者之间最大的区别就是看行为人能不能透支。换句话说,信用卡有透支功能,借记卡没有透支功能。《刑法》第196条4种行为形态最后一种,借记卡是根本不可能作为对象被包括进去的。借记卡唯一能够成为侵害对象的就是前三种形态。可以认为,司法解释把这4种行为形态的立案标准,前三个当作一类,信用卡恶意透支当作一类。这就是在立法解释的基础上采取了一种分类的办法来界定。

(一)“有效催收”如何界定

《刑法》第196条第2款明确界定了“恶意透支”的概念。简言之,即以非法占有为目的,超限额、超期限经催收而不归还。《刑法》第196条第2款对“催收”的界定没有限定词,因此在这种情况下就会导致恶意透支的使用面很宽。为此,2009年的司法解释将其限定为“两次超过3个月不还”,这是在司法解释中提升了门槛。后来,发现“催收”在实务运作中还是有问题,就是前面邢志律师提到的银行今天给持卡人打个电话,明天再给持卡人打个电话就满足两次了,这个“两次”标准太容易符合了。在这种情况下,虽然是想把“催收”作为一个门槛条件,但是这个催收实际上就是一个虚置的概念。可以说,恶意透支的程序要件基本上是作废的,这导致大量的案件都满足恶意透支,怎么办?对此检察机构也很头疼。学者就长期呼吁“催收”的界定不能以银行为标准,要以持卡人为标准。学者一直说要把“催收”前面加“有效”,即有效催收,有效是针对持卡人而言的。

2018年12月“两高”出台《关于修改〈关于办理妨害信用卡管理刑事案件具体应用法律若干问题的解释〉的决定》,称为“有效催收”,明确了认定“有效催收”的4项条件:一是要求催收在超过规定限额或者规定期限透支后进行。如果持卡人的透支尚未超过规定限额或者规定期限的,属于对信用卡的合法使用,此时所谓的催收,本质上属于《信用卡管理办法》第67条规定的“提醒”,不属于催收。二是要求催收应当采用能够确认持卡人收悉的方式,但持卡人故意逃避催收的除外。实践中,商业银行常见的催收方式包括电话、电子信息(含短信、微信、电子邮件等)、信函、上门等,除持卡人故意逃避催收外,其实际上都应能够确认持卡人收悉。三是要求两次催收至少间隔30日,旨在解决发卡银行短时间内连续催收的不当做法。四是要求符合催收的有关规定或者约定。这是非常有趣的一个司法解释的变化。一直存在一个质疑,《刑法》凭什么将恶意透支定为犯罪?这是一个纯粹的民事关系和金融上的关系,恶意透支应当由银行与持卡人通过民事诉讼解决。刑法介入的正当性是什么?质疑确实有道理。但是,在《关于惩治破坏金融秩序犯罪的决定》中已经把它写入《刑法》中。在这种情况下中就要维系它,所以“两高”很狼狈。“两高”对“催收”在2009年司法解释中做了两个限定,2018年《关于修改〈关于办理妨害信用卡管理刑事案件具体应用法律若干问题的解释〉的决定》又进行了两个限定,现在“催收”这个程序要件时限定已经很严格了。

(二)恶意透支数额标准

把恶意透支的门槛条件拔高的另一个体现是在数额方面。过去1万元就可以立案,现在要求5万元才可以立案,门槛条件明显拔得很高。司法机关对恶意透支的案件数量已经很头疼,但银行并未百分之百的报案。给大家个数字,实际上银行报案率5%都不到。换句话说,透支对银行来说是一种风险,但是它必须要这么做。因为是扩大它的经营的必要。另外,透支实际也是一个短期的信贷,它实际上获利来源主要是透支者滞纳金的。透支在信用卡业务中是一个非常普遍的现象,银行面临两难选择。如果对恶意透支全部报案,人们必定不敢用这家的银行卡,同时也不会去这家银行存款。因为银行之间竞争很激烈,所以银行也只是选择一部分报案,大部分是通过外包追偿。

2018年《关于修改〈关于办理妨害信用卡管理刑事案件具体应用法律若干问题的解释〉的决定》主要就是为了解决司法实践中“恶意透支”的问题。这里面最为重要的一个就是“肆意挥霍的资金无法归还”在2009年司法解释中被定性为以非法占有为目的。这具有严重的逻辑错误,可以称为“疯子条款”,因为这完全与信用卡的透支的功能是相对抗的,某种程度上透支的功能就是鼓励“肆意挥霍”。但是,2009年司法解释却将这种情况作为推定“非法占有为目的”的客观情况,实在是毫无道理。所以到了2018年《关于修改〈关于办理妨害信用卡管理刑事案件具体应用法律若干问题的解释〉的决定》中废除了该条。

(三)“非法占有目的”推定事由变化

还有一个修改是,2018年《关于修改〈关于办理妨害信用卡管理刑事案件具体应用法律若干问题的解释〉的决定》将“非法占有目的”推定事由中“使用透支的资金进行违法犯罪活动的”中“违法”两个字删除了,进一步限定于“进行犯罪活动”,这体现了非法性程度要求的一个提升。另外,就是采取举证责任倒置,检察机关如果发现这6种“非法占有目的”推定事由客观外化的情况,被告和辩护人可以进行反驳,这又叫可反驳的事实推定。

如果不了解司法实践之中的动态的冲突、对抗、化解,大家看这种司法解释很容易停留在静态的文字方面。

第十四讲

数字货币传销的罪与罚

王素军* 王 新**

课程概述：数字货币是一种新型货币，由于其独特的特点，往往与多种刑事犯罪相关联，尤其是与传销犯罪。在此，我们共同探讨数字货币的基础知识、数字货币与传销犯罪的关系以及数字货币传销犯罪预防。本讲分为三节，第一节由王素军律师主讲，主要讲述了数字货币与传销犯罪的基础知识、数字货币犯罪典型的案例与争议焦点以及犯罪预防；第二节由王素军律师对同学们提出的问题，给予针对性解答；第三节由王新教授总结，综述并延伸了相关知识要点。

* 王素军，北京大成（南京）律师事务所律师、高级合伙人。

** 王新，北京大学法学院教授，博士生导师。

第一节　数字货币的犯罪辩护焦点与犯罪预防

本讲的案件案发于2017年3月,办案单位是盐城法院,这个地方韩国人特别多,本案主犯和数字货币均来自韩国。数字货币叫DGC币,全世界有很多种数字货币,但这个币是比较新的,被列为传销币。

一、数字货币的基础知识

在开始本次的案件介绍之前,我们需要首先介绍一下数字货币的基础知识。数字货币是指不存在于现实世界,不以物理介质为载体的货币,是一种非实物货币。非实物货币又分为电子货币、虚拟货币和数字货币。

(一)电子货币与数字货币简介

电子货币和数字货币两者从发行主体、使用范围等方面都不同,我们比较熟悉的电子货币有银行卡、公交卡以及支付宝、微信,这其实是法定货币的电子化。我们比较熟悉的包括Q币、比特币、莱特币等在内的虚拟货币是我们常说的数字货币,电子货币与数字货币的概念很难区分,在本案的起诉书里,公诉机关使用的是虚拟货币这一概念,实际上数字货币也属于广义的虚拟货币。数字货币最早是由经济学家哈耶克在《货币的非国家化》一书中提出的,现在最流行的数字货币是日裔美国人中本聪提出来的,有人说中本聪是一个无政府主义者,他想推动的货币无国界,让货币能够以最低成本流通。目前全世界有1600多种数字货币,总市值达到3400亿美元,其中比特币占近1/3,全球币民数量达到了4000万~6000万人。

(二)数字货币具有高风险性

有位经济学家说过一句话:99%的数字货币都是垃圾,自愿当韭菜的才会去持有,中国人持有的数字货币、创建的数字货币都是假的。另外一个经济学家郎咸平说过,所有的数字货币都是骗人的。央行也警告当前市场上数字货币都涉嫌传销诈骗,全部是非法的。

有学者列出了数字货币的6大禁,即传销币、社区局、假平台、假币假钱包、假网站、代投。有一个暗黑币我在最后会讲到,发生在江苏徐州,涉案金额高达15亿元。这是几年前的一个刑事案件。

(三)如何区分数字货币与传销币

如何区分数字货币与传销币? 主要有以下几点:(1)以人头、佣金、对碰金区分。(2)以动态收益、静态收益区分。(3)高收益、低收益区分,10% ~15%以上算作高收益,因为在银行做理财能达到6% ~8%已经是很高了。(4)购物返利区分。(5)三进三出分销盘区分。

(四)数字货币的代表——比特币

2008年中本聪提出比特币,货币数量限制在2100万个。办这个案件的时候曾查阅了大量资料,最早搜索到的一个通知,这个通知提到,比特币并不是真正意义上的货币,是一种数字货币。中国人民银行行长提出,比特币是一个虚拟商品,不能且不应作为货币在市场上流通。但实际上国家也不会取缔它,因为实践中存在它的价值空间。

比特币的走势从2003年2000美元到2018年达到最高峰2万多美元,后来又降到3000多美元。目前的最新价格是8671美元,折合人民币不到6万元。比特币2018年12月3日至2019年5月30日的价格涨幅是182%,如果会炒币,获得的收益也是比较高的。

欧立奇等人在《数字货币投资宝典》一书中指出,比特币很伟大,利用比特币那些公司和个人不一定很伟大。这句话非常有道理。比特币在实践中可能会被非法利用,如洗钱、贩毒。我的一个当事人在加拿大留学,了解到暗网,他回国后利用比特币在暗网买卖大麻,因涉嫌贩卖毒品被刑事拘留。

数字货币遇上传销就产生了本讲的这个案件,数字货币传销也是金融传销的一种,勉强算是一个广义的金融犯罪。

二、传销犯罪的基础知识

(一)传销的基本概念

关于传销,《禁止传销条例》里有所提及,传销是指组织者发展人员,通过发展人员或者要求被发展人员以交纳一定费用为条件取得加入资格等方式获得财富的违法行为。传销的本质是“庞氏骗局”,即以后来者的投入作为前面人的收益。传销的实质,从最顶端开始,每个人发展下线5个人,下线再发展5个人。传销滚动起来非常快。我们可以看到,所有案件涉及的人数非常多,传销除了金字塔顶端人士成功外,大部分都是失败的。如果传销遇到互联网就是互联网传销,江苏省互联网金融协会给互联网传销做了一个界定,具体可以查阅《互联网传销识别指南》(2017年版)一书。

(二)数字货币传销的特点

数字货币传销一般具有以下特点:第一,有实在的产品数字货币,而且被包装得很高级。第二,参加者可以获得拉人头奖励,奖品是数字货币本身。第三,底层的损失往往非常大。

大家可以看一下《刑法》的相关规定,若构成组织、领导传销罪且符合情节严重的情形可处5年以上的有期徒刑。所以构成传销犯罪一不小心就会被判5年以上,为被告人争取5年以下刑期,如果没有自首、立功情节,往往困难非常大。除此之外,区分主从犯也是一个辩护思路。传销组织一般在30人以上且层级在三级以上,其中认定为传销活动的组织者和领导者是发起、策划、操纵作用的人员,还有管理、协调等职责的人员。下面给同学们介绍的案件中,被告人就是被定性为起到“策划、操纵”,我们辩护的时候认为其没有起策划、操纵作用。

三、本讲案情介绍

被告人余某是韩国人,50多岁。本案诉讼进程非常漫长,本案前后经历了三年。经过我们律师的工作,起诉书认定余某在传销活动中从“策划、操纵”作用改为“协调”作用,为辩护其为从犯做了铺垫。

这个传销组织自成立到案发一共是两年时间,犯罪地点在我国的台湾地区、韩国、菲律宾,中国管辖权只在中国。其传销是通过网络完成的。本案共有15个被告人,其中有两个是韩国人,余某的助手也是韩国人。本案涉及的是共享币(DGC币)传销,账号和层级是55万个和712层,总金额12.89亿元。其中被告人余某发展了8143名会员,涉案金额549万元。起诉书认为被告人在传销组织中所起的作用是担任了传销组织的负责人,这个是本案争议焦点之一。实际上被告人只参加了3个月,经过司法鉴定,这3个月总共新发展会员8143人,涉案金额549万元,与总案值13亿元相比,被告人所占比重很小,约占1/260。

四、争议焦点分析

(一)是否构成传销

针对是否构成传销,我们做了大量调研。DGC交易平台以推销DGC虚拟货币为名,要求参加者缴纳100~5000美元的入门费,这个入门费并不高,但最后损失往往比较大。是否构成传销,依照行政法律、法规进行判断即可。有司法实践经验的同学就会知道,实践中有一个工商局出具的认定函,这个函在实践中经常会用到。究竟如何来看待这个函?首先看一下盐城工商局有没有资格出这个函。我们发现确实有相关法律法规规定了工商局可以出具这个认定函。我们在办理销售假药案件过程中也会有认定函认定。大家可能都看过《我不是药神》这部电影,从印度带回来的药肯定是真药,但经过中国工商局的认定函变成了假药,出现了一个令人哭笑不得的局面——这个药到底是真是假?

如何看待工商局的认定函?认定函的证据类别是什么?我们认为这既不是书证,也不是鉴定意见,而是一种行政违法认定书,工商局的认定函不属于《刑事诉讼法》意义上的法定证据种类,只能作为法官裁判的参考依据。

(二)被告人是否是传销组织的负责人

起诉书认定:2016年9月,被告人余某进入DGC币传销组织,筹建98商城,并于2019年1月受洪某指派,担任98商城代表,并接替明某负责DGC币在中国的推广工作。

如何进行事实认定辩护?作为辩方律师,我们认为,第一,被告人余某从未供述接替明某负责 DGC 币在中国的推广。第二,被告人余某参加济州岛会议,听取中国区负责人意见,指定选择 8 人委员会委员等行为,都是处于该组织没落的时候,当时该传销组织已经出现提现困难。余某实际上只是起到了一个钦差大臣的作用。第三,其他证言(如边某)证据也不能证明被告人余某的身份。被告人余某参加济州岛会议,读的是他人写好的文字稿。因此,从他参与的事情来看,一是证明其为该组织负责人的直接证据缺乏;二是在该组织中其所起的是次要作用。

(三)被告人是否能够构成从犯

既然不能推翻组织、领导传销活动罪的罪名,作为辩方律师,我们非常希望做一个罪轻辩护。考虑到案件涉及金额如此高,刑期肯定是 5 年以上,因此,必然要从主犯、从犯的角度出发,进行辩护。这个案件的主犯都没有归案,创始人李某(号称是韩国的第 18 代传人、原国家商务部长、韩国三星集团大股东),第二任负责人明某、第三任负责人都没有归案。在主犯没有归案的情况下从犯如何认定？有证据证明是从犯认定为从犯,没有证据证明是主犯的也认定为从犯,这是我们的辩点。但实践中从犯的认定难度很大,如非法集资"蓝莓案"被逮捕的 100 多个业务员最后都没有认定为从犯。

1. 被告人构成从犯的理由

我们认为,应当将被告人余某认定为从犯,主要辩护理由如下:第一,工作时间短。该传销组织在 2015 年 1 月成立,2017 年 3 月被全部抓获,共存续两年两个月时间。我的当事人在该组织工作期间 2017 年 1 ~3 月,一共只有 2 个月。第二,被告人余某在公司地位低,其只处理临时性事务,包括到济州岛去读读稿子、参与中国 8 人委员会、听取一些意见,这些都是临时性事务,他并没有官衔。存在明确的证据证明他所参与的 98 商城与传销组织的关系为子母公司,虽然 98 商城为 DGC 币的使用做出了一些贡献,但这个商城销售的金额只有 40 万元。第三,对公司发展的作用小。我们将被告参与期间发展人数与组织总人数进行了对比,被告做负责人期间发展的人数只有一年前的 3%,从发展会员的人数来看,我的当事人对公司的作用非常小。第四,基本没有违法所得。工资算不算违法所得？在非吸案件处理过程中,有一些工资都被作为非法所得退回来了,但就算工资也是非法所得,余某也只拿了 2 个月工资,第三个月工资没拿,至于其他的钱一分钱都没有分得,所以基本上没有获利。被告人余某也不是公司会长,他只是98商城的会长,他根本没有参加什么传销,参与的只是98商城的活动。

2. 横向对比论证被告人处罚过重技巧

但是,很可惜法官对从犯问题的辩护意见都没回应。我的当事人被判6年6个月有期徒刑,罚金200万元。如果单从本案犯罪数额来看,给被告人定的刑期并不重,但是从被告人余某在这个传销组织中的地位、作用、参与犯罪的时间、非法所得等因素看,则判得是太重了。如果与第二个被告人对比,效果更明显。第二被告人是中国区负责人,中国区负责人接收了好几千万元的资金,最后退了2000多万元,有的钱拿到深圳去投资房产,有的投资拍电影。他的非法所得比较高,但是他最后被判处6年有期徒刑,罚金180万元。他的罚金比被告人余某还少,所以余某坚决要求上诉。200万元罚金高还是不高?比第二被告人中国区负责人边某多了20万元,这的确存在不合理之处。我们可以将本案和徐州暗黑币组织、领导传销活动罪进行比较,那个案中的非法所得都是几千万元,最后被判处的罚金也只有300万元,这个罪属于无限额罚金制。根据《刑法》规定,应当根据犯罪分子在犯罪中的地位作用、犯罪时间和非法所得等情节决定罚金数额,结合本案,这个罚金数额显然过重。

五、数字货币传销新案例介绍和犯罪预防

(一)数字货币传销新案件比较

接手余某这个案件后,我们第一个调研的案件是徐州暗黑币传销案。我们对比了几个数字,第一,涉案金额15亿元,和本案金额差不多。第二,主犯被判了8年6个月,罚金只有300万元,但非法所得非常高。徐州暗黑币传销案中有律师参与传销,他收取的资金数额有5700万元,最后被认定为从犯,被判有期徒刑4年,罚金肯定比300万元低。在这个案件中,该律师被认定为从犯,理由是其在组织中的层级较低、发展人数量和金额占整体份额较小。

我们调研的第二个案件是亚泰坊币的案件。现在组织、领导传销活动罪的形式,也“与时俱进”,往往打着“一带一路”、建立亚洲国际金融自由贸易区的幌子,亚泰坊币案在短短一个月时间吸收资金达5.75亿元。

总之,数字货币传销的形式多种多样,给大家分享一些数据,有一篇文章

统计了141起组织、领导传销活动的案件，包括至少65种数字货币，337名传销头目获刑。

（二）金融传销的特点

金融传销具有以下特点，一是以金融概念为传销内容。从传统传销到互联网传销再到金融传销，对数字货币真正了解的人并不是很多，大多数人只知道比特币、挖矿这些简单概念，这就造成很多人被误导迷惑。二是以高额利诱为主要促销手段。主要表现为以各种奖金诱惑，让被害人一开始觉得自己的币在不断增长，最后都大大贬值。三是组织层级扁平化。四是借助互联网和移动终端传播。五是返利模式欺骗性强。六是资金流向不透明。

（三）金融传销的原因

金融传销犯罪有以下几个原因：一是犯罪门槛低。二是法律规制存在缺陷。三是监管有效性不足。实践中，经常会碰到金融类犯罪案件，如打着黄金期货交易名号进行诈骗的黄金期货诈骗案，这些金融类案件往往掺入互联网或金融创新的元素，以此来迷惑被害人和监管机关。同时，网络的发展也为金融类犯罪提供了更广阔的平台，极大地增加了监管难度。

（四）数字货币构成虚拟货币的5个要素

如何判断数字货币是否为虚拟货币？这是在《互联网传销识别指南》（2017年版）中总结的。首先，从发行方式、交易方式来看，虚拟货币是市场自发形成的零散交易，形成规模后逐渐由第三方建立交易所完成交易。交易所非常多。其次，虚拟货币是由某个机构自己发行，并且自建平台进行交易。比如，我们这个案件的服务器架设在韩国，有专门的网络后台。再次，是否给出源代码链接。最后，官网是否以https开头。

（五）金融传销的预防思路

有些是专家老师总结了预防金融传销的几点思路：完善打击金融传销的法律规制，优化防控金融传销的跨部门协作机制，强化金融企业信息披露，加强教育，加强公安机关的打击力度。

第二节　课程知识互动

一、涉外判决上诉期计算起点及是否追缴债权人接受的赃款

(一)涉外判决上诉期开始起点

王素军:出一个题目考考大家,本案是 5 月 22 日宣判,当天拿到的是中文刑事判决书,法院承诺三天之内把它翻译成韩文再交给被告人,那么问题来了,上诉期哪天开始起算?我认为应从收到韩文版判决书开始起算,因为他确实不懂中文。

同学:同意,从收到韩文版判决书开始计算。

(二)是否应追缴债权人所接受的赃款

王素军:本案涉及大量赃款,扣了 1 亿多元的赃款。刑事辩护过程中经常遇到这类问题,当事人认为这类财产不是赃款,或者有的款项已经用于还款了,债权人已经拿到该笔还款,是否应该再进行返还?前几年我办了一个挪用资金的案件,挪用了合伙交易保证金 4300 万元,这 4300 万元到账以后,两个小时以内还给了若干债权人。在债权关系成立的前提下,这些已经接受资金的债权人是否需要返还被挪用的资金?

同学:应该追缴已经接受资金的债权人的资金。

王素军:请说出你的理由。

同学:《刑法》第 64 条规定要追缴非法所得。

王素军:谢谢你,但是从另外一个角度,债权债务关系是真实存在的。我们案件的这 4000 多万元都没有作为赃款赃物追缴。前两年司法解释提到这个问题,有人主张是善意取得。

二、刑辩律师面对的挑战

王素军:以本讲的案件为例,涉外、传销又是数字货币,都是不同领域,做

刑辩律师的挑战永远不知道来自什么领域。比如,这两天我们在谈南京的一个招生诈骗案,某学校不具备招生条件,招生时候承诺学生可以获得大专文凭,但是学生毕业后没有拿到文凭,于是学生维权,最近南京公安逮捕了这个校长。这是一个诈骗案,这类案件至少在我的执业生涯里是第一次遇见。

再如前几年我办的一个汇票抢劫案,涉案金额达 9500 万元(不是现金,是 10 张汇票)。案件非常复杂,扬州公司想向银行贷款,银行告知没有贷款基础,如果能够在该银行开一亿元的银行承兑汇票就给贷款。于是扬州公司就找到一家南京公司做了一笔虚假的钢材买卖合同,因为买方、卖方开汇票必须有合同。又找浙江公司提供过桥资金,提供了 9500 万元,手续费 200 万元,用款时间就一天。钱从浙江打到中国银行,根据他们之间的虚假买卖合同开出银行承兑汇票,这个汇票公司开出来并不能真正给扬州公司,因为并不存在真实的交易。根据约定,银行承兑汇票开出以后,扬州公司须配合浙江公司立刻贴现,且浙江公司随时控制着 9 张 1000 万元、1 张 500 万元的银行承兑汇票。但扬州公司见钱眼开。于是就在南京将浙江公司负责本次交易的工作人员控制起来,抢走了 10 张银行承兑汇票。这个案件对刑辩律师是一个挑战,因为必须对银行承兑汇票和内部操作要有了解,本案最后定的是抢劫罪。我们第一次遇到这样的案件,搜全部案例库都搜不到。

三、主犯和从犯认定问题辨析

王素军:针对今天分享的内容,同学们可以提问的,包括数字货币、组织、领导传销活动罪。

同学:王律师您好,想和您请教一个问题,我之前看过课前发的材料,法律适用有一条是主犯未到案的情况下如何认定从犯的问题,我想阐述一下我个人的想法:首先要区分这里的主犯和从犯是在哪个层面上的,过去我国学界以及很多司法解释赋予了《刑法》第 26 条、第 27 条一定的定罪层面功能,但现在很多学者意识到《刑法》第 26 条、第 27 条更多地应还原到量刑规则上,所以我认为主从区分是在构成要件之后量刑领域考虑的问题。按照我个人之前学习的感悟,我主从区分理论中比较核心的标准是看行为人有没有犯意支配,或者行为人在整个共同犯罪中起的是什么作用,是否占据核心地位。但是结合刚刚您给我们讲授的具体案情,本案被告人,法院认定其犯罪数额是整个犯罪集团犯罪数额的1/26，认定主犯和从犯需要把他放在整个传销的犯罪集团中，还是只看他在这1/26里起到的是主犯作用还是从犯作用？

王素军：个人认为，应该放到整个集团中来认定，指控被告人余某2016年6月就进入传销组织，这其实是错误的。2016年6月时，会长告知他要成立一个98商城，问他愿不愿意做负责人。实际上余某真正担任负责人是在2017年1月。犯罪金额就只应计算1～3月的数额。从另外一个角度而言，被告人虽然是98商城负责人，但是以98商城是传销组织的一部分，就认定被告人余某构成主犯不具有合理性。DGC币虽可以在98商城消费，但是销售金额只有40万元，组织、领导传销活动罪中的组织者、领导者的认定要综合来看。本案中真正起策划作用的是李明洪。

四、共同犯罪数额认定辨析

同学：共同犯罪的本质体现在因果关系上的共同，法院最后认定犯罪金额只有500多万元，能不能理解成，对于您的当事人来说，属于他负责的共同犯罪数额就只有这500多万元，因为其对整个犯罪的因关贡献仅限于此，那么为什么在构成要件阶段划定了被告人余某可归责的犯罪数额只有500多万元之后，在量刑阶段又把当事人的行为放到整个集团中来考量作用大小，这个我有点想不通，想再请教一下。

王素军：第一，金额500多万元我的当事人没有认可。第二，关于行为人在犯罪集团中地位与作用问题，我觉得还是放在整个犯罪活动发生区间来看，割裂开来，不是很容易量刑。

五、刑事辩护论据选取

同学：您论述主、从犯区分标准的时候，提到了参考其他案例，为什么感觉说服力不够，因为您只找了一个，结果跟您案件非常对应的，这样法院就很难接受，如果能找出一百多个案例，分析一下您刚才提到的因素当中哪些是对主、从犯认定具有决定性的，则更有说服力。

王素军：非常好，这是刑辩律师在提供案例时的通病，都会挑选对自己有利的案例，律师辩护的时候，公诉人取证的时候，都能发现他们会偏好挑选能证明他们观点的案例。关于提供案例，无论是做民事还是刑事辩护，肯定提供一些对自己有利的案例。你刚才提到的就主从犯问题找一百多个范本很难实现，虽然裁判文书网、无讼非常多，但也不能搜到这样多类似的。

六、新型犯罪的辩护思路

同学：现在法律与很多新兴词结合在一起，如大数据、互联网金融，此种结合是创造一种新型犯罪？今天的案件实际上是传统的传销犯罪借用金融的外壳，这种换了一种新兴概念外壳的犯罪，其认定思路、辩护思路与传统传销犯罪是否有实质的不同？

王素军：我开始提到的传统传销是大家印象中，即在一个小房子里进行"我要成功"鸡血式的培训。现在传销遇上了互联网、"互联网＋"，则比较先进，组织、领导传销者和诈骗分子一样，学历高，而且进行产品包装，炒作概念。比如，我这个案件的发起人是韩国人，还有加拿大、其他国家的外国人，有外国人参加能加深被害人的信任度。再有，会炒作一些新兴概念，如自贸区、"一带一路"，正是因为这些概念新兴，被害人了解不深入，容易被骗。另外，新兴互联网与传统传销有什么不一样？万变不离其宗，对照《刑法》第224条组织、领导传销活动罪的构成要件来看，标准还是一样的，无论披着什么外衣，进行什么包装，本质都是一样的，都是以拉人头、发展下线，没有什么产品或者产品只是一个幌子，通过拉人头获益，所以这类新型犯罪与传统犯罪的本质还是一样的，这就需要我们来透过现象来看本质，剥掉它的外衣看本质。

第三节　知识综述与延伸

一、如何理解数字货币——以比特币为例

刚才王律师给大家列举了总共是65种数字货币，但这个数量仅仅是凤毛麟角，数字货币在全球个数有1300多种。数字货币当中最为典型的就是大家所知道的比特币，只要你接触互联网，比特币这个概念你都会有所了解。比特币的技术基础到底是什么？这个问题是非常复杂的，简单概括就是：

(一)区块链是比特币的基础

比特币的基础是区块链,它们在2008年同时诞生。比特币的三个法律特征之一是匿名化。举例而言,若要以比特币的形式将500万元转给某位同学,那么通过什么技术转过去?实际上,比特币是只要能够连上网,可以在全球各地当中进行资金的转账。转账之后最为麻烦的问题是交易者根本不知道交易相对方的真实身份,如果怀疑,想通过一种逆向追踪,在技术方面根本不能实现。换句话说,这笔钱打到对方当事人的账户上之后,交易双方之间的真实身份完全不会暴露,所以有一句最经典的话:如果把比特币的匿名取消掉,比特币也就不存在。

(二)“去中心化”与全球化是比特币最重要的特征

比特币最重要的思维是“去中心化”。这是大家要注意的最重要的概念。换言之,我们现在的货币都是由央行来管制,可能会产生通货膨胀,必须进行一定的外汇管制,非常麻烦,所以就有人想创造一种能把中心化给去掉的货币形式。这是完全颠覆性的、革命性的技术。同时,比特币在全球各地皆可流动,任何人式组皆可购买、使用、流动,其具有全球化特征。

所以简单说起来,比特币的三大特点:匿名化、去中心化和全球化,这“三化”掌握了,三道典型“菜”就端上来了。端上来之后我们就可以用法律思维来看待它。

二、比特币对反洗钱的冲击

比特币的三个特点与洗钱联系紧密。第一,匿名化。反洗钱第一大措施就是要了解你的客户。早在1988年巴塞尔银监会提出要了解你的客户(KYC)。正如刚才给大家介绍的,比特币的匿名化特征决定了交易双方及第三方对比特币转账根本无法逆向跟踪。央行之所以叫停比特币和很多国家反对比特币,除了去中心化之外,一个重要原因就是匿名化的问题。可以认为,央行在2017年9月4日暂停一切代币发行交易平台,主要就是因为匿名化对反洗钱基础性之了解你的客户,产生了革命性的颠覆。第二,“去中心化”。“去中心化”的特征导致央行或者一个主权国家金融控制监管系统对这种区块链和比特币技术无法进行监控。第三,全球化。服务器和资金运转之间相隔离,这个技术毫无疑问给反洗钱会带来一个非常沉重的压力。

现在很多国家对比特币暂停,中国措施、俄罗斯措施非常坚决,大家可以看出比特币与反洗钱之间的问题非常复杂。

三、数字货币和组织、领导传销活动罪关系分析

(一)非法经营罪与组织、领导传销活动罪的区别

数字货币和组织、领导传销活动罪的关系如何?在王律师承办的案件当中大家可以发现,起初罪名和最终确定罪名是组织、领导传销活动罪,这是《刑法修正案(七)》新设立的罪名。非法经营罪的问题,在《刑法修正案(七)》之前,针对领导传销活动最高院在2001年批复当中明确规定是以非法经营罪定性的。如果在网上输入"传销"跟"非法经营"会调出很多案例,节点是《刑法修正案(七)》之前。大家注意,领导、组织传销活动一般表现为收入门费和拉人头没有经营活动,没有商品也没有服务,不存在真实的交易标的,而构成非法经营罪得有经营活动,但这类传销活动缺少了经营活动,缺少一个载体,因此定非法经营罪是有问题的。这种情况下2009年《刑法修正案(七)》就增设了组织、领导传销活动罪,这是大家要注意的一个立法变化。否则,就不能理解为何在2009年之前传销在有的情况当中会定非法经营罪,这是涉及罪名诞生和出现的变化。

(二)行政法与刑法之传销关系界定

大家要注意传销问题,特别是2019年元旦过后最为吸引眼球的事件是权健事件爆发,公安机关以组织、领导传销活动罪和诈骗罪进行立案。实际上,行政法律法规中也对传销作了一定的规定,在这种情况当中就会涉及行政法律当中的传销跟《刑法》当中传销之间的对接关系,这个问题是很多媒体所没有关注的。

1. 行政法中传销的界定

国务院2005年《禁止传销条例》,把传销归纳为三种表现形式:拉人头、收入门费、团队计酬。《刑法修正案(七)》增加的组织、领导传销活动罪将《禁止传销条例》中的收入门费和拉人头这两种表现形式移植过来了,但是两种关系

在《禁止传销条例》是选择关系，而移植到《刑法》中却要求是一个同时具备的关系。收入门费往往都伴随着一定的噱头，如我们卖一个电饭锅，卖一个金融理财产品或者你来听我的课，都可以成为一个噱头，实际都是一种传销的实质。所以这种情况收入门费，在刑法当中有严格规定，以什么为名收取入门费实际上是一种噱头？一般情况下，只要要求你加入就跟钱沾边，这就是非常典型的传销手段。拉人头是一种计酬的方式，也是一种组织计酬的特点，还是定层级的基础。这三者在我们的罪名中要求是同时具备的关系。而《禁止传销条例》是一个选择关系。

2. 团队计酬之行、刑界定

通过对比大家可以发现，团队计酬在国务院《禁止传销条例》是一种传销形态，《刑法》中没有规定，这就会出现一个问题：团队计酬应该怎么来看待？在司法解释当中规定的非常清楚，团队计酬不属于组织、领导传销活动罪的行为形态，但又在《禁止传销条例》当中被作为一种行为形态出现，那么应该怎么看待？举例而言，如果以销售商品为目的，以销售业绩作为团队计酬的传销活动，不作为犯罪处理，因为这是有真实产品的。再如，卖电饭锅，发展下线，让你们全部来买电饭锅，你们这50多个人是二线，然后其中几个人又发展下线，我们确实卖电饭锅，有销售商品，即使然后根据你拉人头的情况返点，这种情况也是不作为犯罪处理的，是没有办法组织、领导传销活动罪中来定性的。还有一种情况，就是形式上披着销售商品、提供服务的外衣，但实质上是另外一种状况，把这种情况纳入组织、领导传销活动罪中是可以的。

关于团队计酬，建议大家回去搜索“创造丰盛”案。很多媒体也是通过这个案件彻底把组织、领导传销活动罪彻底弄明白了，知道收入门费、拉人头在法律中的含义。你们可以把“创造丰盛”+“王新”结合在一起搜索，我曾在媒体采访中详细介绍了组织、领导传销活动是一个什么样组织特征，这个案件就是用数字货币作为噱头和道具。组织、领导传销活动是一种架构，是一种组织机构，里面可能会出现很多商品、货品，这里面所涉及的犯罪是非常复杂的。

正因如此，“两高”司法解释里面规定得非常清楚：组织、领导传销活动经常与诈骗、集资诈骗等犯罪交织在一起。非法集资犯罪罪名体系7个罪当中，其中就包括组织、领导传销活动罪。换言之，组织、领导传销活动如果是一种金融产品为噱口吸收资金，可以放到非法集资犯罪罪名体系中。所以，司法解释采取想象竞合择一罪从重处断的方式。组织、领导传销有一种架构和层级，会涉及到销售商品形式，“创造丰盛案”中是采取发听课证，达到多少人头层级后给你提升为校长，这是非常有“智慧”的活动。等权健事件处理完了，你们将两案对比分析，会觉得这是一个非常有趣的案件。

四、小结

归纳两点：第一，数字货币是一个非常热门的话题，这个热门话题所带来的问题就是王律师刚才给大家说的，比特币是一个定数，日本人中本聪发明这个东西以后，很明显的就想让其变成跨主权的东西。比特币具备了匿名化、去中心化、全球化，这三大特点与现在的反洗钱机制是天然公敌，两者之间是截然对立的。第二，数字货币毫无疑问会与组织、领导传销关联一起，组织、领导传销要有噱头、道具和行头，数字货币可以成为它的噱头、道具和行头。我认为组织、领导传销活动罪更像是一个架构，像八爪鱼一样，什么东西比较时髦、新鲜，能够带来利益，它肯定会跟着上去。金融学界有一个问题，互联网金融有没有改变金融本质？结论很简单，他们认为没有，互联网金融犯罪没有改变金融犯罪的本质，换句话说组织、领导传销以数字货币作为噱头没有改变组织、领导传销活动罪的特征，仅仅多一个噱头而已，多一个噱头带来的问题是证据、犯罪数额等问题，但是拉人头、定层级或者收入门费的内容都没有发生变化。

着重提醒大家注意的是“团队计酬”，因为团队计酬是传销中非常重要的核心内容，但是刑法对它采取的是什么态度？过去传销一般定性为非法经营罪，但有时候没有经营活动，就没有办法处理，所以《刑法修正案（七）》增设了新罪。同时司法实践中，发现有团队计酬“一刀切”处理问题，我们又通过司法解释进行了一个二分。换言之，如果团队计酬有真实产品，这时《刑法》不能介入，可能会触犯行政法规，但不能上升到犯罪的程度。在传销活动与比特币相互关联的情况下，这里面的问题非常有趣，理科的东西对文科的挑战不会过于复杂，只要记住几个基本前提，这样思考：“这玩意儿（比特币）与我们的反洗钱机制的建立形成一种对抗，在这种情况下主权国家会允许它存在吗？”态度自然明了。所以比特币就是一种噱头、一种行头，没有改变我们现在遏制和打击的犯罪行为的罪名和法律框架。金融学界一直争论互联网金融有没有改变金融本质,互联网金融犯罪有没有改变金融犯罪的本质,还有P2P网络借贷有没有改变非法集资的本质,答案是没有改变。只不过是多了一个新的噱头,可能在定量要素和证据方面会产生一些挑战,但是在实体问题当中不需要想得过于复杂,如果过于复杂,“两高”毫无疑问会出台新的司法解释。我认为,目前面对的问题完全可以以现有规定加以处理,以一种解释的方式应对新的问题。

第十五讲

金融合规和刑事风险防范案例解析

张　成[*]　王　新[**]

课程概述：金融合规所涉及的金融领域广泛，金融合规具有使企业避免因为刑事风险而导致经营上风险的功能，因此广受关注。在此，我们共同探讨刑事合规的要求、刑事合规的相对人以及刑事合规的参考规范等问题。本讲分为三节，第一节由张成律师主讲，主要讲述了刑事合规的要求、刑事合规的相对人、刑事合规的参考规范及刑事合规风险；第二节由张成律师对同学们提出的问题，给予针对性解答；第三节由王新教授总结，综述并延伸了相关知识要点。

* 张成，北京大成律师事务所刑事和争议解决部副主任、刑辩学院执行院长，首都经贸大学、中国政法大学、中国青年政治学院、西北政法大学特聘教授、导师。

** 王新，北京大学法学院教授，博士生导师。

第一节　刑事合规的基本要求与风险

金融合规,这个话题很大,金融合规涉及的金融领域非常广泛,实际上合规对于每一个行业、每一个单位都有不同的要求。金融合规为什么现在成为热门话题?用《双城记》这段著名的话来给大家诠释,“这是最好的时代,也是最坏的时代……”这段话可以生动描述当前市场经济条件下,在各种利益诱惑下,我国企业在发展道路上面临选择,要么依法合规经营,遵循市场规律赢得市场信赖,做百年老店;如果靠投机取巧一时攫取暴利,但肯定走不长远。

一、刑事合规的目标与要求

金融机构如银行、保险等机构都面临着一个很严峻的挑战,就是内部工作人员犯罪频发,这在目前的案件中大量出现,对金融机构的合规提出了很高要求。合规最早就是金融机构开展起来的,因此金融机构的合规相对其他行业是比较成熟的。但是,我发现很多银行的工作人员都有涉嫌不同类型的犯罪,如违法发放贷款等。金融机构合规,特别是刑事合规应该提上日程。

(一)刑事合规的目标

合规,从广义上来讲是遵守法律法规、制度,在法律法规、规章范围之内开展经营活动。刑事合规是合规内容的一种,目的既是避免企业因为刑事风险而导致经营上的风险,也是避免企业工作人员、高管等触犯刑事风险。刑事合规目标是避免企业和企业工作人员发生刑事风险而创设的一种预防性措施。当然,这个定义是个人理解,不同学者都有自己的意见。

(二)刑事合规的要求

目前来说,合规在国内法律圈里比较火热,但是刑事合规提的并不多。在这个领域我们也做了一些粗浅的尝试,主要是从遵守法规、遵守规则、遵守规范的角度说的,这是三个不同层面的要求。

遵守法规,即遵守企业总部所在国和经营地所在国的法律法规及监管规定,确保企业的行为符合公共利益,按照法律的规范要求进行经营活动,企业经营行为就具有了合法性,就受到当地法律法规保护。

遵守企业内部的规章制度,不同的企业会根据外部环境和内部管理的需要,制定企业内部的规章和制度,以此来约束企业的商业行为,引导员工按照规章制度开展经营活动。

遵守规范,即要求员工遵守相应的职业操守和道德规范。这对企业员工提出了相应的要求,也就是要求员工在工作中形成规则意识,形成良好的自律。规范是指从员工职业道德层面提出更高的要求,员工思想意识里要有这个意识,什么事情可以做。后面我们会提到合规要点中的几个意识,这实际上是对合规的最高要求。

二、刑事合规相对人

刑事合规还涉及相对人的问题,刑事合规的相对人至少包括以下三个层面。

(一)国家层面

第一个是国家层面,特别是国家层面的执法部门。如果一个企业能够守法经营,即使将来出现合规事件,国家的执法部门来说,对企业的处罚也会减轻或者减弱甚至免除。众所周知的美国的《反海外贿赂法案》,其中规定,如果企业合规做得好,可以免除对企业的罚金,但相应的管理人员仍然要承担相应的责任,因此对企业来说这种刑事风险就不存在了。

(二)社会公众层面

第二个是社会公众。如果一个企业想长远地发展下去,其在社会公众心目中的形象必然是守法经营的企业,金融机构也一样,大家选择金融机构的时候都有不同标准,标准包括对这家金融机构的潜在的价值评判,如服务态度、办事效率,以什么样的形象呈现给公众,这些都是金融机构合规内容。很多银行办事效率太低,出了问题解决起来效率更低,这说明内部解决问题的机制是不畅通的,或者是不正确的。具有良好合规的企业往往最后仍被认为守法、具有竞争力和值得信赖的。

（三）内部工作人员层面

刑事合规还有一个层面的相对人是指机构本身内部的工作人员，包括高管。一个企业把合规制定、执行到位，让每个员工在思想层面、意识层面都知道此事可为、彼事不可为，那么这个企业一定是一个平安的企业，一个发展良好的企业，肯定是有生命力的。

三、刑事合规参考规范

我们在为企业制定合规时要参考以下的法律规范，在此把这些规范给大家做一个简单的梳理。如果大家将来走上工作岗位担任企业的合规官或者成为合规方面的律师，这些法律规范是必须要全面了解的。虽然一个企业所处的行业不同，在行业当中的地位、水平也不同，还有老板对于合规的重视程度也不同。但是，无论如何，这些法律规范都得要重视起来。

从两方面进行分析，一是国内法律规范；二是域外法律规范。

（一）国内法律规范

国内法律规范主要包括刑事法律和民商事法律层面。尽管说是刑事合规，但是民商事法律也必然要考虑。刑事法律包括《刑法》《刑事诉讼法》等。《刑法》中关于金融犯罪的罪名主要规定在第 3 章第 4 节和第 5 节。实际上在其他章节中金融机构相关的罪名也有很多，无法精确地统计，但第 3 章第 4 节、第 5 节的罪名加上非法经营罪，大概基本上有 40 多个罪名，这是直接和金融机构相关的罪名。《刑法》第 30 条、第 31 条规定的单位犯罪以及单位犯罪的相关罪名也多和金融机构关联。除了《刑法》，最高人民法院、最高人民检察院《关于办理商业贿赂刑事案件适用法律若干问题的意见》的通知也非常重要。众所周知，我们国家有一个特点，自古以来贿商文化一直存在，这一点无法否认。有企业家认为按律师建议的合规执行之后，生意就无法进行业务也无法开展。其实，这是一种误解，刑事合规就是在寻找一个企业合法经营和适应社会的平衡点，以此来避免风险。例如，根据最高人民法院、最高人民检察院《关于办理侵犯公民个人信息刑事案件适用法律若干问题的解释》，作为金融机构的合规官没有考虑制定合规禁止出卖个人信息,企业把个人信息出卖的,构成侵犯公民个人信息罪,这种案件特别多。

从民商事法律角度这些法律也要考虑,如跟金融机构相关的《商业银行法》《保险法》《公司法》《反垄断法》等。制定合规是针对某一个具体机构所处的行业进行,此时与这个行业相关的一些具体的法律规范就必须明确。

例如《公司法》,各类金融机构都免不了适用《公司法》的规定来建立相应制度,《公司法》是企业运营的基石。

《反垄断法》,规定金融机构不能利用自己的优势地位制定价格,金融机构不得在收费项目上利用其垄断地位强制收费,这些都是在制定合规时要考量的。

除相关法律外,还需考虑相应法规、规章及通知等,如资管新规,2018 年 6 月 30 日颁布的《关于加大通过互联网开展资产管理业务整治力度及开展验收工作的通知》规定,所有线上经营的金融产品进行报备,否则都按照非法集资类罪来处理。

(二)域外法律规制

制定合规时域外法律规制也要考量,如《巴塞尔协议》、美国《反海外贿赂法》欧盟《通用数据保护条例》。为什么域外法律规范对我们也有规制?这就是所谓的长臂管辖权,只要和美国、英国、欧盟企业或个人发生业务往来他们就会有管辖权。特别是欧盟《通用数据保护条例》颁布之后,包括金融机构在内的很多著名企业都加强了合规方面的资金投入。即使如此仍然有企业被处罚,有一个教授做过统计,国际上著名银行因为合规问题被处罚,数额都是天文数字。

合规问题涉及相应法律规范非常重要,只要知道了这些法律规范,我们就找到了相应的风险点,合规起来就会比较轻松,也比较有针对性。涉及金融领域的罪名制定至少有 45 个,具体可参见条文,这里不给大家赘述了。

四、刑事合规风险类型与防范

(一)刑事合规风险类型

刑事风险的主要类型有以下几个。

(1)用工法律风险。为什么把用工法律风险放在第一位？因为所有事情都是人来做的，比如本次课程案例中的马某涉嫌犯罪就是银行在用工过程中出现的风险。

(2)与合同相关的法律风险。比如，合同诈骗、贷款诈骗、违法发放贷款与跟合同相关。在合同审查过程中，作为法律部、合规部的工作人员必须能够发现这些问题。实践中一些贷款诈骗案件，很多贷款合同相应的条件是虚假的，但提供了相应的担保，贷款顺利发放，企业也相应地把贷款偿还，后来因为提供了一些虚假的文件而案发。作为银行合规官，这些在审查中要提示出来，提示出来是责任，不提示是失职。

(3)财税管理法律风险。这属于每一个机构都会面临的问题。

(4)融资型法律风险。金融机构也可能涉及这类法律风险。

(5)贿赂型法律风险。可以说这是普遍现象，在贿商文化背景下是避免不了的。比如，某些银行到一定阶段为了完成存款指标，让业务员寻找存款，对那些存款人都是要给回扣的，这个大家应该有所了解。这其中可能就涉及贿赂型的法律风险。再如，贷款过程当中，不符合条件或者条件不成熟仍然发放贷款，最后贷款无法收回，这里面可能也存在贿赂的问题，如存在利益交往、利益输送。

(二)刑事合规风险防范

结合相应法律，我们提出以下措施。

1. 建立相应的机构

在单位内部要建立相应的合规机构，这个合规机构要结合单位的业务性质、所处地域(涉及所在地的法律规范问题)，以及当地的监管要求。遵守当地的规范要求是很重要的。同时还要根据单位自身的组织机构，来决定把合规机构放到什么样的层级和地位，这也很重要。如果把合规机构放到普通部门，结果必然是合规执行不彻底、不到位很多单位重视合规，把合规机构放到总经理办公会相应的级别。我们代理央企的一个单位犯罪案件，这个案件发生之后，新的董事长和我们交流如何避免这种风险，我们建议实施刑事合规。随后董事长就亲自挂帅成立一个合规小组，自己担任合规小组的组长，专门设立合规部门，级别很高。如果企业内部有这样层级的合规机构，合规的执行，才会有效率、有力度。合规机构的职责是要制定合规制度,形成书面的制度。当然有了制度还不够,还要确保制度能够落地、能够执行。因此从机构设置层面来看,架构必须先建立起来了。

2. 形成相应机制

下一步是机制,确保合规制度能够落地、能够执行。一是培训机制。正如上述所言,合规制度制定后发给大家,但是大家只是看看,没有什么更深的意识和概念,怎么办?这就要不断地进行培训,要请外部专家定期、不定期地来开展合规培训,形成一个良好的培训机制,只有这样,合规制度才能够深入员工内心。二是考核机制。考核不能仅仅是书面的,要和员工绩效、员工实际收入、员工晋升挂钩。我们给企业设计的合规制度都会涉及这一点。事实上,每个人内心深处都是想规规矩矩做事,有了这样的制度机制,大家内心才能安宁。

3. 加强文化建设

企业文化是一个沉淀、积累的过程,是积蓄下来的一种文化。制定合规制度,要坚持将企业的核心文化价值观和公司的特色结合,让员工在内心深处知道哪些底线不能逾越。通过上述两个机制,努力培育自身独特的企业文化,企业文化成熟之后,每个人都会把企业当成自己的家。

五、刑事合规的必要性重申

这是一个最好的时代,也是最坏的时代,当我们处在十字路口的时候,刑事风险很多。有人说,正常的规律生活哪会有刑事风险?可不一定,哈尔滨出租车司机被骂被犯罪事件,虽然最后顺利解决,行为人没有批捕,但也说明刑事风险就在身边。

(一)刑事风险无处不在

机构所面临的刑事风险不外乎三类:第一类是企业自身涉嫌犯罪;第二类是企业被犯罪侵害如被诈骗;第三类是高管涉嫌犯罪。

机构被侵害风险总结起来就是内部和外部两类。

当然还有跟我们每个人息息相关的特别刑事风险,2018 年 3 月 20 日通过的《中华人民共和国监察法》(以下简称《监察法》),有人说《监察法》不是刑事法律，正是这种特殊性，所以有必须单独介绍。《监察法》的监察对象范围非常广，有人说这些都是对公职人员进行监察，那么与非公职人员是不是没有关系？答案是有关系。凡是涉及职务犯罪相关的人员都可以成为监察委调查的对象，这是在《监察法》里面有规定的。所以我们每个人都在《监察法》的监察之下！

我们看一组数据，这是《监察法》在北京、山西和浙江试点前后的对比。北京市监察对象达到99.7万人，较改革前增加78.7万人。浙江省监察对象达到131.5万人，较改革前增加53万人。所以监察委监察的对象范围很广，范围越广则牵涉的人越多。另外，值得注意的还有留置措施，特别是留置期间律师不得介入的规定。有一个监察委办理的案件，律师和监察机构沟通交流，请监察委把当事人到案经过出具一下，因为律师认为监察委出具到案经过与事实不相符，把当事人自首情节删除了，这个跟事实是相悖的。但监察委认为，监察委办案依据的不是刑事诉讼程序，没有必要和律师交流这个问题，律师有相应的辩护意见可以向法院、检察院沟通。

刑事风险就在我们身边，所以刑事合规对于机构来说是很重要。抛开政治因素，中兴事件某种程度上确实是因为合规没有执行到位。

（二）刑事风险爆发原因

为什么刑事法律风险爆发频繁？无外乎这些原因：首先，个人原因。个人缺乏意识，放纵自身欲望，挑战法律底线。其次，制度方面的原因。如严格立法、普遍违法、选择执法。最后，还有以下几点不容忽视的原因，一是国家因为治理的需要，如某个阶段需要实施某个政策重点打击某一类犯罪。二是对手，这是指同行业之间的对手。三是伙伴，当两个人在竞争某一个职位的时候，原来的伙伴也变成对手，这种情形非常常见，像通常的职务侵占案件、挪用资金案件，我们分析这类案件发生的原因发现实际上就是对手和合作伙伴检举揭发控告造成的。四是诉讼，民事诉讼也会引发刑事风险，以金融机构为例，贷款无法收回，通过诉讼最后形成不良资产，那金融机构的负责人员就可能会被问责，国有企业工作人员则有可能构成签订履行合同失职被骗罪，金融机构也有这样的风险，可能会涉及渎职类的犯罪。所以诉讼也会引发风险。

六、刑事合规五个意识

律师给企业制定合规的建议如下。

(一)法治意识

要对法治中国应充满信心。如果对中国法治没有信心,我们就不用研究法律了。给企业家、高管讲授合规、风控的相关法律知识时,我们都会说,你可以不懂法律,但一定要有法律意识,坚持法律底线,面对法律纠纷,要寻求专业人士的帮助,不要"找关系",很多当事人面对法律纠纷第一时间是"找关系"。但基于我们国家的文化特点,大家都愿意先"找关系",关系无法发挥作用,钱又被骗了,才想到寻找律师的帮助,但是此时却没钱了,黄金辩护期也耽误了,所以法律意识很重要。

(二)规则意识

要有规则意识,凡事都要讲规则、讲规矩,逾越规矩做事必然是要出问题的。此处无须举例,不言自明。

(三)程序意识

要有程序意识,做任何事情都没有捷径,必须按照一定程序进行。比如,一个违法发放贷款案件,此案是黑龙江很有名的一起案件,涉及银行违法发放贷款。众所周知,贷款发放有一定的流程程序,信贷员获知某企业有用款需求的信息后,就会与企业交流并进行相应调查,形成调查报告,送交审贷会进行审核,审贷会根据调查报告出具意见,如评估值有没有达到贷款率的要求。实践中,有的企业明确至少要贷 1 亿元,但是根据贷款率的要求,评估值只到 1.2 亿元是不符合要求的,所以涉及重新做评估报告的问题,重新做某种程度上就涉及违规违法的问题。黑龙江这个案件,就是因为贷款人资金链断裂从而引发一系列的案件,将其他当事人的违法发放贷款案件牵扯出来。所以凡事必须按照程序、按照规定的要求进行。

(四)证据意识

要有证据意识,凡事要有据可查,这是证据意识。给大家介绍一起职务侵占案件的申诉,本案中董事长和总经理一开始关系非常好,一起从事房地产,后来房地产企业做得很成功,利润很高,董事长就想把总经理排挤出企业,自己独享企业利润。这个总经理就是因为自己之前做项目的时候,动用资金没有按照规定的程序去做,只是打电话给董事长询问其是否同意某笔三千万资金准备调到某个项目,董事长当时立刻口头同意。企业财务人员、出纳和会计是双方分别指派,没有董事长指派的财会人员同意,钱是划不出公司账户的,但是当事人没有留证据证明董事长同意其动用资金,最后董事长以挪用资金去公安局控告,当事人后来被定性为职务侵占,被判 17 年有期徒刑。事实上,发短信、发邮件、通话录音等可查的记录都是有效的证据,对于将来免除刑事责任是没有问题的。

(五)底线意识

要有底线意识,凡事都有一定的底线,如果逾越了底线,则可能产生严重后果。最近有新闻报道很多律师同行被抓,特别是民商事律师,主要涉及套路贷的问题以及一些犯罪集团的问题上,但是作为专业人士,难道不能分辨这是一个套路贷吗?为了些许利益,没有底线意识,触犯刑法构成犯罪也就不意外了。

第二节　课程知识互动

一、合规制度需要的机制

张成:合规制度能否成功执行与举报和调查机制密不可分,一定要有独立的第三方对企业内部的违规行为进行举报和调查,而且是匿名的。《反海外贿赂法》中对于举报人给予罚金金额 10% 的奖励,而且保密。如果企业内部合规制度有这样的举报和调查机制,就会很容易发现举报线索,调查核实,下一步就是处理和改进的问题。通过举报和调查,发现这些高管有违规行为,或者有其他的商业贿赂行为,总而言之违反合规、法律了,怎么办?这就涉及合规制度当中的改进和处理机制问题。一般来说,好的合规制度要对这些违规行为进行零容忍。所以要想长久地执行合规就必须要“零容忍”，就必须对违规人员予以辞退。这还是比较宽容的处罚，还没有触犯到《刑法》层面，否则肯定是要移交司法。

二、案情简介

张成：本案存在这么几个事实：第一个阶段是戴某受马某邀请，邀请其去马某所在银行理财，马某向戴某推荐了几个银行理财产品，戴某获利颇丰，戴某对马某非常信任，从1000万元到3000万元逐渐向马某所在银行存钱，购买理财产品，确实也不断盈利。后来，马某为了便于操作就开了U盾网上银行，预留的手机号码是戴某本人的，戴某是随时可以关注到自己账户资金信息的变化。马某自己用自有资金也购买理财产品。2016年、2017年时很多平台炒汇、炒期货、炒再生物资，那些平台很火，马某就把戴某的资金挪用到自己以亲友名义开设的账户中用于炒汇、炒期贷。为什么他用自己亲友的名义再开账户？因为根据银行规定，银行工作人员不能用自己名义开设的账户进行大额资金的调度，所以他为了方便，用自己亲友的账户来转移资金，进行资金操作。当然这些事情戴某也不关注，戴某认为无论是购买银行内或是银行外的理财产品，只要保证马某对其承诺的高额回报、利润就可以了。但往往这些平台看重的是投资人本金，投资人看重的是高额利息，所以不断有投资者被骗事件发生。初期大额回报颇丰，戴某对马某说：“咱们得多搞点钱，你刻一个银行公章，我找一个大客户吸收两个亿的资金”。公章刻完了，也制作好了定期委托存款合同，收益很高，实际上是假的，资金方看出问题后没有同意，此事就过去了。在各个平台爆雷之前陆续出现不能按期给予利息的情况，马某认为是正常的市场行情，期货、再生物资会有市场因素，有一天市场必定回暖。为了保持以后的操作，他就挪用客户和他自己的资金来拆东墙补西墙给戴某以及相应的客户保持高额回报。后来平台爆雷共计损失8000万元，平台资金流向都是清晰可见的。

三、案件争议焦点

（一）刑事诈骗还是民事委托

本案争议焦点为：究竟是构成诈骗还是构成委托理财的民事法律关系？

同学1:我觉得需要靠虑挪用资金罪。诈骗得有非法占有为目的,马某本来应该把资金买银行理财产品,却把资金用来炒期货,但是其没有想把戴某的资金全部占为已有,只是想用这些资金赚钱,赚的钱一部分给戴某,一部分自己占有,占有的是获利部分而不是本金。

同学2:戴某对马某挪用资金的行为有一个类似于追认的效果,案例中提到戴某不关心马某如何操作,只要履行承诺了的回报就可以。对于戴某来说是纯粹的民事法律关系,没有诈骗。我有一个问题,对于其他人是否构成犯罪?因为案例中介绍到马某在戴某的指使下私刻印章。

张成:戴某为了获得更大利润准备再吸收2亿元资金进来,找了2亿元的资金方,刻了一个公章,但是资金方没有同意。

同学2:我的意见,前一部分行为对戴某来说是纯粹的民事关系,后一部分行为第一位同学提到的一个是挪用行为。

(二)是否构成非法集资类罪共同犯罪

张成:第二个争议焦点:马某与戴某是否构成非法集资类罪的共同犯罪。我们回到要讨论的4个问题:

1. 是否可以提起民事诉讼

第一个问题,戴某等客户是否可以通过储蓄合同关系对银行提起民事诉讼?

同学3:我个人认为应该是可以的。无论是否涉及犯罪,合同是否有效与是否成立犯罪之间并不存在相关的关系,即使可能构成犯罪,但是合同也可能是有效的,由此可以存在一个提起民事诉讼的可能。

张成:如果你是银行法务部的工作人员,你希望客户提起民事诉讼吗?

同学3:如果我是银行的工作人员当然不希望。

2. 案件法律关系分析

张成:本案涉及的法律关系有哪些?换言之,在不同时间节点存在哪些法律关系?我们拿到一个案件后,在梳理具体的法律关系时,首先要关注案件的法律事实,结合法律事实对应着发现其中的法律关系。先看案件当中发生的法律事实是什么,本案可以总结以下几点:

(1)戴某与马某双方就购买银行理财达成委托合意;

(2)钱款存入银行;

(3)将钱转走,进行理财操作;

(4)购买银行外金融产品;

(5)动用客户资金支付客户利益;

(6)爆雷导致本案案发。

结合这些法律事实,本案至少存在这样的一些法律关系:

第一阶段,存在委托的民事法律关系,基于这样的法律关系,客户能否向银行提起储蓄合同的民事诉讼?从实体上来说,如果这个案件进入刑事程序当中,民事诉讼一定会中止审理或者驳回起诉。

同学1:我有一个看法,您是站在银行无须偿还戴某资金的角度,通过把戴某、马某定性为共同犯罪,把这笔钱定性为是犯罪工具,犯罪工具是需要没收,所以不用偿还。

张成:作为银行的工作人员或者是马某的辩护律师,都不希望这个案件定性为诈骗,不希望定性为挪用资金,更希望定性为委托的民事法律关系或者是非法集资类的共同犯罪,其实后一个可能性更大一些。

第二阶段,是资金来源上的非法性引起的刑事法律关系,是否涉及非法集资的共同犯罪问题。戴某的资金显然是他从外面以高息方式从不特定对象外吸收的,这个事实也得到了证据证明。

第三阶段,是"具有非法占有为目的的诈骗"刑事法律关系的判定。如同学所言本案不存在诈骗关系,马某并不想非法占有这些资金,就是想通过资金运用实现双方共赢,而且其自有资金也投进去了。

作为银行合规官如何处理这类金融领域的刑民交叉案件?这是很严峻的问题。如刚才那位同学所言,这类案件可能会被提起民事诉讼,银行接到起诉状之后第一时间怎么处理?这涉及刑民交叉案件的处理,一般情况下,可以根据最高人民法院关于审理经济案件中涉及刑事问题的司法解释处理,应该先刑后民。但刑事案件总有处理结束的时候,如果再被提起民事诉讼怎么办?实际上刑事案件解决,涉及追赃问题都会在刑事判决中有表述,如果刑事追赃程序没有进行彻底,相应的民事诉讼是不能得到支持的,通常法院会驳回起诉。所以作为银行合规官,在面对对方提起民事诉讼时,一定要向法院明确,刑事追赃程序还没有终结,什么时候终结?追完了才叫终结这实际上属于一种拖延战术。

本案中还可能涉及的挪用资金的法律关系。作为银行合规官，并不希望定性为挪用资金，因为如果挪用了客户资金是银行内部管理问题，银行则要承担巨额的赔偿责任。案情介绍里也提到即使外部平台爆雷之后损失 8000 万元，戴某仍然不让马某去报案，也不让马某向银行去报告，而是开始完善与银行之间的储蓄合同关系等法律手续。后来马某自己觉得不能连累领导，不能损害银行利益，而选择了报案并投案自首。

（三）金融合规要点内容

张成：金融领域的合规要点至少包含哪些内容？

同学 1：应该包括风控、合同、考核目标，我认为最重要的是金融领域的风控。

张成：回答的过于笼统。合规的目的就是解决风控问题。

同学 2：关于合同的审查。

同学 3：关于您提的这个问题，首先在这个案件中，马某是个人金融部的产品经理，这个合规要点至少要包括对于高管人员的监督，设立相应的内部举报机制，同时还要和个人绩效挂钩，要求银行工作人员在进行银行日常操作过程之中要在每个步骤中都要保留证据。您刚刚在第一节课讲到要有证据意识，戴某不要马某报警，让马某完善其与银行之间的合同，这个要保留证据，作为银行合规人员，这一点在诉讼之中比较重要。

张成：这个同学回答的比较好，已经具有一定的合规意识了。通过上一堂跟大家分享的合规相关内容，特别是后面提到的五个意识，大家应明确在合规要点上必须要包含这五个意识。

第三节　知识综述与延伸

一、金融合规的理念建构与规则落地

金融合规和风险防范的内容非常丰富，体系性非常强，其内容丰富和庞

杂。金融合规在这两年中确实是一个热门话题。刑事风险防范乃至合规管理,可以说是形而上的理念性的建构,在这种情况下大家可以感觉到,听得非常过瘾,但总感觉是飘在天上,很难接地气。所以我们经常自嘲:金融合规或者刑事风险防范是一个水货,真正有本事的人,能够把飘在空中的理念性架构落地,可以比喻为“形而下”,能够把理念搭建完了之后再落地,难度非常大。张成律师刚刚从的介绍,把形而上的理念给大家做了描述,包括金融合规的概念、目标、要求,也包括规范的梳理、防控措施以及风险爆发的原因、律师建议、防范机制等方方面面。可以发现,这是一个框架性内容,可以将之比喻成中国的四大菜系,像菜谱,但这种菜谱要吃到嘴里还是要靠食材,食材的内容恰恰是我们对法律各个规范的一种理解,合规就是遵守一定的规则,这个规则的轨道到底在什么地方?如果离开这些“食材”去谈合规的管理或者刑事风险防范必然是非常难的,所以把合规管理或者刑事风险防范讲清楚,让别人真正理解和接受,离开这些“食材”是根本不可能的。

二、金融合规的惩罚

金融合规,先应确定规则怎么建立起来,规则建立之后如果不施行要惩罚,如果做得好,给一定的激励机制或者给一定的豁免。这像对待一个小孩一样,国家公权力对待金融合规如对待一个幼儿一样,表现得好给一块糖,给一定的奖励;如果你表现不好,违反了制定的规则,要对你进行处罚。所谓的合规管理,实际上就是家长确定了一定的底线和一定的规则,孩子不允许违反,违反了就要承担法律责任,这个法律责任最严重的是刑事责任。另外是规则确立下来之后,如果你切切实实遵守了,但是在这个过程当中出现了问题,可以豁免你的一些法律责任,这是一种激励机制。所以我们在合规运作过程当中贯穿的是西方的一种管理理念,非常成熟,为什么这两年中国把这些措词引入进来,一下子变成热门话题?这里面当然有启蒙的1.0版本,也就是合规管理或者刑事风险防控框架必须要在关键领域当中搭建起来。1.0版本远远不够,还必须有2.0版本、3.0版本。

金融合规的激励部分,西方国家有程序方面的和解,这就是激励机制的设置。最为重要的还是违反了规则就要进行处罚。这里给大家列了几个案例,大家可以看一下,非常经典。

(一)中国农行涉纽约洗钱被罚巨款案

第一个案例是中国农行纽约分行被纽约金融监管局罚款了2.15亿美元，美国纽约州金融服务部(DFS)调查显示，中国农业银行纽约分行在当地业务中存在故意从事违法活动的行为，这其中主要包括对资金来源不明的跨国转账的"失败监控"。该机构提供的记录显示，该纽约分行接受了来自中国大陆公司与俄罗斯、也门、土耳其和阿富汗等国银行的异常巨额转账服务，这其中的银行有资金涉嫌被用于资助毒品经济的前科。据此，美国联准会要求限期60天整改，以弥补该农行纽约分行在风险管理和合规方面的不足；纽约分行除同意缴付罚金与立即采取步骤改善内部合规管理系统外，还同意由一个独立的监督部门审查纽约分行过去18个月来的美元清算业务。最后纽约分行缴纳了2.15亿美元的天价罚金。

案件的主要原因是对美国反洗钱的合规要求没有严格执行。这种情况下纽约分行面临一个威胁，简单来说如果纽约分行违规了，就被美国加入黑名单，要求美国所有金融机构切断跟农行的往来。这是非常厉害的手段，根据长臂管辖权，只要是美国不允许其国内金融机构和纽约分行进行金融往来，这等于纽约分行在美国的业务完全就瘫痪了。这个情况当中选择达成和解，和解是纽约分行请求不要把它加入黑名单，纽约分行认罚，交了2.15亿美元。被罚之后，切切实实从内控中开始整改。这个整改包括农业银行总行专门成立了反洗钱中心，将全行的反洗钱摆在非常重要的位置。

此外，中国工商银行马德里分行(2016年)、中国银行米兰分行(2015年)等均在海外业务中遭受到当地的金融刑事合规调查和处罚。美国政府进行反洗钱处罚的重要事件还包括：汇丰控股就美国反洗钱调查进行和解，支付19.2亿美元罚金；渣打银行集团支付6.7亿美元，就美国监管机构的反洗钱指控进行和解；美国监管机构对荷兰银行国际集团进行处罚，罚款达6.19亿美元。由此可见，不仅仅是中国的国有商业银行受到处罚，如果国际性的金融机构在反洗钱方面没有执行到位，也会面临制裁与处罚，处罚的依据就是美国反洗钱的相关法律。

(二)金融合规惩罚规则依据

国际上大的跨国金融机构，在其某些反洗钱措施没有达到规定要求的，美国就要把它加入黑名单,要求全美金融机构不许同黑名单上的机构进行金融往来,这样该金融机构损失更大,所以它们都选择了和解。这里大家会问被罚的缘由是什么,依据的是什么样的法律规则?这就涉及最著名的长臂管辖权,我们经常对长臂管辖权采取负面说法,认为美国的乱挥金融大棒,但长臂管辖权写在《爱国者法案》中,通过成文法的方式规定。根据美国相关法律,具备了下面几个条件,美国司法权就可以介入,如交易发生在美国境内,这是属地管辖。此外,还有一个最重要的规定,即外国机构在美国金融机构开具账户。全球没有一家银行能不与美国的金融机构发生业务往来,所以可以认为对几乎所有银行,美国都享有长臂管辖权。其中保护管辖的原则也完全可以适用。

美国所挥舞的金融大棒或者金融制裁规则是怎么来的?最著名的几个法案,第一个法案是1970年的《银行保密法》,"英达事件"就是在美国洗黑钱被罚,追溯美国反洗钱规则可以追溯到1970年。其中最著名的是1986年的《洗钱控制法》,它是美国具有里程碑意义的反洗钱法案,与1970年《银行保密法》一起构成了美国反洗钱法律体系的核心,在打击和遏制洗钱活动中起到极其重要的作用,并且对世界性的反洗钱法律文件和其他国家反洗钱法律的制定,也起到了重要的参考作用。2001年10月24日,在"9·11"事件发生后不久,美国通过《爱国者法案》,其中第三篇为"消除国际洗钱和反恐怖融资法案",专门以反洗钱和反恐怖融资为内容。为了贯彻反洗钱法案而实质性地修正了美国现存的执行政策和程序,同时对金融机构赋予了许多新的和扩大的义务。在《爱国者法案》中,以"扩大对外国洗钱者的司法管辖权"为标题,增加了"对外国人的司法管辖权",体现出对外国洗钱者行使"长臂管辖权"(Long - arm Jurisdiction)的立场。具体而言,如果某一外国人或外国金融机构参与或实施了洗钱活动,只要依法对该人具有诉讼效力,有下列条件之一者,美国法院就具有司法管辖权:(1)该犯罪涉及的全部或部分的交易,发生在美国境内;(2)对于美国通过法院没收令而已拥有所有权的财产,该外国人将该财产改为自己使用;(3)有关外国金融机构在美国金融机构中开立了账户。

在《爱国者法案》中确定的一些重点条款,就是其国内法中确立的规则,如果企业违反规则,美国管辖权之手自然就伸过来了。所以不要简单认为美国霸道,而要认识到自己没有符合其相关法律规范。四大银行海外分行被罚,简单来说是它们没把合规有执行到位,在这种情况下根据美国法律自然会有司法机关介入。农行纽约分行被罚后,农业银行总行成立反洗钱中心,之后对全员进行培训,董事长亲自担任合规组长,极大地提高相关人员的合规意识。

为什么美国要确立这样的规则?因为美国认为不反洗钱,金融风险乃至国家安全会受到威胁,认为反洗钱是同美国的国家安全挂钩。

在美国反洗钱和反恐融资监管框架中,执行反恐反洗钱政策涉及多个部门,主要是财政部下设的“金融犯罪执法网络”(FinCEN)和海外资产控制办公室(OFAC)、国土安全部以及司法部。

(三)金融合规的规则内容如何落实

关于金融合规的规则内容,张成律师给大家梳理了刑事、民商法律,但规则的外延更宽泛,处理法律规范之外还有行业规则,甚至带有一定的潜规则等等,全部是在这个范围当中。所以合规的“规”字外延不能仅仅局限在法律层面,行业里面的规则、自律管理外延非常大。所以我们现在对金融合规,大家都喊口号,很少见到学者把目前真正的规则接地气落实下来。

在美国的反洗钱的规则、机制甚至一定的处罚措施中,最为重要的是国际规则,以反洗钱的国际规则为例,即 FATF。FATF 的《40 项建议》最为重要,金融部门合规内容的 75% 是反洗钱,看中国银行法律部当中最主要的职能,可以发现,其 75% 的精力全部放在反洗钱方面。2007 年中国《反洗钱法》开始实施,根据反洗钱规则必须建立有反洗钱机制,要有专门的人力物力和财力,2007 年所有银行都开始设立法律部、合规部。简单来说,金融合规执行中 75% 的精力全部是投向了反洗钱框架的建构中。举例而言,2018 年中国对外贸易促进会在北京会议中心开了一个国际合规高层论坛,设了两个分论坛,第一个分论坛是药品行业管理,就是药品合规,反行贿受贿。第二个分论坛就是金融合规,金融合规的主题词就是反洗钱。反洗钱规则就是 FATF,它的规则奠定了全部反洗钱规则。中国反洗钱要同国际接轨,事实上,同国际反洗钱接轨的轨道就是《40 项建议》。

《40 项建议》有几个层面:第一个层面是国家层面,其中最重要的方面是立法,立法对洗钱的定义包括制裁。国际合作也同样重要,反洗钱是国际通力打击的。我研究反洗钱最早是对《刑法》的研究,最后发现刑法典太小了,就开始了对法律机制的研究。后来又发现法律机制是很小的问题,然后就往金融方面扩展,最后发现还不够,就再往国际上扩展。

第二个层面是主管当局。中国人民银行对商业银行反洗钱的控制也延伸到证券公司,几乎每天都会对违规的金融机构开罚单。需要关注金融监管部门的权力在《40 项建议》中的相关规定。

第三个层面是切切实实实施的主体,主体用词是“金融机构、特定非金融行业”,即除了金融机构以外,还有特定的非金融机构行业,如律师事务所、会计师事务所,全部纳入特定非金融行业中。按照《40 项建议》第四轮评估,不合格主要内容都与特定非金融机构相关。这过程当中最重要的是四项措施。这四项措施可以比作一个桌子的四条腿,分别为尽职调查、可疑交易报告、保存交易记录、内控体系。其中内控体系就是刚才张成律师给大家介绍的,内容包含了方方面面,简单来说是培训机制,这在美国实施的更成功,也就是说一个金融机构,必须要有反洗钱的软件,这个软件实际上就是一个门槛性的,每年必须花费大量的人力物力和财力进行反洗钱,如果做不到就要受到处罚。这里面简单的表达就是国家利用公权力把金融机构绑在反洗钱的战车上。金融机构自身是不愿意反洗钱的,因为要花费大量的人力物力财力,而国家要什么情报看一下金融账户里面的资金变动,就可以知道。反洗钱跟金融隐私之间是天然对抗的,但是反洗钱对于公权力来说非常重要,在这个情况下公权力会强行要求金融机构配合。过去银行一般认为无论是什么黑钱、赃钱,只要到银行里面,就很值得开心。但现在国家对金融机构规定了义务,必须根据要求调查,做不到就惩罚银行。可以将反洗钱比喻为是双剑合璧机制,银行没有达到的要求就要对银行进行法律处罚,这是惩治于已然。还有一个最重要的是防患于未然,告诉银行这种规则,银行在金融运行过程当中必须遵守这种规则,做不到就要受到处罚。这实际上就是金融合规里面最基本性的框架。

三、案例教义学分析

上述案例中的争议焦点在于对马某、戴某与银行三者间法律关系的界定,即马某作为银行工作人员很侠义也很仗义,主动投案自首不愿意使银行承担连带责任。他认为责任应该由自己承担,与银行没有关系。但是民营企业家实际上就是一定要使其存款于银行的储蓄法律关系能够成立,他想让银行来承担此责任。换言之,银行员工认为是自己的责任,但是民营企业家戴某认为银行应该由银行承担,因为这样资金能够很快获得赔偿。这当中就显现出来一种明显的拉锯关系。这种情况下我们就要分析以上法律关系,法律关系里有几个内容非常重要。

第一,民事委托关系的建立没有问题,早期签订的委托合同非常正规。但是到了合同履行过程中出现了异化,这种异化里面就是出现了违反银行内部金融规则的行为。比如,第一步把钱转走了,马某把戴某账户里面的资金转到以亲戚名义开设的另外一个账户的行为,这明显是违反了金融规则。法律当中有最经典的一句话"民事法是看法律关系,刑事法是看法律行为",在这种情况下我们看刑事这一部分,应重点关注马某把钱转到另外开设的账户的行为。

第二,马某私刻印章,这种行为毫无疑问是违反规则的。我们要在《刑法》当中找到相关的法条,首先要撇开定量要素,专门看定性问题,会发现该行为已经触犯《刑法》第 280 条伪造公司印章罪。

第三,动用了戴某资金,购买银行外的金融产品,这个行为是否构成背信运用受托财产罪? 客户存于银行,两者之间已构成储蓄关系,现在银行员工用客户的钱买金融机构以外的理财产品,是不是一种背信的行为? 所以《刑法修正案(六)》设立了一个罪名叫背信运用受托财产罪。也就是说,银行工作人员擅自运用客户资金进行了其他运作即构成本罪。我们经常说中国现在没有背信罪,但是对于受托资产实际上规定了背信运用受托财产罪,这个罪名毫无疑问也会与本案有牵扯。

第四,为了支付客户利息,拆东墙补西墙的行为,毫无疑问是挪用资金罪。在这种情况下挪用资金、背信运用受托财产和伪造公司印章,从搜索罪名角度的范围来看,手段行为、目的行为都涉及了。

除上述这三种行为,还有一种罪名带有口袋兜底,行为人的罪名是否属于渎职行为,是否构成国有公司人员失职或者滥用职权罪? 本案中带有渎职性质的行为毫无疑问违反了合规运作的要求,从渎职角度是可以兜底涵括的。

我们理解刑法罪名的时候,像中药铺抓药一样,药东一块、西一块都在这儿,通过分析一个案件,进行一种体系性的连接,大家可以感觉到这些单一的罪名就交叉在一起了。本案中最主要的是抓住,银行员工、民营企业家想干什么？表面上是马某认为是个人行为，愿意承担责任。但我们要看里面真正的法律行为，对这种法律行为，以我们应该通过梳理，手段、目的、证据方面加以考察，这是理解和分析案情的应有之道。

需要补充的是，本案是否涉及非法吸收公众存款？根据非法吸收公众存款罪四性特征判定，本案虽吸收了 2 亿元资金，但是不具有公开性、社会性。

附

P2P网贷法律实务问题专题研讨

2018年12月9日，在北京大学法学院王新教授的主持下，由北京大学法学院、中国行为法学会金融法律行为研究会和北京大成律师事务所联合举办的“P2P网络借贷的刑事风险防范高端论坛”，在北京大学法学院隆重举行。论坛聚焦P2P“爆雷”的现实问题，研讨当前P2P网贷平台的合规管理、刑事法律风险防范以及司法实务的认定难点。来自公安部、最高人民法院、最高人民检察院、基层司法机关、知名大学的学者、全国各地的律师界以及金融实务界的200余名嘉宾参与了交流，达成许多共识。特选出部分观点予以摘录。

专题一

不同主体视角下 P2P 网络借贷的刑事风险*

课程概述：近年来，全国各地非法集资案件高发、频发，以 P2P 网络借贷为代表的投资担保、第三方理财等领域的各种非法集资、融资案件激增，大要案件多，犯罪形式多样，引起社会各界的高度重视。然而，对这种乱象的认识和处理尚有许多值得深入研究之处。为了推进金融创新，服务大众，也为了保护投资者合法权益，维护金融秩序，有关人士应该从多角度深入了解利用 P2P 网络平台非法集资的金融经济背景、自身发展状况、监管体系和刑事司法现状等。

本专题第一节由黄河讲授，分析了 P2P 网贷平台的制度变迁中，中国金融犯罪的刑事政策的科学化和现代化问题。第二节由侯太领讲授，剖析了 P2P 网贷监管失灵的成因及改进路径。第三节由韩友谊律师主讲，分析了网络借贷中的刑事法律风险。

---

* 主讲人：黄河，国家检察官学院院长、中国犯罪学学会会长，法学博士；侯太领，中国建设银行总行法律部副总经理；韩友谊，北京大成律师事务所高级合伙人，大成刑委会顾问，法学博士。

第一节　P2P 网贷平台的制度变迁:中国金融犯罪的刑事政策的科学化和现代化问题

一、P2P 网贷的变迁

我们可以从以下三组数据透视 P2P 网贷的变迁概况。

1. P2P 自 2007 年在中国诞生开始,就以金融业从未有过的速度狂飙突进。据网贷之家的统计,截至 2018 年 7 月底,网贷平台已经达到了 6000 多家,其中问题平台累计为 2286 家。2018 年 10 月时,P2P 网贷的余额还有 1.1 万亿元,并且 P2P 网贷累计成交额已经接近 8 万亿元。无论是平台数量、参与人数还是成交量,网贷都占据了金融市场的重要地位。这正好说明,当前将 P2P 作为防控金融风险的重中之重是有道理的。

2. 根据第一财经 P2P 网贷危机调研报告,出现 P2P 停业、清盘等问题的平台,2014 年有 346 家,2015 ~ 206 年上半年则是 1466 家。而 2018 年上半年有 346 家,但是从该年 7 月单月就激增 171 家问题平台,达到 15 个月以来的最高峰。事实表明,P2P 网贷平台经历了三次大规模的爆雷潮,前两次问题平台总数高于 2018 年,甚至某些月份的问题平台爆雷密度要比 2018 年 7 月还要高。第三次爆雷有三个突出特征:一是明星平台、头部平台倒闭比例明显增高。二是宣布资产端预期的问题平台占比多于之前。三是主动宣布预期重组清盘而退出 P2P 的平台大幅度增加。由此说明,P2P 行业进行了深度的清理和深刻的调整。

3. 2017 年,检察机关对非法集资提起公诉的案件有 8252 件,涉案 17,144 人。根据北京市朝阳区人民检察院的报告,2018 年 P2P 非法集资类案件增速明显。从全国范围观察,前几年金融犯罪占比较高的主要是信用卡诈骗类案件,甚至达到半壁江山的程度,因为商业银行等各个银行的利益保护是重点,所以司法机关对这个罪的打击力度很大。但是这两年利用网络实施的涉众型金融犯罪,特别是 P2P 非法集资案件增速非常明显,表明 P2P 网贷的法律风险正在聚集、扩散和放大。

二、P2P网贷监管制度变迁

回溯P2P监管制度及监管实践，可以总结出P2P网贷监管政策的三个变迁阶段：第一个阶段是2007～2015年7月监管真空期，其以中国人民银行等四部门发布《关于促进互联网金融健康指导意见》为结束的标志。这段时期P2P平台虽然是作为普惠金融和金融创新的明星产品而存在，但自诞生开始，其就缺少制度的呵护，野蛮生长了8年之久。第二个阶段是2015年7月至2017年8月的制度建设阶段。这一时期具有标志性的监管措施、监管政策主要是"一个办法、三个指引"。"一个办法"是银监会等四部门发布的《网贷信息中介机构业务活动管理暂行办法》，"三个指引"是《网络借贷信息中介机构备案管理登记指引》、《网络借贷资金存管业务指引》和《网络借贷信息中介机构业务活动信息披露指引》，上述规定对P2P平台的市场准入、业务流程和披露业务等都做了进一步的细化。第三个阶段是2017年12月至今制度的发展完善阶段。2017年12月，P2P网贷风险专项整治工作领导小组办公室发布了《关于做好P2P网贷风险专项整治整改验收工作的通知》，接着又在2018年8月发布了《合规审查工作的通知》《合规审查问题的清单》《P2P平台借款人逃废债信息的通知》等制度规范。这一时期官方强化了全面监管，推进了合规审查，减少了制度漏洞，形成了事前、事中、事后全面有效的网贷监管体系。这三个阶段证明了随着时间的推移，P2P行业自身问题集中暴露，国家的金融监管不断加强，日趋严格、日趋完善，已经较好地体现了谋创新、控风险、促发展三者关系平衡的监管思路和政策旨趣。当然，由于对新生事物的不敏锐，相当一段时间的不作为、慢作为，P2P可能由金融创新的朝阳产业演变为夕阳产业，这也为触发系统性金融风险聚集了动能。

三、P2P平台所涉刑事案件相关的刑事政策

（一）P2P平台所涉刑事案件相关的刑事政策现状

从严格意义上讲，P2P属于信息中介的性质，平台本身不得提供担保，不得归集资金搞资金池，不得非法吸收公众资金。但事与愿违，恰恰是这"三不得"导致P2P面临的刑事法律风险主要集中在非法吸收公众存款罪、集资诈骗罪、洗钱罪以及非法经营罪等几个方面。同时，前期出现的制度真空、制度漏洞、

制度失灵,加之P2P涉及的“三多”(投资人多、借款人多、平台经营管理人员多),更让刑事法律风险得以叠加。所以,从刑事法律的角度来观察,P2P所涉的刑事案件既是典型的涉众型经济犯罪,同时又是典型的行政犯罪,自然也会受到刑事政策的特别关照。

要想对P2P涉嫌的犯罪进行合理打击,就必须根据犯罪的态势、国家的政策划定打击范围,划定犯罪圈,划定打击的重点。我国出台了许多规定,以解决这些问题,如最高人民法院出台了《审理非法集资刑事案件若干问题的解释》,最高人民法院、最高人民检察院和公安部发布了《办理非法集资刑事案件适用法律若干问题的意见》,最高人民检察院印发了《关于办理互联网金融犯罪案件有关问题的座谈会纪要》,还有最高人民检察院发布的第10批指导性案例中,就包括了两个非法集资类的犯罪案例。

尽管如此,还有许多问题值得思考:P2P与民间借贷如何进行区分?定罪机理和定罪政策如何把握?非法吸收公众存款罪与集资诈骗罪如何区分?刚才讲到P2P涉及“许三多”,其中涉及受害人、参与人比较多,是不是取证时,要对每一个投资参与人都进行调查以取得证人证言?网络上海量的电子证据如何取得?解决这些问题,需要多方面的支持、经验、智慧和政策助力。对于包括立法和司法在内的刑事政策制定者和执行者来说,应当捋清金融创新发展和刑事法惩治犯罪的关系,这同样涉及金融犯罪刑事政策的科学化和现代化的问题。

(二)P2P平台所涉刑事案件相关的刑事政策发展方向

随着新旧金融体制的转型,中国金融的浅层次改革渐次完成,金融犯罪刑事政策不应局限于金融体系转型引导下的被动调整,要适度、积极、超前、系统地化解金融领域,特别是新兴金融领域的风险,为处在深水期的金融改革提供刑事法律保障。

1. 宏观布局调整

刑事政策基本理念,应当从金融管理本位向金融交易本位转型。受20世纪90年代计划经济影响的金融转型初期,将金融犯罪理解为对金融管理秩序的侵害无可厚非。刑事立法对应设立了破坏金融管理秩序罪和金融诈骗罪,但是,金融经济是信用经济,信用只有在交易过程中才能发挥资金融通的作用。因此,金融活动的核心是金融的交易。按照我们现在的总体国家安全观,应当将金融交易安全作为金融犯罪的核心法益,并以此来指导刑事立法和司法的适用。

刑事政策的基本立场应当从事后刑事规制向事前综合治理转型。刑事政策的基本路径,应当以刑事一体化作为基本指引,在内部关系、内部结构中不断完善罪刑关系,理顺刑事实体法和程序法的机制,在外部结构中要注重发挥民商事规则和行政处罚的实效,提升法定刑等刑法效果,实现向立法整体系统化、司法严格适用化的转型。在刑事立法政策中,一是要以金融交易本位的理念,从整体上系统地梳理、评估调整当前以两节罪名及分散在其他章节罪名规制金融犯罪的现状,以金融交易安全作为金融犯罪所侵犯的法益,形成涵盖金融市场的准入、金融产品的设计、市场主体的义务、金融市场交易等"一揽子"有层次的罪名罪状的体系。二是要充分考虑金融犯罪立法的刑法典与附属刑法相结合的特点,在罪名、罪状、法定刑上要注意与前置行政监管法规的协调。三是要充分发挥犯罪故意、非法占有目的的推定机制,通过将司法解释中已经成熟的推定事由类型化、法律化,进一步降低金融犯罪主观要素的证明难度。

2. 刑事司法政策调整

一是要充分研究相关金融制度和改革的方向,在部门法交叉领域实现有效的知识整合,通过司法解释细化定罪的数额和情节,在入罪的门槛上要根据不同程度的犯罪行为,来区分定罪情节和量刑的情节。二是要强化行政处罚和刑事司法的衔接机制,充分发挥检察机关审前主导和法律监督的职能,通过建立处罚信息的共享、案件通报协作等机制,减少金融犯罪领域有案不移、有案不理、以罚代刑等现象,从而形成良性的行政法、刑法的二次制约机制,实现刑法在金融犯罪领域积极预防的刑法目的。三是服务于打好防范化解金融风险攻坚战的需要,精准科学确定打击重点。比如,对 P2P 非法集资活动中组织策划指挥者和主要实施者要进行重点打击。同时通过区别对待,充分发挥司法机关在防范化解金融风险中的能动作用。四是不断总结互联网金融领域中相关电子证据的收集、审查、鉴真、认定等方面的司法经验,为网络大数据时代的金融犯罪侦诉和审判未雨绸缪、奠定基础。

第二节　P2P 网贷监管失灵的成因及改进路径

一、P2P 网贷监管失灵的成因

(一)对互联网属性的误判

互联网从 2005～2006 年开始进入金融领域之后,确实给金融带来了很多人性化、大众化和便捷化的因素。从 P2P 产品的基本结构和经营方式来看,它和传统银行的经营方式没有实质区别,可以说是一种准银行金融机构,或影子银行。但不论是 P2P 网贷还是其他互联网金融产品,都没有改变金融产品的固有逻辑,因而也就不可能改变金融监管的固有逻辑。一方面,其运营活动并没有脱离借贷关系;另一方面,它没有解决信息不对称的问题。

信息不对称问题最核心的原因就在于信息的失真和不可管控。但是互联网让大众误以为这个问题已经迎刃而解,导致监管部门不敢对互联网金融监管,国家从便利大众的角度出发也对其大力扶植。于是整个社会都把它作为完美的创新去呵护,这为以后 P2P 网贷平台的问题埋下了隐患。

(二)监管不足

监管部门对 P2P 采用的是传统的线下监管手段,而线上监管还在建立中。不过,线上机制是监管发展的客观规律的结果。对互联网金融以及 P2P 网贷线上方式提供的金融产品,监管部门监管已经力不从心。此前 P2P 网贷受到的过分呵护,在某种程度上纵容了 P2P 平台经营者把跨度更大、更超前的想法付诸实践,导致在经营过程中出现了一些道德风险和不规范的行为。如果没有到位的风险控制,隐患和风险就会随着平台规模同步增加和扩展。

正统的金融机构有很多的手段,比如贷转存或同业拆借等,所以可以自我创造流动性。P2P 网贷没有这个功能,这样就造成一个问题:网贷没有自身的流动性功能,这是和其他的金融机构相比最大的模式上的缺陷。于是 P2P 网贷要想保持自己的经营,只有两个路径,第一是靠从社会上吸收资金实现存量资金的增加。然而资金持有者都是趋利的,这就倒逼平台给出的收益、利润率必然要高出其他的金融机构。

同 P2P 网贷最相近的金融机构就是互联网银行,目前我们国家批准了几家互联网银行的运营。P2P 网贷在野蛮生长的几年中,给出的收益率比互联网银行高了不止一倍。这个在市场上实现不了的收益率怎么保证还钱给投资人?这就必然意味着在 P2P 网站经营过程中,很多本金被挪作利润兑付给了早期投资人,这就是庞氏骗局,拆东墙补西墙。这虽然可以维持一段时间,产生很多吸收资金的效益,但是随着时间的推移,风险和压力增加,平台爆雷只是早晚的事。

P2P 网贷解决流动性的第二个手段是主体金融机构流动性的外溢,如果市场资金多的话,这在哪个行业都不是问题。2016 年开始,供给侧结构性改革开始,最重要的一个措施是降低债务、去杠杆。去杠杆对金融机构来讲,就是从严监管、收紧流动性。P2P 平台作为流动链条上边缘的金融机构首当其冲,所以它们很快就面临流动性枯竭的问题,爆雷频发。

金融业是一个高管制和严监管的行业。实践中金融领域肯定是公地悲剧最猛烈的领域。金融机构具有脆弱性,这主要是负债问题所致。所有的金融机构若不对负债业务进行严监管,就很容易形成挤兑效应,最后导致金融机构倒闭,形成金融链条的传递,甚至酿成金融危机。所以,金融严监管在法律上是有明确规定的。在传统的金融监管理论上有一个观点,认为金融监管和法律规制存在对冲效应,这意味着由于早期对 P2P 监管的缺失,导致现在非法集资方面的刑事手段必须扩张使用,否则这个领域的秩序便无法恢复。

金融监管手段首选牌照许可,它在刑事法律上有一种违法性阻却的效果。P2P 网贷平台运营虽然是金融行为,但是它没有监管,早期也不存在牌照管理的问题。这就导致在刑事评价进入到 P2P 领域里的时候,人们才忽然发现,由于缺乏一种牌照许可制度,所以这里的刑事领域缺乏违法阻却事由的设计,也难怪 P2P 平台很多经营者会感到冤枉。P2P 网贷平台行业可能是卷入刑事犯罪比例最高的行业,一个重要的原因就在这里。

P2P 从 2018 年 8 月以来开展合规检查到 12 月为止通过者不多,监管部门对很多平台进行了劝退。这种惨淡的局面并不是单一原因所致,而是由以上因素综合影响的产物。

从 2016 年至今,P2P 网贷走向了一个新的阶段。官方分别从 P2P 网贷平台的定性、备案登记证明、资金托管等方面入手,把导致风险的核心资金和经营者的控制权严格隔离,从资金隔离和严格信息披露等几个角度进行监管。这有利于促使 P2P 平台保持信息中介的定位。

但是这些机制的建立不一定能彻底解决问题,因为按照现有的金融监管,P2P 网贷平台还有很多的业务可以做。比如,平台进行资金清算,这就意味着资金的留存。在第三方支付方面,有关部门最近刚刚出台新的规定,要求备付金百分之百缴存,目的就是要极大减少资金留存。另外,很多 P2P 网贷进行了创新,通过综合授权的机制、寻访投标因的机制,一定程度上允许债权转让,所有这些方式都能够造成 P2P 平台经营者对投资人资金的控制、使用,如此一来,还是会引发道德风险。瑕不掩瑜,这些监管措施和以前的状态相比无疑进步很大,而且符合现在整体上走金融抑制的思路,符合我们的宏观导向。

二、P2P 网贷监管失灵的改进路径

2011 年国家开始清理各类交易所。但是恰恰在那时,作为实质上的资金交易所的 P2P 网贷平台获得了很大的发展机遇。如果把这个领域定位成一个资金借贷的市场,据此建立监管机制,就需要继续解决其他的问题。首先,必须要有牌照管理,牌照不是备案,它还涉及审批的层面。其次,交易所的经营者和投资者与交易标的物是严格彻底隔离的,而不仅仅是当前模糊不明的状态。最后,所有的交易所一定要标准化,要像金融拆借市场那样,将 P2P 网贷上的借贷品种标准化。

从金融发展的角度讲,监管还只是一个手段的问题。在互联网时代,解决信息不对称的手段就是大数据。大数据和其他互联网手段最大的区别是它具备更高的客观性。但是现在大数据的技术手段不够成熟,因为大数据对行为、用户身份、企业经营行为进行的描述和勾勒还比较模糊。如果真的要对互联网金融机构进行监管,监管部门一定要建立大数据的监管体系,根据系统的联系,通过大数据画像来判断某平台做出了什么行为,是否违规,集聚了多少风险。我们在准确认知和定性的基础上,按照互联网 P2P 平台真实的样态,建立一套有效、完整、强力的监管机制,随后配套合适的刑事手段,问题自然就解决了。这些监管机制能够化解大部分的刑事风险。

第三节　"借"和"贷"之罪

一、P2P 网络借贷内含的刑事风险

这里需要研究的是 P2P 网络借贷本质中的刑事风险,请注意这里并不专指行为人利用这个平台实施庞氏诈骗,因为庞氏诈骗并非只限于特定的公司。可以说 P2P 网络借贷本质上可能和我们当前《刑法》是不兼容的。

P2P 刚出现的时候,其对银行是很大的威胁。但随着时间的推移,人们发现它对银行完全没有威胁,反倒更加凸显了银行本身的稳定性、安全性和信用性。从事实层面的本质上看,它是一个信息中介,不等于信用中介。当然我国《刑法》也不允许其发挥信用中介的功能。

P2P 作为信息中介,它是让一个陌生人向另外一个陌生人提供付息贷款的平台,它可以收取手续费。但是它以自己实际控制的账户、影子公司或者是空壳公司接受借款资金的,就属于违规的自融,会有很高的概率构成非法吸收公众存款罪。所以 P2P 公司的本质意味着它离犯罪基本上只有一线之遥。甚至从另一个角度来讲,它是不可能不犯罪的,否则就根本存活不下去。

二、P2P 自融构成犯罪的逻辑错误

(一)违反常理

国家允许 P2P 作为一个平台为两个陌生人之间的借款提供便利,但是却不允许其自己作为一个借款人向别人借款,这二者之间本身是矛盾的。如今,大数据信息量极大,信息不对称的问题没得到解决反而有被放大的趋势。在这种情况下,当一家下游企业(借贷方)需要资金的时候,它怎么能够准确找到正好愿以其能够接受的利率出借资金的潜在出借方呢?因为借贷有时效性,为什么就不可以让那些小额资金聚集在一起以后发挥大额融资的功能呢?把这种行为入罪,是只看道德层面的因素,未思考社会效应。中国的 P2P 企业单靠赚取手续费就让平台活下去,几乎是不可能的。

(二)破坏法治统一性

所谓法治统一,指的是刑法和行政法、民法之间不能冲突,不能一个行为在民法上是合法的,却构成犯罪。这会导致有关借款合同的民事案件审理,因为涉嫌非法吸收公众存款罪刑事案件而受到很大的影响,让全国的大量的司法资源被浪费。比如,刑法的非法吸收公众存款罪和民法对于借贷合同效力问题的考量上,就有很大的不同,产生了不少的矛盾,给审判带来了难题。

(三)信息中介反而增大金融风险

把P2P当作信息中心而不是信用中心,甚至平台给用户担保的时候,对金融风险来说并不是降低而是增大。在一个完全守法的操作下,一个个体通过网络把钱借给另外一个陌生人,还期待对方能够按期还本付息,由于信用体系不健全不完善,这在当下很难实现。

一般来说,出借人不愿意把钱借给他从来没有借过钱的人,也不太可能相信中介机构对对方的审查,毕竟让一个中介做一个尽职调查,在尽职调查以后再借给对方钱的话,这个交易成本就太大了。平台若只做这样的中介业务,也难以为继。但是,如果这个平台公司本身资金实力雄厚,不单是信息中介,背后还有很多的实业做支撑,那么平台还款的能力就会超过出借人不认识的其他人,所以出借人更愿意借给平台,而不是直接借给平台介绍的陌生人。然而法律却规定,出借人把钱借给平台则平台构成犯罪,甚至平台提供担保也构成犯罪。这就不符合实践的正当需求。

三、问题的根源和解决之道

把金融犯罪的法益转向金融交易安全之后,才能够回答和解决具体受害人的问题,这是旧的金融监管秩序法益说无力解决的。从微观层面看,应该把非法吸收公众存款罪保护的法益定位为放贷人的本金回收利益。在实践中放贷人本金回收的利益至关重要,与此相关的就是追赃、退赔和资产处置的问题。实践中这里的难点就在于平台无法或不能足额将资金还给投资者。

不得不说,当前对放贷人的保护是过度的。在民法层面上,被法律所允许并且赋予了胜诉权的年息达到24%,这意味着民法保护高利息。刑法有关罪名层面保护的则是本金。这就催生了职业放贷人。目前,哪个民营企业受法律保护的年纯利润能达到24%？所以当法律创造了这么大利润空间的时候,职业放贷人的出现是符合市场经济规律的,并且套路贷也会应运而生,二者共同将需要借款的企业和个人逼入绝境。

实际上,从其创设的背景看,绕过银行借贷的 P2P 是为微小企业服务的。这种金融创新不是为放贷人服务,而是为借款人服务的,因为后者从银行获得借款的概率非常低。当然,不单是中国,任何国家的商业银行都有自己的逻辑,不会去接济穷人的,否则银行就成了慈善机构。但在慈善机构和商业银行中间有很大的空白地带,P2P 可以在此生存。在这个领域,借款人比放贷人更应得到重点保护。

在一些发达国家的刑法中对高利贷行为进行严厉打击,这对借款人是很有利的。如果我国借鉴这种思路,既不会令 P2P 消失,也不用担心民间借贷市场利息降低或者企业借不到资金。只要高过银行同期利息,能够有稳定的回收利息,放贷资金就不会减少,而且这还会倒逼银行降低对企业的贷款利率。所以理想的局面是:

第一,放贷人以高于银行的存款利率,但低于一个国家企业的平均利润率或者一个国家企业的平均负债能力来设定利息的上限。这是在同向叠加效应下的综合考虑,让各方利益最大化的一种设计。

第二,为了自己实际生产性需求而借款,并未进一步抬高利息的主体的行为不应该按照犯罪处理。借钱以投入生产经营,最后既有可能盈利,也有可能亏本,这种情况下作为民事案件处理,按照破产程序清偿,出借人得到的不见得会比从刑事追赃中取回的资金少。可见,这样的方案,对于出借人、借款人与平台都有利的。

专题二

P2P网贷平台的合规管理实务问题解析*

课程概述:互联网金融近几年来一直是热门话题,尤其自2013年以来,作为互联网创新模式之一的P2P网络借贷异常火爆、野蛮生长,交易额天量增长。与此同时,网贷平台跑路、提现困难等事件也大面积爆发。近几年,尤其像闪联金融案、中金案、e租宝案、昆明泛亚案等层出不穷,这使无论是监管者还是社会公众谈"P2P"色变,以至于被人们称为"骗啊骗"。2018年8月全国网站综治办开展对P2P网贷合规机构检查,也就是我们说的"108条",要求各地2018年12月底之前完成检查任务,据说目前形式非常不乐观。有一个流传甚广的"扁鹊三兄弟"的故事告诉我们,事后控制不如事中控制,事中控制不如事前控制。做好合规管理,做好法律风险防范,尤其是刑事风险防范,对P2P网贷平台健康发展具有很重要的现实意义。

本专题共有五节:第一节由周跃立律师主讲,强调对于P2P爆雷潮要追根溯源。第二节到第五节由来自法院、检察院和律所的4位实务工作者对第一节的内容进行评议。第二节由喻海松法官主讲,提出了跳出刑法看问题的观点。第三节由王拓检察官主讲,通过中外网贷平台的对比解析我国P2P平台

---

* 主讲人:周跃立,北京大成律师事务所成都分所高级合伙人、大成金融委理事,曾供职于中国人民银行,是四川大学金融法律研究所所长、研究员、兼职教授;喻海松,最高人民法院研究室刑事处副处长,法学博士,先后参与起草多部司法解释和规范性文件,出版多部专著,在《中外法学》等刊物上发表论文50余篇;王拓,北京市检察院第四检察部四级检察官。直接办理和参与指导办理的案件有e租宝、华赢凯来、中金嘉钰等多起非法集资案件,在金融犯罪领域具有较为丰富的办案经验,荣获过三等功、各种嘉奖、业务标兵等各种称号,也获得过中央省级重点优秀课题,在《人民检察》等刊物中公开发表20余篇学术文章;马朗,北京大成律师事务所上海分所合伙人,大成刑委会理事。主要从事刑事辩护及刑事合规业务,办理各类刑事案件近300件,先后为多家知名中外企业提供刑事合规专项法律服务,2017年被评为"第七届浦东新区十大杰出青年律师",并获"上海市第六届优秀青年律师"。

实现升级转型之艰难所在。第四节由姚伟琪律师主讲，介绍了 P2P 企业退出机制问题。第五节由马朗律师主讲，解析了刑事法律风险防范的门槛所在与艰难之处。

第一节　“囚徒困境——P2P 爆雷潮之追根溯源”

不久前曾发生了一个广为各界关注的社会热点事件——基因编辑，因为它挑战了人类文明的底线。另外，12 月 1 日是艾滋日，据官方披露，现在艾滋病的增长趋势超出了许多人的想象。这两件事情都有一个共同的特点，就是具有极强的传染性、风险扩散性。这同我们今天要讨论的主题“P2P”有内在的逻辑联系。经济学当中有一个著名的理论，也就是博弈论当中的“囚徒困境”，这个理论的核心内涵是信任问题，而我们从事金融活动一旦丧失了信任，后果将不堪设想。金融类活动涉及千家万户，也就是我们所说的公众利益，一旦把握不当，就可能酿成巨大的风险。

为什么“追根溯源”？作为一个医生，如果不能找准病因再对症下药，就是庸医误人。对于一个国家，尤其是金融管制来讲，如果找不准病因，就没办法做好事前的政策制定和事后的刑法规制。

一、P2P 本质上是金融活动，具有极强的外部性

P2P 的根本性质是什么？说 P2P 是一种金融活动不会有任何争议。它既然是一种金融活动，就有一个很重要的特点——极强的外部性。外部性是一个经济学术语，是指这种活动对社会、对外界的影响巨大。从事 P2P 网贷活动的机构使用的是社会资源，造成的严重后果由社会来承担，这是 P2P 不同于其他一般活动的根本性的特征。

经济学讲外部性有正外部性和负外部性之分。所谓正外部性就是对社会、对周围产生积极正面的影响。例如，我们在家里种花，在院子里种草栽树，让周围邻居和路人赏心悦目，这是正外部性。负外部性就是对社会产生负面的消极影响，例如，在家里深夜举办聚会，噪音噪声一定会闹得鸡犬不宁，这就

是小的负外部性。再如,企业偷偷排污,污染环境、空气、水质,这也是负外部性。而P2P动用社会资源又缺乏监管,产生的后果由社会来承担,就具有极强的负外部性。这种负外部性的行业或者领域肯定不适合大众创业,因为它的社会波及性非常强。从金融领域的公募、私募的角度来讲,我认为即使进入公募、私募领域,P2P也应该是典型的私募,而不应该是公募。今后P2P可不可以成为公募,供立法机关和领导参考。我觉得严格考核之后,确实符合金融机构牌照条件的,可以将其中的少数转为公募。我的基本观点是,P2P具有极强的外部性,不适合大众创业,不适合公募。

二、金融监管政策的摇摆性

金融监管有一个重要的特点,即摇摆性。从号召大力发展互联网金融,到强调严厉打击非法集资领域的刑事犯罪,短时间内的这两种声音让不了解内在逻辑的人,产生政策多变的错觉。

我认为,产生这种摇摆性的原因很多,重要的原因有以下两点,第一个原因是对事物本身的认识不透彻。例如,对于P2P的强负外部性的认识不到位,所以产生了盲目鼓励的问题。但是一旦出问题了,又以运动式的方式来解决,这势必造成大起落。第二个原因是政策制定阶层有时奉行实用主义原则,眼前需要什么就抓紧出台什么,即常常出台救火式的政策。为了发展经济,鼓励互联网金融,鼓励民营企业发展是正确的,但这个政策缺乏前瞻性和整体的规划性,难免造成起起落落。

三、如何对待创新

创新应该鼓励,应该支持。P2P也是一种创新,而且是一种重大创新,但是为什么会造成现在这个局面?我认为,我们需要重新思考一下对创新的支持和鼓励。创新可以从两个意义上理解:一是技术意义上的创新。比如,智能手机对我们生活的影响巨大,几乎消灭了扒手,因为大家都不带现金了,最贵重的是手机,又被大家拿在手里,这使得扒手无处下手。二是法律意义上的创新——更重要的创新。技术意义上的创新自然要过渡到制度的突破,这就是法律意义上的创新。我认为法律意义上创新的实质就是两个字:“违规”。通俗地讲就是违规,从更高的层面上讲就是要突破原来的边界和限制。这种突破一方面是现实改革的需要;另一方面确实带来巨大的法律风险。所以,无论是实务工作者还是政策制定者对创新到底应该有什么样的价值取向,值得思考。

我们对待金融意义上的创新一定要慎之又慎。我认为,金融是一个国家、一个政府、一个政党的核心利益,军队是绝对不可能放给民营企业,新闻的播放权中央电视台也不可能放,金融同样不能放,金融是国之重器,经济的核心。因此,应该创新鼓励,但是怎么鼓励是一个需要慎重考虑的问题。

四、小结和建议

第一,无论是P2P还是其他的金融政策,能够制定一个成功的金融政策是基于对这个事物本质的认识。如果不能深刻认识这个事物就不能很好地驾驭它,盲目鼓励、监管失当、政策摇摆都是由于认识不到位而造成的。流动性紧张是引发P2P爆雷的外在原因,但如果没有内在原因也不可能引发爆雷。

第二,要正确处理实用主义、万众创新、政策摇摆三者之间的关系。这三个东西在我们的实践当中都是不可缺少的,实用肯定要解决当前的问题,创新是必须要支持的,而政策摇摆也是难免的。但是怎么把握这三者关系?这既需要政治智慧,又需要思维模式的培养。

第三,我们现在要打破目前这种囚徒困境,重塑金融秩序和民间金融的新秩序。

第二节　跳出刑法看问题

P2P事件在刑法适用上没有太多的疑难。按照构成要件处理即可,可能涉及非法吸收公众存款罪,集资诈骗罪。但我个人觉得,更大的问题是要跳出刑法看待这样的问题。今天的爆雷现象此起彼伏,为什么会出现这样的状况?为了防范这样的事件再次发生,思考如何看待这种现象是很有必要的。

我个人谈三点意见:

一、刑法永远是最后手段,而且是最不文明的手段

社会对于很多犯罪现象的遏制根本不是靠刑法在发挥作用。例如,高铁上的盗窃案件。过去铁路是盗窃案件的高发区,现在铁路上的盗窃案件很少,特别是在高铁上。首先,摄像头发挥了很大的作用。和谐号在出厂设置时没有摄像头,但是每个车的乘务员都会装一个临时的摄像头;复兴号自带摄像头,所以高铁上的车间盲区很少。其次,是实名制发挥了非常重要的作用。实名制对预防有前科的人再次犯罪以及追逃都发挥了重要作用。再看刑法的变迁,1997年《刑法》虽然保留了盗窃罪的死刑,但限于两种情形;《刑法修正案(八)》则取消了盗窃罪的死刑。刑法的打击力度在降低,但是案件也在下降,这说明盗窃罪的发案率与刑法的严厉程度无关,关键是社会综合治理、防范水平在提升。再如,以前广州街头的抢劫、抢夺案件发案率很高,但现在基本上没有人去街头抢。第一,现在的交通状况导致犯罪分子根本跑不掉;第二,遍地都是摄像头,抢完之后很难隐蔽。这同样与刑法没有必然的关系。因此,我们可能要改变传统上首选刑事打击的做法。

二、思考问题要追根溯源

P2P为什么可以发展到今天?老百姓愿意参与其中,我觉得有两点原因不能否认:第一,人性的趋利性。随着中国经济社会的发展,老百姓手头有了剩余资金,而银行的利率比较低,老百姓需要投资渠道。第二,现在一些中小型企业、民营企业没有钱,拿不了贷款,需要融资。两者一拍即合可能是造成现在这个局面的原因所在。

三、疏堵结合

为什么前人治水不成功,但是大禹成功了?因为他不是单纯地堵,而是在堵的基础上疏导。我认为,未来的政策一方面要疏导老百姓手上的余钱怎么花,怎么让它保值增值;同时,使中小企业、民营经济融资的需求在一定程度上得到满足。只有在这样的政策之下,加强监管才能真正起作用。当前我们在堵的同时要疏导,完善监管。大家知道很多P2P到案发的时候已经存续了很长的时间。在公安机关采取措施之前,我们要追问行政监管部门有没有切实

履职。如果这个行为都构成刑事犯罪了,行政监管部门在其蔓延之前是不是该有一定的监管措施?我想强调的是,把行政监管挺在前面,疏堵结合才能有效地遏制 P2P 爆雷事件此起彼伏的局面。刑法永远只是最后手段,刑法永远只能治标不能治本,可能治本还得靠政策、监管、行政管理。

第三节　从中外网贷平台对比看我国 P2P 企业转型升级

追根溯源来探讨这样的犯罪原因并提出相应的建议,我觉得是非常有意义的一项工作。

2015 年我在国科大经管学院做博士后期间参与了一个课题,真正接触了 P2P 企业。当时是在北京网贷协会(现在的北京互金协会)支持下走访了协会下面的会员企业以及观察员企业。我发现一个非常有趣的现象,当我们的课题组到这些企业的时候,接待我们的高管,其学科背景更多的是计算机、金融、数学,没有一个是学法律的。当他们向我们推销自己产品的应用场景,谋划自己公司美好的未来时,却对我们提出的一些关键问题避而不谈,如坏账率。很多企业告诉我们坏账率为零,有的甚至婉拒回答。在公司提供的宣传材料上我也看到了利率不高于银行同期利率的 4 倍这种过时的材料,甚至还看到了百分之百本息保障这种赤裸裸违法的宣传。那次调研给我的初步印象是这个行业信息不对称的程度非常高,在信息披露方面还有很多的工作要做。其实,P2P 创立的初衷正是要解决信息不对称的问题。

刚才周律师提到了"囚徒困境理论",这个理论的前提是个人实施的违法行为和合法行为应当有所差别,所以在理性经济人假设下,他才会实施这样的合法行为而不去实施违法行为。长期以来,由于监管的缺失,违法成本极低,P2P 企业实施违法行为和实施合法行为的成本几乎没有什么区别,显然会在市场上形成逆向选择和道德风险,进而形成了一种劣币驱逐良币的局面,进而也丧失了探讨囚徒困境的前提。我想周律师刚才所做的结论,就是要净化这种市场环境,提高违法成本。因为只有严惩违法企业,才能保障合法企业,才能使这个行业的生态得以恢复。当然，我们欣喜地看到，监管层一次又一次的行动，如信息披露、登记备案、有序良性退出等都是这方面的努力。

前途是光明的，道路也是曲折的，我们通过中外网贷平台的对比来看，显然实现这种升级转型是非常艰难的。我想谈以下四个问题。

一、性质定位问题

因为P2P是一个舶来品，在国外定义为信息中介没有异议，但在国内有非常大的争议，如有人把P2P的形象定义为类似于交易所的性质。还有人质疑，仅靠收取手续费的信息中介能生存吗？显然这都是我们不可回避的事实。但是，从监管层制定的相关监管政策来看，P2P必须定义为信息中介，只要这种监管政策没有变，我们的企业在定位过程中，就必须要坚守这一定位。当然，在我们实践过程中，几乎所有的平台都或多或少地异化为信用中介，这一转型将是长期的、痛苦的。

二、入门门槛问题

国外的P2P有一定的入门门槛，而且数量相对集中，据报道在英国三家平台累计的交易规模已经占到英国的七成以上。反观我国，由于对网贷公司不设门槛，我们的数量众多，可谓一种劳动密集型产业。

三、刚性兑付的问题

国外P2P平台定义为信息中介，并不存在担保，尤其是自担保的问题。但是，在我国社会信用机制不完善的情况下，如果没有担保，投资人的投资信心显然会受到重挫。因此，平台的生存一直是一个问题。但是，平稳地打破这种刚性兑付，应当是我们共同努力的方向，以及金融监管领域面临的共同任务。从资管已经打破刚性兑付的要求来看，我们已经看到了监管层的决心。当然，这样一个刚性兑付的打破是需要时间的。

四、信息披露问题

国外对于P2P信息披露要求非常严格，美国将其纳入SEC的监管，未履行相应披露义务的可能被认定为非法。但我国的信息披露可能有更长的路要走。尽管问题重重，但拥抱监管、转型升级是我们一个最可靠的出路，靠打擦边球的时代已经一去不复返。

第四节　P2P企业退出机制

P2P的角色定位问题值得思考，是不是仅仅把它理解为一个信息的中介机构？不是的。《网络借贷信息中介机构业务活动管理暂行办法》（以下简称《暂行办法》）的规定，网络借贷信息中介机构，除了提供撮合服务之外，还可以提供信息的审核、债权的管理和催收的工作。实际上从事的是一部分债权管理的工作，只不过它管理的是一个个分散的债权。这种类型的企业在进行退出时怎么操作？我发现我们的法律在这个领域是不完善的。《破产法》不能提供特别多的指导，破产法只涉及一般公司破产的规定。而金融机构的破产，信托公司的破产，从事金融技术服务类第三方支付公司的破产，从事金融资产管理、受托管理金融资产的公司破产等在《破产法》里很难找到适用条款。可见，《破产法》是有局限性的。美国有专门的金融机构破产制度，美国的存款保险公司有强大的权力，它可以审查债权，可以执行，可以进行清算，美国的法院只需对存款保险公司的权力形式制定一个事后司法审查的制度。

一、能否立即启动强制性清退程序

对于金融机构或者受托管理金融资产的机构，当发现这个公司的经营出现了问题或者风险的时候，我们是否可以马上就启动强制性的清退程序？现在没有法律规定。《暂行办法》提到我们要编制一个平台出现紧急情况时的预案，但这个预案是公司内部的管理机制，这个预案应该做成什么样也没有具体要求。我觉得这是法规方面的局限性，这些局限性导致了我们在从事具体操作过程中也很难做出一些判断。因为法律规定不明确，导致这个平台的投资人没有一个稳定的预期，不知道这个事情该怎么处理，没有预期就会很着急，一出现平台爆雷，不稳定的因素反而会加剧。

二、清算组相关问题

围绕着清算,要退出肯定要成立清算组。在清算组中,原来公司的清算组可能是由股东或者债权人代表组成,但是受托管理金融资产或者债权的清算组里有一个角色,就是出借人代表或者投资委员会,这些投资人会组成一个群体,这个群体可能叫投资人委员会。投资人委员会在清算的过程中扮演什么样的角色?它应该怎么组成?投资人委员会什么样的决议是有效的?因为在进行清退的过程中,我们可能要制定一些清退的方案,我们是集中兑付、按比例兑付还是一一兑付?参加表决的有很多投资人,有小金额投资人、大金额投资人,是按人数表决还是按债权金额比例表决?因为没有规定,所以大家没有办法操作。

三、P2P企业赔偿责任

P2P企业要履行必要的审核义务,在什么情况下违反了审核义务,需要承担什么样的责任?如果投资人去起诉它,谁承担举证责任?如果由投资人承担举证责任,好像有点难。

四、出借人代表共同诉讼的问题

共同诉讼的规定比较简单,实践中,情况可能是原告有多方,选取一个代表,被告是一方。但是也出现过原告是多方、被告也是多方的情形。例如,在出借平台借款人大规模逾期的情况,一旦平台出现流动性危机,有很多的借款人就说,反正它要爆雷,干脆不还了。大家都不还的情况下,怎么去起诉?是不是有一个出借人的委员会代表去起诉?在起诉的情况下有一个批量债权确认的问题,起诉每一个债务人,是不是要用不同的诉进行?这样的成本会很高,尤其是相对于互联网金融金额非常小的情况。而且一个债权人可能只投了10万元,但是可能分了100个标,这样在民事诉讼上就是100个诉讼,是不是有一个好的机制解决这些问题?

五、兑付方案

在兑付方案中,是集中兑付还是单一兑付?如果存在资金池的情况,是不是集中兑付更合理一些？如果认为P2P本质上是一对一的债权，就会认为单一兑付更合逻辑。

第五节 刑事法律风险防范之艰难

一、刑事法律风险防范的门槛

律师通常称刑事法律风险防范为刑事合规。对于律师来说，我们承接的业务可以分为两类:诉讼与非诉讼。刑事辩护属于诉讼业务，刑事合规属于非诉讼业务。在刑事法律风险防范法律服务范围领域之内，这样的服务领域如果要设一个门槛，我觉得门槛之一一定是必须在这个领域内办过相应的刑事案件。所以我一直非常赞同陈兴良教授在多年前提出的“专业槽”观点。我认为，刑事合规有一个专业前提的问题。

以非法吸收公众存款为例，2010年司法解释规定了4个要件，其中的利诱性，是指承诺在一定的期限内以各种形式保款付息。没有承办过这类案件的律师一般不知道这些要件在司法实践当中是怎么被法官解读的。我看到许许多多的版本，为了规避利诱性条件，在P2P企业和投资人签的协议上，有些企业特别加了一条风险提示条款，甚至做成一个内容非常翔实的风险提示协议让投资人签字。企业以为据此可以辩护自己没有承诺过保本付息，并且告知了风险。但法官会认为，虽然书面签订了这样的风险防范提示条款，但是企业的销售人员在线下销售时出现了问题，那些销售人员和投资人在案发那一刻一起出卖了企业，他们说这个协议只是形式上随便一签，口头上还是承诺了保本付息，这就架空了书证的效力。因此，如果我们不办案子，不知道这些法条在实践当中怎么应用，从文本到文本的防范是防不住风险的。

有一些P2P企业的人会说，既然风险提示条款不管用，我们在每一个线下网店，像公安办案一样专门做一个同步录音录像可不可以？且不说同步录音录像的可行性，就算你录了，也未必有效。因为除去签协议当时的几分钟时间，P2P企业人员还有大量时间和投资人接触，还是会犯下同样的错误，在录像内确实没有承诺过，但是录像之外却承诺过。

二、P2P企业涉嫌"非吸"的分析

从2018年8月以后到现在为止，我再也没有做过刑事互联网P2P方面的刑事合规业务，因为不知道怎么防范。对照"非吸"的4个条件，公开性和社会性是每一家互联网与生俱来的，只要是网站或者APP，一定具备这两个特性，这是互联网的本质属性。剩下的利诱性和非法性，实践中，从2016年开始，我国兴起登记备案记录，只要没有登记备案一律视为非法。非法吸收公众存款到现在为止还是一条罪名，这个罪名当中"存款"两个字非常有意思，立法者把收上来的资金天然视为银行的存款，只要不往银行里存而是存到了P2P企业，P2P企业就属于吸收公众存款。如果P2P平台没有从事银行的业务，也没有形成资金池，确实有一些吸收资金的行为，仅仅因为没有备案就视为非法，我认为这个打击面过宽，让做刑事案件的律师防不胜防。

专题三

P2P网贷法律规制的理论与完善*

课程概述:本专题共分为五节,第一节由彭冰教授主讲,彭教授主要论述了P2P网贷监管为什么会不成功,并区分了三种监管模式,提出了重构方案。第二节到第五节是四段评议。在第二节中,刘品新教授提出通过科技预防、重构监管体制的设想。在第三节中,王立宏律师认为,虽然互联网金融领域存在很多风险和问题,但是这些问题都会随着其自身的发展而得以解决。在第四节中,娄秋琴律师介绍了办理的P2P案件中遇到的几个实务问题。在第五节中,郭雳教授对比英美情况,解读了为什么P2P网贷在中国会成为一个大问题以及如何解决这个问题。

---

* 主讲人:彭冰,北京大学法学院教授;刘品新,中国人民大学法学院教授;王立宏,大成律师事务所律师,大成中国区银行与金融专业组领导人;娄秋琴,大成律师事务所律师,大成中国区刑事专业委员会副主任;郭雳,北京大学法学院党委书记、副院长,教授。

第一节 P2P网贷监管的问题与重构

一、为什么我认为它是不成功的

(一)监管措施滞后

2007年,P2P在中国本土就已经开始出现,2011年,银监会发出了风险提示。但是有关机关一直没有出台任何规则。2015年,终于在《关于促进互联网金融健康发展的指导意见》中明确,P2P应该归银监会监管。在2016年8月终于出台了《网络借贷信息中介机构业务活动管理暂行办法》(以下简称《暂行办法》)。从2007年新事物在中国出现到2016年才终于开始认识它并且制定相应的规则,监管措施严重滞后于新事物的发展。

(二)《暂行办法》直到现在还没有落地

按照最新的消息,监管部门会在2018年12月31日整顿、排查所有平台。如果正常的话,至少2019年上半年可以开始备案,备案之后就不存在非法性的问题。但是这三年里我们看到了爆雷,这些爆雷是从2011年开始的。2011年开始,互联网金融被某些人鼓吹,被某些人利用。有人说它野蛮生长,我认为它是一个大陷阱,陷进去无数的资金、无数的群众以及上百个创业者,这是中国最痛惜的人才。我们的社会最缺的是创新,这些人其实就是最有创新精神的企业家,但我们没有给他们提供规则引领。

二、为什么会监管不成功

(一)点对点借贷发生的三个要件

对P2P本身需要从功能上分析,这离刑法的关系有一点远,是金融法方面的问题。P2P是点对点的借贷,是资金的闲置方和资金短缺方通过P2P平台发生借贷关系,这件事讲起来理所当然,但这件事运作起来其实很困难。因为很难想象一个人会把自己的钱借给一个陌生人,仅仅因为他许诺会给你还本付息。在大街上随便找一个人许诺高利息,一般人是不会相信的。那么,为什么在网络上就会有这么多人相信?

我们认为点对点借贷能够发生,必须具备三个要件:一是借款人和出借方能够互相寻找、互相匹配。有人要借钱,有人正好有钱想要出借,要人要借一年,有人正好有一年的闲置资金。二是出借人能够识别借款人的风险,这是最重要的。出借人要了解借款人诚信与否,借出去的钱是否有归还的可能性,即进行风险识别。在风险识别下给他定价并决定是否借钱。三是债后管理。债务到期要归还,如果逾期不归还,出借人就要追讨,甚至可能提起诉讼。

(二)P2P 平台没有解决个体风险的识别问题

在我们现有的技术下,P2P 能够实现这三个要件中的几个? P2P 满足第一要件和第三要件,它的特征是通过互联网降低出借人和借款人相互发现的成本,但是并没有解决风险识别问题,出借人怎么能知道一个借款人到底会不会还款? 这件事从逻辑上或者从理论上来讲有三种方式:

一是不识别。不识别具体某一个人的风险,让整个社会承担它的风险,每一个人都借给他一分钱,即使他不还,每个人也只损失一分钱。这种方式就是保险的方式,每个人将所要发生的保险灾害、保险事故的风险分散到参与投保的所有人,这叫风险分散。

二是对人群进行简单分类。虽然无法识别具体某个人的风险,但可以识别某类人的风险。银行信用卡采用的就是这种风险识别的方式,银行无法识别具体的某个信用卡持卡人是否还款,但是可以根据他的收入、职业进行粗浅的分类。

三是对每一个个体、每一个借款人进行风险分类、风险识别。由律师做尽调,审计师查财务,然后对一个人的信用做出结论。银行在发放大额企业贷款时会采用这种方式,但是在个人借贷或者在小微企业借贷上不适用这种方式。因为成本太高了,采用传统方式对个人借贷无法采用点对点或者个体化的风险识别。

现在 P2P 出来了,P2P 宣称它有技术、大数据等方式,要做点对点的借贷,要想做这件事就必须解决个体风险的识别问题。我们可以想象,在面向公众,要求公众把钱拿出来借给陌生人的时候,公众是不可能有风险识别能力的。

而P2P平台宣称要沟通他们,让他们之间借贷,但实际上谁做到了?我确实看到有一家做到了——原来的阿里小贷,现在的网商银行,它通过它的生态数据,在它的体系内给淘宝的电商提供小额贷款,它宣称它的功能是闪电放贷,最快三分钟到账,不需要任何抵押,一元起贷。根据我看到的数据,效果很好,1.5‰的坏账率,远远低于很多银行的坏账率。据网商银行宣称,它累计给1042万人发放了贷款,累计贷款额度是1.88万亿元。它为什么做得好?因为它主要的贷款主体是淘宝上开淘宝店的店家,这些店家所有的数据(资金流、物流等)都在阿里的控制之下,所以阿里很容易评估它。它现在做网商贷资助扩展到个人,但并不会借给一般人。因此,我觉得个体风险识别并不是不能做。

三、P2P网络借贷的重构

P2P网络借贷可以粗略地分为两大类:一类是我们现在倡导的信息中介;另一类叫信用中介。《关于促进互联网金融健康发展的指导意见》将网络借贷分为两块:个体网络借贷(P2P网络借贷)和网络小额贷款。为什么我们一直批评中国所谓的P2P都是一个变形的P2P,都从信息中介发展成了信用中介?因为如果只做信息中介,谁会把钱交给一个陌生人呢?所以它在实践中才可能发展出,出借人不需要信任借款人,只要信任网贷平台就可以了,网贷平台确保可以还款,借款人还不了的,网贷平台负责还款,这便发展为了信用平台。从理论上讲,这个平台其实就发展成为了银行,因为它从信息中介变成了信用中介。为什么我们信任银行?因为对于银行国家有严格的监管和保障措施。那么,为什么我们把钱放在P2P平台上,我们就信它?我们对平台的信任很可能是被误导的。所以才需要通过监管帮助它树立市场信用。

现在很多人批评我们对P2P平台的信息中介的地位要求太高了。我们现在看到的这些平台,没有一家是纯粹的信息中介平台,能不能倒退回来变成一个信息中介平台?我觉得很困难。如果要真的做一个纯粹的信息平台,我相信它的交易量会大规模下降,真正能够成功的在未来可能是像网商银行这样的模式,它自身先做小额贷款,在小额贷款做得很成功后,证明它有风险识别能力。然后我们才会允许其扩大资金来源,从公众获得部分资金来支持它的小额放贷业务。在这种情况下,我们给它发放一个牌照就可以解决问题,这是我对网络借贷在未来的重构。

四、监管模式的选择

从现在来看,针对 P2P 这样的监管模式是一个失败的模式,我把这个失败的模式叫作运动型监管模式:先放任不管,任其野蛮生长,一旦爆发生长就搞一轮运动进行修理。实际上我们还有两种监管模式:

第一,对股权众筹的监管模式叫严格禁止型监管模式,这是一个很僵化的监管模式。股权众筹有很多说法,也有很多理论上的讨论。但是,中国证监会说,股权众筹在中国法律上是非法的,《证券法》在修改过程中不允许股权众筹。所以目前为止,没有股权众筹。

第二,第三方支付的中国监管模式是比较成功的。第三方支付是一种创新型监管模式,第三方支付开始出现时,政府专门为它制定了一个监管规则——2010 年《非金融机构支付服务管理办法》。所以第三方支付在中国的发展很迅猛,在全球都很突出。相比对股权众筹和 P2P 的监管,我国对第三方支付的监管是相当成功的。

最后一个问题就是,为什么没有出现更多的创新型监管?我觉得这件事的核心在于监管者要采取一个积极进取的态度,要关注技术的发展,研究技术的发展,积极提出新的、可适用的规则来应对技术给法律提出的挑战。

第二节　通过科技预防、重构监管体制

一、资金 DNA

互联网金融、P2P 网贷有点像人类得癌症。案值太大,涉及的人数太多。

人类治疗癌症的方法和 P2P 网络借贷监管很像,过去是希望通过医院体检发现癌症,但是实际上医院体检根本不能预防癌症,等到体检发现患了癌症就已经没有办法了。现在新的思路是对 DNA 进行检测,旨在事先分析你的 DNA 里有没有多少年多少岁以后出现癌症的可能,这个思路是有道理的。治理风险时要预防就必须要有方法,这个方法不是传统的发执照,也不是日常的

监管方式,而是要靠科技的支撑。那么,互联网领域里能不能进行类似DNA的监管呢?

学术研究表明,互联网的网站行为是犯罪还是正常行为是有办法解决的——数字DNA,或者叫作资金DNA。主管机关不管是公检法还是银监会、金融办能够事先获取这些网络平台(包括消费者)的资金数据,如果能够获取资金数据,就能够提前识别网贷DNA有没有异化。e租宝案中,当年查出现在也证明返回给老百姓的资金比例高达50%。其他的案子可能有5%、10%就不错了。e租宝案之所以能做到,主要是因为当时对e租宝的数据实施了监控,提前一年就可以识别它资不抵债,识别它已经有犯罪的企图,其大量、大规模推出产品,而且自己买自己用,不是真正推给社会。但它不是一个真正意义上的预防,它是在侦查过程之中进行的预防。这就是使用了资金DNA的实例。

我认为,如果资金DNA可以利用,我们可以进一步推及,比如手机通讯数据,网页浏览数据,互联网其他的一些数据都可以利用。网页的数据,如果是指向互联网金融平台,不仅使用了“网贷”“利息”等词,还把自己账号的钱都转过去,那么对于这样的数据进行监管时,就能够进行风险的跟踪和防范,分析这样的网站可能涉嫌互联网金融的问题,进而可以对它是不是合法、有没有异化进行提前监管布局。这是通过科技来预防、重构我们的监管体制,从技术上讲现在并没有障碍。

二、通过科技监管面临的问题

有关部门正在论证,对使用这样的方法和资金的网页大数据进行监管,存在三个问题:技术可行性、法律可行性、实战的价值。技术可行性和实战的价值并没有太大问题,主要是法律可行性问题,即行政机关、司法机关能不能提前对数额进行建库,进行判断。有人直接以“两高一部”《关于办理刑事案件收集提取和审查判断电子数据若干问题的规定》为依据做合法性论证,我觉得有一点不足,因为这个规定是一个办案规定,而且级别很低,能否解释为行政机关、政府机关可以在案件发生之前就对所有人的资金数据建库并进行分析,是有疑问的。总体上说,我认为这条路可以走通,但需要跨学科合作。

第三节 互联网金融领域的问题与发展

不久前我曾受邀到网商银行办公室现场观看他们演示如何进行客户识别,即在两三分钟内完成审批和放款的操作。他们这个系统在各方面都很先进,快速申请、快速批贷、快速放款,这个流程是未来消费金融、普惠金融的发展趋势。未来 P2P 平台公司,包括其他的一些网商银行、网贷银行类的企业平台一定要建立一个很完善的投资人识别制度,通过对投资人的识别来控制平台自身的经营风险,这是必须要完成的动作。

虽然互联网金融领域存在很多风险,但是这个行业存在的必要性是值得肯定的。P2P 网贷这个行业火爆发展,实际上是伴随着之前 10 年中国金融市场不繁荣的过程出现的。它的出现有其必然性,它满足了传统商业银行、金融机构包括大的金融企业无法满足的巨大的社会融资需求,成为小微消费类融资需求的重要补充。所以这个市场潜力是巨大的。这个发展潜力决定了这个行业一定会向前发展。

虽然发展过程中出现了很多问题,但是伴随着这一轮的金融整顿这些问题一定会得到解决。从 2017 年年底征求意见稿,到 2018 年 4 月资管新规出台,整个金融行业进入到了一个新的发展周期,这个发展周期很大程度上包括了整顿互联网金融、P2P、银行理财资管、基金等过渡金融创新产品的历史时期。这就回到创新和监管的问题,创新永远是金融发展的动力。创新能够突破规制实现交叉产品的升级,实现金融产品满足实体经济的需求。金融机构也依赖于创新实现 P2P 价值的最大化,这对金融监管提出了更高的要求。不过,我们也不能对金融监管有过高的期待。监管在金融创新的博弈中本身就是滞后的,在过度繁荣中,它必然更加滞后,所以就会导致风险的发生。不过我相信,这种风险在它发展的后期是能得到解决的。

第四节　P2P网贷涉及的实务问题

P2P网贷涉及的刑事犯罪主要集中于以下几个罪名：非法吸收公众存款罪，集资诈骗罪，非法经营罪，组织、领导传销活动罪，最主要的罪名还是非法吸收公众存款罪和集资诈骗罪。如何完善，我讲以下几个问题。

一、非法吸收公众存款和集资诈骗的认定问题

根据现行有效的司法解释，“是否把集资款用于生产经营”是用来认定“非法占有目的”的，也就是用以区别集资诈骗罪和非法吸收公众存款罪的。并不是说，如果把集资款用于生产经营的，可以不作为犯罪来处理。例如，e租宝案中，因为是分两个罪名，对于主要人员都是按照集资诈骗罪认定的，其他人员是按照非法吸收公众存款罪认定的。其中，“发放给大量员工巨额工资”到底是不是用于生产经营？这并不是没有疑问的。

二、被害人代理问题

P2P网贷的社会危害性源于涉众性，其涉及的面特别广，挽损比例又非常低，10%可能是非常普遍的现象，达到30%就很不错了。在这样的状况下，律师提供的服务除了辩护之外，还包括被害人代理的问题。目前，因为这类案件网络平台的跨区域化甚至跨境，所以可能涉及多达几十万的集资参与人，在这样的情况下，不可能每一个集资参与人都委托律师作为诉讼代理人参加到诉讼中。在不可能的前提下，律师应该有所为。这些集资参与人应该被界定为集资参与人还是被害人？根据目前的司法解释，最近一次界定为集资参与人的身份，而非被害人。如何保护这些人员的财产损失？律师承办案件时应该怎样做？对集资参与人的鉴定可能是一个需要考虑的问题。

三、财产损失挽回、追赃、退赔问题

现在一直探讨财产损失挽回、追赃、退赔的问题。在网络借贷平台案件中

最大的问题是什么？这类案件一旦爆雷不可能百分之百把财产全部退回，只能按照追缴的赃款，根据被害人的数额按比例进行分配。作为集资参与人的代理人，我们怎样帮助集资参与人解决财产损失的问题，是一个特别大的课题。因为它涉及的面特别广，如 e 租宝案在全国各地非法集资，如何进行统筹？这需要在理论等各方面予以完善。

第五节　P2P 之中国问题以及解决之道

一、为什么 P2P 网贷在中国会成为一个大问题

之所以说 P2P 网贷在中国不应该是一个问题，是因为即便那些金融最发达的国家，似乎 P2P 也没有那么大的体量，也没有引起那么高的重视。我们经常说美国和英国的资本市场最发达，比较一下 2017 年的数据，整个美国 2017 年有 400 多亿美元通过 P2P 平台交易，中国有 1700 多亿美元的交易。中国高峰时有几千家 P2P 企业，目前仍在运营的也有 100 多家。在整个英国有 129 家 P2P 企业，美国则只有个位数的 P2P 企业。如果看市场占有度可能更清楚，英国 129 家 P2P 企业中最大的 8 家市场占有率达到 90%，美国经常说的 LC（Lending Club）和 Prosper 两家占到 90%，只 LC 一家就占到 70%。中国的情况怎么样？中国最大的 10 家 P2P 企业只占 30% 左右的市场份额，换句话说，中国和其他国家很不一样，我们的 P2P 市场很活跃，市场很不集中，很散也很乱。

造成这种状况的原因，总结来看有以下几点：一是中国的普惠体系比较弱，受传统金融服务覆盖的人相对比较少。即便我们说信用卡听起来都像是要被淘汰的概念，但是现在中国人均信用卡的占用率是 0.36%。换句话说，传统金融服务的空间缺口仍然很大。二是互联网技术高度发展，现在通过扫码付款的基本上都是中国人，即便在国外，用这种方式的多数都是黄皮肤、黑头发的中国人，美国人仍在刷卡付款。三是我们的投资渠道很少，特别可靠的投资渠道很少，大家投资的欲望如此之强，以至于把不那么可靠的 P2P 也当成可靠的投资渠道。四是所谓的创新的才能，导致各种模式不断变化。

二、如何解决这个问题

如前所述,我们有很大的需求,也很混乱,有人提出法律有缺口,那么,怎么弥补这个缺口？法律该怎么办？我认为,方法大概有两条:一是怎么把这些伪P2P或者坏的P2P甄别出来处理掉。我们在等规则出来,《处置非法集资条例(征求意见稿)》讨论了很久但还没通过。如果有了规则,就可以对它进行事前、事中、事后一系列的处置。二是对于那些愿意合规经营P2P生意的,该怎么做？做信息中介和信用中介的二分法也许需要进一步商榷。实际上大家所从事的业务中,除了信息和信用,还有其他的需求,比如,做交易中心,它不是信息中心,也不是信用中介,而是一个交易中介。如果真正要做信息中介,这种商业模式是不是可持续？其实在这方面我们有一些教训。比如,说融资担保的公司,我们给它划定的经营范围恐怕就很难支持其持续地营利。如果完全按信息中介来处理,很显然市场不需要那么多家P2P,中国可能会出现较大范围的行业重整。就像我刚才提到的英国、美国那样的行业集中度,这会是一个比较大的变化。

专题四

P2P 网贷的刑事司法实务与辩护*

课程概述:P2P 网贷平台涉非法集资案件近年来一直处于高发频率,在实务中,对 P2P 网贷平台是否构成非法集资类罪的界定一直存在一些争议。P2P“爆雷”之后的资产追缴以及如何善后也一直是司法实务中的难点问题。以 P2P 为代表的互联网金融创新在现实和法律夹缝中该何去何从?检察机关以及公安机关在打击 P2P 网贷平台非法集资刑事犯罪时应注意什么?本单元主要围绕以上问题展开。第一节由最高检察院研究室副主任缐杰主讲,主要从检察机关对 P2P 网贷非法集资认定要点以及目前的司法实务现象展开;第二节由昆明市公安局的副局长徐猛主讲,主要围绕公安机关办理涉 P2P 网贷犯罪困惑与理念进行探讨;第三节由任留存检察官主讲,主要围绕南通市 P2P 网贷刑事案件的案发情况以及实践中“生产经营”在不同情况该如何判定展开;第四节由北京高院刑二庭的副庭长罗鹏飞主讲,主要围绕目前实务界对 P2P 网贷刑事案件已经达成的共识、实务中非法占有目的认定困境以及目前非法集资犯罪形势这三点进行展开;第五节由夏晶晶律师主讲,主要围绕 P2P“爆雷”城市因素与法律在金融创新中的作用展开;第六节由肖飒律师主讲,以三个案例出发,探讨了 P2P 平台“爆雷”后,如何良性退出。

* 主讲人:缐杰,最高人民检察院法律政策研究室副主任;徐猛,云南省昆明市公安局副局长;任留存,南通崇川区检察院检察官;罗鹏飞,北京高院刑二庭副庭长;夏晶晶,大成杭州分所高级合伙人律师;肖飒,北京大成律师事务所律师。

第一节　P2P网贷非法集资实务及认定

从事司法解释工作有点像做快餐的感觉，大概几天就能创制出一个司法解释，当然这是在我们前面积累了一些经验，以及有一些程序保证我们创制的司法解释能够符合实际的前提下。以下的内容针对两个问题：一是介绍检察机关办理P2P网贷平台涉非法集资案件的一些情况以及办案中的要求。二是P2P网贷平台涉非法集资案件认定中需要关注的4个问题。

一、P2P网贷涉非法集资实务情况介绍

（一）P2P网贷平台法律性质分析

现在P2P网贷平台"爆雷"主要是什么问题？对这个问题的回答，还得归到最初P2P网贷平台是什么法律性质或者是什么定位的问题，总之要回归到本源上。在2015年、2016年分别有两个很重要的文件与P2P网贷平台有很大关联，即2015年中国人民银行等十个部委发布的《关于促进互联网金融健康发展的指导意见》以及2016年公安部、网信办、银监会等相关部门颁布的《关于互联网平台中介机构业务活动管理办法》。这两个文件对P2P网贷平台的法律性质或者定位有非常明确的规定，其中最重要的是要抓住三点：一是回归到个体与个体之间，借助互联网平台实现直接的借贷，这是最本质的；二是要求P2借贷机构必须是中介性质，本身不能提供征信的服务，不能非法集资；三是把P2P网贷平台形象归结为是金融信息中介公司。

因此，检察机关在办理相关案件时，对于区分互联网是金融创新还是非法集资就有了非常明显的界限标准。作为中介公司，无论是信息中介还是其他中介，就如同我们身边很多的房屋中介一样，它提供的只是一个中介的信息交互、撮合和资金的资信评估服务。

（二）"爆雷"P2P网贷平台特点分析

在2017年12月1日新华社智库举办的第三届新金融高峰论坛上，互联网

金融安全基础委员会秘书长指出，目前统计的互联网金融平台大概有 6 万家，但是目前在平台上运营的有 1.6 万家。2018 年 6 月以后，检察机关进行了初步的统计，P2P 网贷平台“爆雷”大概有 300 多家，浙江、江苏、上海、北京、山东位居前五位。归纳起来，“爆雷”的 P2P 网贷平台有以下特点：

首先，“爆雷”的 P2P 网贷平台一般是没有中国人民银行和银保监会发放的经营牌照，在我国，有关金融的事项是只有中央有事权，地方的金融办和地方政府都没有这项权力。

其次，“爆雷”的 P2P 网贷平台一般都绕过金融监管，通过投资公司等名目繁多的名义（多数是用投资公司），到工商部门领取了营业执照，但这种所谓的营业执照并不是金融营业的牌照。

再次，“爆雷”的 P2P 网贷平台实际上是利用这种互联网辐射范围广的特点制造了资金池，进行非法集资。

复次，“爆雷”的 P2P 网贷平台往往利用广大投资者对投资收益盲目性的追求，以及对风险防控理智的缺失，最关键的是 P2P 网贷平台以高于银行数倍的利息引诱广大投资者。中央电视台法治节目的一个主持人曾经提醒大家，利率高于 10% 的投资肯定是有问题的。但是，现在“爆雷”的 P2P 最低的利率都在 14% 左右。

最后，“爆雷”的 P2P 网贷平台大多没有针对性的融资项目，或者仅有一部分这种项目，但它的营利不足以支付投资人的高额利息。

综上所述，根据相关对 P2P 的界定，同时根据“爆雷”情况的分析，我们认为，现在大多数“爆雷”的 P2P 平台都不是真正意义上的 P2P。

二、互联网金融犯罪案件情况介绍与办理要求

（一）互联网金融犯罪案件实务情况介绍

检察机关 2016 年办理涉互联网非法吸收公众存款案件占非法吸收公众存款总数的 20%，2017 年办理涉互联网非法吸收公众存款案件占非法吸收公众存款案件总数的 22%。从这个数字可以看出，2017 年和 2016 年相比，互联网非法吸收公众存款增长了 2%。2016 年集资诈骗涉互联网起诉占 32%，2017 年降到 27%，下降了 5%。可以看出，2017 年和 2016 年相比，非法吸收公众存款案件上升了 2%，集资诈骗案件下降了 5%。从我们了解的情况来看，2018

年下半年到 2019 年下半年，非法吸收公众存款特别是网贷平台的非法吸收公众存款案发量将呈明显上升趋势。

（二）检察机关互联网金融犯罪案件办理要求

检察机关办理互联网金融犯罪案件有一些基本的要求，在办案过程中，必须要遵循这些基本的要求。

1. 充分认识互联网金融的本质

在办案过程中，检察机关要充分认识互联网金融的本质，准确判断各类金融活动和金融业的法律性质，要依据现有的金融管理的法律规定，准确地界定互联网金融创新和互联网金融犯罪的界限。在办理涉互联网金融案件时，要注意审查判断是否违反国家规定，是否违反国家有关主管部门的批准，不能机械地认为属于互联网创新而放任不管。

2. 区别对待、分类处置

在办案过程中，检察机关要妥善把握刑事追求的边界和范畴，因为涉互联网的案件比较多，所以要区别对待，分类处置，要综合用刑事追诉和非刑事的手段进行处置和化解。

3. 统筹协调推进、全面考虑

在办案过程中，检察机关要注意对案件进行统筹，协调推进。我们认为，现在涉互联网的案件跨地域的特点比较明显，像 e 租宝、泛亚案件，特别是 e 租宝案件涉及 22 个省，跨地域的特征比较明显。所以，在办案过程中要遵守“三统两分”的原则，对跨区县的要求市级检察院协调，对跨市的省级检察院协调，跨省的要求高级检察院协调。检察机关办理案件时，要对全案进行全面的分析，同时还要考虑投资人的合法权益，坚持统筹、风险防控、追赃、维损、维护稳定等几个方面。

三、P2P 网贷平台非法集资案件的司法认定

P2P 网贷平台非法集资案件的认定需要注意 4 个问题，即非法性、主观故意、犯罪金额、集资诈骗非法占有的目的。

（一）非法性

在审理非法集资的相关司法解释中，对非法集资认定的 4 个特征规定得

很明确，在这 4 个特征中，“公开性”“利诱性”“社会性”大家基本没有争议，现在有争议、有不同认识的主要集中在“非法性”的问题上。关于是否应当以国家金融管理法律规定作为依据判断该行为是否具有“非法性”的问题，我们认为，在国家金融管理法律规定比较原则的情况下，根据法律规定精神，参考中国人民银行、银保监会、证监会等行政管理部门制定的行政规章或者规定办法、实施细则等规范性文件，作为认定的参考依据是合理的。

针对 P2P 网贷平台非法集资问题，有两种情形还要注意把握。一是平台非法集资、非法吸收公众存款的问题。一些平台以提供信息中介为名，实际上是从事直接或间接的资金归集、自融或者变相自融的行为。实践中，特别要注意识别变相自融的行为。比如，P2P 网贷平台，拆分融资项目的期限和债权转让的方式吸收公众资金的行为是否非法就需要办案人员注意。二是借款人和 P2P 网贷平台共同犯罪的问题。借款人和 P2P 网贷平台合谋，或者明知借款人有违规的情形，仍然为借款人非法吸收公众存款提供服务，抑或 P2P 网贷平台与借款人合谋，采取向出借人提供所谓的信用担保，通过电子渠道以外的物理场所开展借贷业务等违规形式进行非法吸收资金。

（二）主观故意

关于主观故意认定的问题，我们认为，判断 P2P 网贷平台犯罪嫌疑的被告人是否具有非法集资的故意，应当依据犯罪嫌疑人的经历背景和是否因为同类行为受过行政处罚或者刑事处罚来综合判断。

（三）犯罪数额

在非法吸收公众存款的问题上，关于犯罪数额的认定人的问题，我们认为，应当要根据犯罪嫌疑人、被告人实际参与吸收的全部数额来认定。关于集资诈骗，我们认为应当以犯罪嫌疑人、被告人实际骗取的数额来认定。需要注意的是，集资诈骗的金额要与案发时实际被兑付的金额相关联认定。

（四）非法占有目的

关于非法占有目的，需要关注两个问题：

第一，目的发生转变时间节点的认定问题。本来是一个非法吸收公众存款,但是发在发生资金断裂以后或者经营失败以后,知道自己没有能力归还存款还继续吸收公众存款,则这个行为是不是集资诈骗?

第二,犯罪嫌疑人和被告人的犯罪目的。在共同犯罪和单位犯罪中,还要根据不同人职级不同的分工、方式、犯罪的知情程度,对其犯罪目的要有不同的区分。有的仅有非法吸收公众存款,有的不仅具有非法吸收公众存款的目的,还有非法占有的目的,定罪的时候要区别对待。

第二节　公安机关办理涉P2P网贷犯罪问题与理念

一、公安机关办理涉P2P网贷犯罪实务困惑

虽然这些年公安机关在持续推进执法规范化建设,但是对于P2P网络借贷犯罪问题,基层一线的警察通常还存在一些困惑与问题,具体如下:

一是借贷。借贷问题是典型的民事问题。公安部有规定,民事纠纷、经济纠纷公安机关不得介入,对此我们很纠结。

二是诚实信用的基本原则。诚实信用原则是借贷的首要原则,但诚实信用的基本原则的具体含义,并不明确,特别是有某些声称保证借款安全具有资质在内的P2P平台穿插在其中,借贷是否发生、如何发生,很难查清。我们警察也不知道该怎么管。

三是传统的借贷和网络结合。从过去借方、贷方到平台一方、担保一方变成四方,关系更加复杂,取证更加困难,资金的来往更加理不清楚。

二、公安机关办理涉P2P网贷犯罪基本理念

针对上述实务困境,公安机关采取的是在实务中总结规律,如2018年1~11月我们公安机关办理了涉及类似的案件大概95起,涉及的机构或者公司有65家,资金金额有40多亿元,涉及4万多人。在执法过程中,我们秉持以下几条基本原则。

(一)划定范围、理念先行

过去有人说理念犹如北极星,居其位而众星拱之。所以,特别需要一个好

的、科学的、重大的司法理念,我们的具体执法者一定要跟着北极星,在北极星的指引下掌舵启航。我们的执法理念是划定边界秩序、兼顾自由,以秩序为主。我们关注的重点就是秩序稳定。

(二)注意刑事司法的谦抑性和补充性

刑事司法具有谦抑性和补充性。具体来讲,办案中,需要特别关注具体的网络借贷行为是否侵犯了社会公众利益,是否具有刑事的违法性,是否有阻却性的违法事由。在执法过程中,注意寻找执法的规范基础,也就是法条基础。根据学识、知识、经验判断,这个案件可能涉及哪个法条,法条构成要件、关键要素是什么,要求的证据规格、证据标准是什么,如何收集、固定、组织证据,进而完成我们的执法。

(三)提高执法主体的能力

虽然我们的执法能力和水平有了提高,但是面对新的问题,我们仍感觉能力不足。解决的方法有很多,主要还是要通过提高执法主体的能力,对执法主体的培养实现。加强对具体执法民警的培训,通过提升执法的能力,达到精准打击犯罪的目的,实现积极预防与特殊预防。正如有学者所言,大多数人不是通过阅读刑事法律的条文规范自己的行为,而是通过观察公安和司法对行为的处理来决定自己的行为。所以真正的刑法掌握在警察和检察官的手中,言之有理。

第三节　地方网贷刑事案件情况介绍与“生产经营”司法判定

一、南通非法集资案件情况简介

2018年南通地区的经济迅猛发展,但在经济发展的同时,金融犯罪数量也在增加。全国非吸类的案件,涉案金额平均数是1.3亿元,南通从办案时间来看,我们的涉案金额也没有拖平均数的后腿。南通办理的金融案件罪名包括非法吸收公众存款罪、集资诈骗，传销类的案件也有发生，这些案件中非法吸收公众存款案件居多，集资诈骗仅仅占一成。我们2019年办理了20多个案件，涉案30多人，这仅仅是非法集资类的案件。根据崇川经侦的数据，他们现在在手已经立案可以移送审查起诉的“非吸”案件有62件。62件是什么概念？崇川区院两年的审查起诉非吸案件数量加在一起就是62件。

几乎所有“爆雷”的都立案了，很少出现“爆雷”的案件没有被处理的情况，崇川也是这种情况，唯一的一个没有被立案的也就是前段时间在浙江发生的一个案件：可溯金融案，这个案件是因为没有资金池，没有自融，没有违规使用个人账户，也没有大规模转移资金的情况，所以没有以非法吸收公众存款或者集资诈骗立案。

二、“生产经营”的认定

目前来说，立案的一些案件要么定非法吸收公众存款，要么定集资诈骗。结合到律师的业务，在刑事辩护过程中，定性为非法吸收公众存款罪，对当事人来说是最有利的。所以，行为人吸收资金的用途是否属于“生产经营”就非常重要。在办案过程中，我们对“生产经营”的把握还是有疑惑的，因为对集资诈骗案件相关认定难点上，我们认为法律的规定还不是太明确，或者相关的司法解释给了我们相当大的解释的空间。吸收资金的用途是否属于“生产经营”的判断在实践中除了来自主观供述以外，还要根据行为人的客观行为来推断。司法解释规定，大部分资金没有用于“生产经营”或者资金使用成本过高、极度不负责任，我们认为这些情况在理论上都有可以解释的空间。回到是否属于“生产经营”上来讲，支付业务员的工资和提成能否归入“生产经营”成本？支付投资人支付的本息算不算“生产经营”？这些都是需要进一步讨论的。

我们认为，公司的运营开支，包括租赁办公场所或者购买相关设备、支付给公司员工的工资和提成，这些开支应该由公司的自有资产支付。如果用集资款支付这些费用，则是对集资款的挪用。另外，这些公司的某些经营开支不会产生任何资金增值的效益，对这部分来讲，如果拿集资款垫付应该由公司经营利润垫付的部分，我们认为不属于“生产经营”活动。而且在最高检在前段时间发布的第十批的指导案例周某集资诈骗案中认为，将募集资金用于借新还旧和个人挥霍行为不属于“生产经营”，在最后计算金额时，相关的数额是可以计算在内的。

再者，本来以 A 项目名义募集资金，后来把这个集资款用到 B 项目里，对于这样的行为能不能认定为是“生产经营”？我们认为，首先要考量两个项目投资的目的和投资风险，如果 A 项目和 B 项目的投资风险是一样的，对于投资人来讲，则与投资时集资人承诺的大体相当，我们认为是“生产经营”。但如果把相关钱款投到相对来说风险很大的项目中，如投到原油期货，相关工作人员没有任何原油期货的投资经验，我们认为这部分资金可以参照肆意挥霍投资款来认定，进而不能够认定用于“生产经营”。

最后，如何认定用于“生产经营”活动与募集资金的规模明显不成比例？在目前的司法解释和司法实践没有一个明确规定的前提下，是不是只要用于“生产经营”的资金不超过50%，就认为明显不成比例？在我们实践过程中，被判处集资诈骗罪相关的案件大部分投入“生产经营”资金比例都在30%以下，而且大部分资金要么 是支付业务员的提成、工资，要么就是给投资人返利，资金并没有投资到直接产生增值效益的项目。但是生产经营运用资金的比例多少是合适？还需要探讨。

第四节　P2P 网贷刑事案件处理共识与困境

国家鼓励通过 P2P 促进民间资金的流动，也是为了解决民营企业资金困难的问题，这个方向是完全正确的。在办理案件中间，结合 P2P 的情况有几点体会。

一、P2P 网贷刑事案件实务共识

在实践中，认定 P2P 网贷是否构成非法集资的问题上并不存在太大的困难。P2P 的本质是民间借贷，不是投资，如果是投资就不会存在保本付息的问题，只有借贷才存在保本付息的问题。P2P 平台总结起来就是一句话，P2P 平台不能自己自融。P2P 平台的监管非常困难，P2P 网贷引发的刑事案件主要都是因 P2P 平台中介机构主体自身的问题。司法机关在处理 P2P 网贷案件时，

考虑P2P平台是否涉及非法集资问题时,主要考虑两个方面:一是P2P是否经过了备案,如果没有备案,则肯定是非法的。二是如果P2P平台自己使用集资款,就是非法集资。

从目前起诉涉及P2P案件的情况来看,还没有出现被判无罪的情况,也没有出现辩护人就整个案件做无罪辩护的情况,说明在这个问题上大家是高度一致的。

二、非法占有目的认定困境

在实践中涉及P2P案件时,是构成非吸还是集资诈骗,是当前处理这类案件的难点问题,也是整个非法集资案件司法认定中的共性问题。非法占有目的的认定为什么这么困难?如果被告人供认,可能案件审判起来就比较简单,如果被告人不供认就需要司法机关进行推定。也就是说,要用其他证据证明的事实来推定被告人是否具有非法占有目的的主观意图。刑事推定得出的结论是有高度盖然性的,要保证这个刑事推定得出的结论可靠,从理论上来讲,建立刑事理论推定的反驳规则是非常重要的。但目前对于刑事推定的研究还不是很深入,反驳规则建立起来也是非常困难的。这就导致刑事推定在实践中运作对司法工作人员个人能力要求很高。换言之,在同样证据的情况下,要靠司法工作人员个人办案经验和社会阅历,特别是政策把握水平,从而达到个人的内心确信。这会出现什么样的问题?面对同样证据,不同的人可能会得出不同的结论,这种情况在一定的条件下会存在。为了防止刑事推定出现大的偏差,理论上还有一个办法,也就是依赖多人的判断,而不是参与刑事诉讼为数不多的几个人的判断。但实际上我们的刑事诉讼程序目前没有这方面的程序规定。这些因素决定了对于非法集资非法占有目的的认定,在不同人员之间必然出现一定程度的偏差,这是不可避免的,也是正常的。关于非法占有目的的认定,除了个人办案经验、社会阅历积累以外,目前没有统一认识的,主要还是依据司法工作人员个人对证据以及刑事政策把握水平。对刑事政策把握非常重要的一条就是宽与严的尺度要与当前的犯罪形势进行结合,因此我们应认真研判当前非法集资的犯罪形势,准确把握政治决策,准确量刑。

三、非法集资犯罪形势介绍

对于非法集资案的犯罪形势,总体来说就是两个字:严峻。

（一）案件数量快速上升

裁判文书公开以后，研究法律判决和裁定，统计裁判文书成了一个非常重要的研究工具，这些数据也都是公开的，大家在网上都可以查到。这里面有一个数据，即非法集资案件从 2001 年到 2017 年增长了 30 倍，后来我们也统计了其他的案件比较，发现所有案件增长的倍数都没有超过非法集资类案件。经济犯罪案件里，这是增长最高的。因此，从各方面的判断看，以非法集资为代表的涉众型经济犯罪的案发总量还在上升。

（二）案件规模无限扩大

20 年前，北京审理的庆某案，该案的金额是 5 亿元，罪犯判了死刑。10 年前 2010 年的一个案件涉案金额是 1.8 亿元。2018 年某租宝案件数额为 380 亿元。

（三）后果非常严重

近三年，每年的数据除去 e 租宝外，涉案金额每年都达几百亿元。除了上述案件数额规模巨大外，非法集资还引起其他的严重附随后果。

基于这样的严峻形势，个人认为，在当前审理相关案件时，应在从严把握非法占有目的的问题。除了最高人民法院、最高人民检察院指导意见类型化了的很多情形外，也应思考其他可以认定非法占有为目的的情形。举例而言，比如以投资理财项目作为非法吸收公众存款理由，但理财是编造且没有真实合法获取利益的渠道，还有一些资金使用成本过高，以及拆东墙补西墙的，都需要考虑认定集资人具有非法占有目的。

当然非法集资案件中有很多其他的问题，包括集资定位、权益保障等很多的问题。但是在当前追赃挽损是最大的问题。就案件的准确定性而言，非法集资案件处理中，非法占有目的认定是当前最主要的问题。

第五节　金融创新与法律的关系

一、P2P网贷平台“爆雷”城市因素分析

P2P网贷平台“爆雷”在杭州确实是一个重灾区,同样是重灾区的还有北京、上海、深圳。但我们应该客观地面对这个问题,上面讲到的这些城市有特殊的互联网土壤,很多新型的互联网企业正是在这样的土壤上成长起来的,在这样的土壤中确实有很多成功的企业。因为互联企业多,所以互联网金融公司就多,基数大,所以“爆雷”的也很多。从解决问题视角出发,应该说,通过这段时间治理P2P网贷平台已经比较规范了。但身边还是有很多金融创新、互联网创新的公司,它们的创新会不会有问题?正如彭冰教授所言,我们不希望最具创新能力的人才都是在监狱里的。

二、法律在金融创新中的作用分析

P2P网贷刑事风险如何防范,答案是防不胜防。P2P网贷平台到底是信息中介还是信用中介?我们希望真正的P2P网贷平台都要回归到信息中介上,但是这个有没有可能性?虽然中国的P2P网贷平台在“爆雷”,但英国的P2P发展很好,因为英国的P2P网贷平台定位就是投资平台,出了事情不怨天尤人,直接找逾期的人,不会找平台。但是就没有听到一个P2P平台“爆雷”逾期兑付、平台上的借款人逾期还款,中国的投资者不找平台的。如果寄希望于P2P网贷平台保证投资保本升值,那么P2P网贷平台操的是卖白粉的心、赚的是卖白菜的钱,这个商业逻辑是不存在的。

法律在P2P网贷平台以及金融创新发展的过程中,发挥什么作用?事实上,可以换一个角度,可以定位于服务监管,服务于政府。现在很多政府也很难拿捏P2P网贷平台的监管,因为现在界定P2P网贷平台是否构成非法集资取决于很多的因素,包括平台的能力、资金真实的去向和投资人数量以及投资人采取什么样的方式维权,法律可能只是其中一个因素。所以很多从事这个行业律师的同人们都比较悲观,觉得好像发挥不了太多作用,因为包括浙江每

一个区界定 P2P 网贷平台是否构成非法集资的标准都是不一样的。因此，我们应助力法律在金融监管上发挥更大的作用。

第六节　P2P 平台“爆雷”后良性退出

一、杭州上城区可溯金融案

可溯金融是一家从事三农方面的 P2P 垂直平台，是一个很小众的 P2P，2018 年 7 月，平台经营不善，资金链出现了问题，7 月 17 日有大量群众到上城区公安局报案。公安局按照非法吸收公众存款准备立案调查。9 月 17 日上城区公安分局发出紧急通报，认定这个平台不构成《刑法》第 176 条非法吸收公众存款罪，因而不予以立案。

在以往，P2P 平台被老百姓集体维权以后不被立案的情况很少，而可溯金融案是明确不立案的。主要基于两个理由：

第一个理由是本案没有资金池。所谓的资金池就是资金的一个大池子，集资者把投资人的资金放在某一个地方汇集起来，这在监管的角度会认为平台作为信用中介，涉嫌违法违规，所以构成《刑法》176 条非法吸收公众存款罪。

第二个理由是没有非正常大额资金进入个人账户，另外也没有采取超级放贷人的模式。所谓超级放贷人的模式，是把出借人的钱先放在中介平台这里，中介平台形成债权，中介平台再把债权分批分量小块的卖出去。2013 年开始 P2P 行业几乎都是这样做的。基于这两点，公安机关对于本案不予立案。

二、案中资产处置模式

第二个案例也是在浙江省内，某网贷平台主要业务模式是债权转让模式，其行为已经涉嫌《刑法》第 176 条非法吸收公众存款罪，而且已经被公安机关立案。立案以后，实际控制人在押，但是互联网上广大的出借人（投资人）认为平台的资产很不错，投资人不想把这些资产等到整个刑事案件全部结束后再处理，投资人希望通过投票的办法进行集体决策，将这些资产交给专业的不良资产处置公司处置。当地的经侦部门设置了一个投票系统，有 2/3 的出借人

(资产占整个资产的1/2)通过网上投票以及用时间戳做的电子合同确认,他们同意由第三方进行处置。所以,这种引入第三方机构处置资产增加流动性,缓解涉众型带来的巨大社会压力的做法已经在实践。在这个过程中还引入了会计师事务所、律师事务所等中介机构,其参照了破产法的程序进行推进。

三、北方某涉众集资案

第三个案例是北方某地区的一个涉众型的案件。对涉众型的案件,公检法司的部门压力都非常大。因此,我们发现在初查阶段律师能做的工作非常多,我们可以与地方打击非法集资联席会议的机构进行接洽,包括地方金融办、地方经侦、地方治安大队相应的办案人员。我们应努力将上述人员聚在一起进行座谈,讨论怎样能够缓解P2P网贷平台“爆雷”引发的问题,能够良性地把问题有序地解决掉。

在平台的这个雷即将爆还没有爆,或者刚刚爆的时候,我们首先找到相关部门,一般是由本地的金融办来做协调工作,它会成立一个小组,这个小组包括经侦、银保监的人,要求其他部门一起,稳定投资者情绪。检查平台是否有优质资产,资产有没有流动性?现在的指标,一般而言,全国的标准是,如果平台能提供整个集资资产50%的资产量,很有可能实现不予以立案。

实践中如果平台的资产最低达到集资资产35%的资产量,则有机会进行良性清退,不进入刑事程序。一般而言,规模在2亿元以下的小企业合适实施所谓的良性清退,因为这种类型的网贷平台备案的概率非常低,现在活跃的互联网平台是1000多家,备案的很少。目前很大概率上很多平台是无法备案,无法备案有什么后果?后果就是即使平台继续无问题经营,很多情况下也是要被良性清退,像这种规模1亿~2亿元以下的平台可能会成为良性清退的主要目标。另外是在集团内部帮助集团融资的平台也合适做所谓的良性清退,平台实际上是帮集团提钱的,平台出现问题,集团若有资产,应该是要承担连带责任的。

四、监管科技在监管中的应用

实际上,监管科技在金融监管行业已经非常发达,在很多地方都大量采购了各种新型的监管科技成果,包括区块链技术和其他的技术极大地促进了我们对金融行业的监管。比如,北京金融局用的就是“冒烟指数”软件系统,通过这个系统,我们对每一个 P2P 公司以运营情况都是看得到的。事实上,监管科技在其他监管机构运用的也非常普遍,如说国家互联网大数据中心、网信办下属的信息安全委员会都能运用科技监管实时和 P2P 公司对接。因此,P2P 网贷没有大家想象的那么危险。我们认为整个 P2P 能运用科技监管还是在一个可控的范围之内。

图书在版编目(CIP)数据

北大金融犯罪司法实务15讲 / 王新主编. -- 北京 : 法律出版社, 2019
ISBN 978-7-5197-4157-0

Ⅰ. ①北… Ⅱ. ①王… Ⅲ. ①金融犯罪-研究-中国 Ⅳ. ①D924.334

中国版本图书馆CIP数据核字(2019)第281624号

北大金融犯罪司法实务15讲
BEIDA JINRONG FANZUI SIFA SHIWU 15 JIANG

王　新 主编

策划编辑 杨大康
责任编辑 杨大康　张　颖
装帧设计 汪奇峰　鲁　娟

出版 法律出版社
总发行 中国法律图书有限公司
经销 新华书店
印刷 固安华明印业有限公司
责任校对 郭艳萍
责任印制 吕亚莉

编辑统筹 法律应用出版分社
开本 710毫米×1000毫米　1/16
印张 19
字数 329千
版本 2019年12月第1版
印次 2019年12月第1次印刷

法律出版社/北京市丰台区莲花池西里7号(100073)
网址/www.lawpress.com.cn
投稿邮箱/info@lawpress.com.cn
举报维权邮箱/jbwq@lawpress.com.cn
销售热线/400-660-8393
咨询电话/010-63939796

中国法律图书有限公司/北京市丰台区莲花池西里7号(100073)
全国各地中法图分、子公司销售电话:
统一销售客服/400-660-8393/6393
第一法律书店/010-83938432/8433　西安分公司/029-85330678　重庆分公司/023-67453036
上海分公司/021-62071639/1636　深圳分公司/0755-83072995

书号:ISBN 978-7-5197-4157-0　　**定价**:79.00元